Léon DUCHESNE DE LA SICOTIÈRE

(1812 - 1895)

Léon DUCHESNE de La SICOTIÈRE

Avocat

Sénateur de l'Orne

Membre correspondant de l'Institut

(1812 - 1895)

SA VIE & SES ŒUVRES

Par Robert TRIGER

DOCTEUR EN DROIT
PRÉSIDENT DE LA SOCIÉTÉ HISTORIQUE ET ARCHÉOLOGIQUE DU MAINE
CORRESPONDANT DU MINISTÈRE DE L'INSTRUCTION PUBLIQUE ET DES BEAUX-ARTS
INSPECTEUR DE LA SOCIÉTÉ FRANÇAISE D'ARCHÉOLOGIE
MEMBRE DE LA SOCIÉTÉ HISTORIQUE ET ARCHÉOLOGIQUE DE L'ORNE

BIBLIOGRAPHIE DE SES ÉCRITS

Par M.-Louis POLAIN

ALENÇON

E. RENAUT-DE BROISE, Imprimeur et Lithographe

5, PLACE D'ARMES, 5

1900

Léon DUCHESNE de La SICOTIÈRE

Avocat

Sénateur de l'Orne

Membre correspondant de l'Institut

(1812 - 1895)

———

Lorsque, dans un avenir encore éloigné, l'heure viendra d'écrire l'histoire du mouvement intellectuel en Normandie au XIXe siècle, et de la dégager des appréciations parfois intéressées de la génération contemporaine, il est un nom qui se rencontrera à chaque instant sous la plume et devant lequel on s'inclinera toujours avec une respectueuse sympathie : ce sera celui de Léon Duchesne de La Sicotière.

Avocat distingué, historien éminent, bibliophile d'un goût sûr et délicat, homme politique profondément dévoué à son pays, et surtout travailleur infatigable, d'une activité d'esprit peu commune, M. de La Sicotière n'a pas seulement exercé, de 1835 à 1895, une influence dominante dans la vie locale du département de l'Orne et de la ville d'Alençon qu'il habitait : sa notoriété s'est rapidement répandue dans la Normandie entière et dans les départements voisins, à tel point que son nom appartient, on peut le dire, à toute la région de l'Ouest.

Plus que bien d'autres, une carrière aussi noblement remplie eut mérité une étude importante. Fidèle aux enseignements de M. de La Sicotière, qui resta toujours modeste comme les hommes de valeur, nous lui consacrerons une simple notice. La bibliographie jointe à cette notice, et que M. Polain a dressée avec tant de soin et de compétence, contribuera, il est vrai, mieux que de longs développements, à faire connaître les aptitudes si variées et si heureuses de M. de La Sicotière. En présentant pour la première fois la liste complète de ses divers écrits, auxquels il sera dès lors facile de se reporter, elle permettra en quelque sorte d'étudier l'auteur d'après lui-même et de suppléer ainsi à l'hommage imparfait que nous nous efforcerons de lui rendre.

Les cadres surchargés nuisent à certaines physionomies comme à certains tableaux : le plus bel éloge qu'on puisse faire d'un travailleur aussi laborieux que M. de La Sicotière est d'énumérer ses œuvres, et de mettre l'opinion en mesure d'apprécier elle-même les exemples d'activité et de dévouement laissés par une intelligence d'élite, dont la plus douce satisfaction, après soixante-cinq années d'un labeur assidu, sera de n'avoir jamais perdu une heure !

L'honneur de retracer en quelques lignes cette carrière si fructueuse est bien imprévu pour nous. La mort ayant fauché tour à tour les meilleurs et les plus vieux amis de M. de La Sicotière, MM. Eugène de Beaurepaire et le comte de Contades notamment, les jeunes ont dû entrer prématurément en ligne : nous ne saurions trop remercier Madame de La Sicotière d'avoir bien voulu se souvenir alors de l'affectueuse sympathie avec laquelle M. de La Sicotière avait encouragé nos débuts.

A défaut de l'autorité et de l'expérience des amis disparus, nous mettrons dans ces pages toute notre bonne volonté et l'expression bien sincère d'une respectueuse reconnaissance, heureux de cette circonstance pour affirmer aussi notre fidèle attachement à cette ville d'Alençon où nous avons rencontré de si précieuses amitiés, et où nous avons reçu, sur les bancs du même collège que M. de La Sicotière, nos premières leçons d'histoire.

Robert TRIGER

CHAPITRE PREMIER

(1812-1834)

—

Les origines, la famille et l'enfance de Léon de La Sicotière. — Les études classiques, le collège d'Alençon. — Les études de droit, la Faculté de Caen. — Débuts littéraires.

———

Léon Duchesne de La Sicotière, né le 3 février 1812 à la Dormie, commune de Valframbert, descendait d'une famille ancienne et très considérée, originaire de Moulins-la-Marche, qui était venue s'établir à Alençon au commencement du xviiie siècle.

Son père, « Jacques-Antoine du Chesne de La Sicotière, » était fils de « Jacques-Robert-Etienne du Chesne, écuyer, sieur de la Sicotière, » capitaine de cavalerie, garde du corps, décoré de la croix de Saint-Louis pour son dévouement à la famille royale le 5 octobre 1789, mort en émigration, et de Marie-Josèphe Menjaud, femme d'un esprit supérieur et d'une culture intellectuelle remarquable.

Sa mère, Jeanne-Dorothée Le Sage du Parc, était fille de Pierre-François Le Sage, sieur du Parc, ancien lieutenant de maire à Alençon, et de Marie-Louise-Françoise Lenfant de la Blanchardière. Issu d'une vieille famille de protestants convertis, Pierre-François Le Sage du Parc avait conquis l'estime générale, dans les années qui précédèrent la Révolution, par sa conduite prudente et libérale. Au dire du dernier intendant de la généralité d'Alençon, qui se connaissait en hommes, il avait beaucoup de jugement et jouissait de la meilleure réputation. Dans ses loisirs, il s'occupait d'histoire et s'essayait même à esquisser des généalogies (1). Comme Marie-Josèphe Menjaud, Marie-Louise-Françoise de la Blanchardière était une femme distinguée, instruite, qui avait du goût pour les lettres.

C'est au manoir de la Dormie, terre patrimoniale des Le Sage du Parc, située à quelques kilomètres d'Alençon, que Léon de La Sicotière passa une partie de son enfance, « à proximité des grands bois, au bord des prairies, dans un milieu verdoyant et solitaire qu'il affectionnait particulièrement, qu'il revoyait toujours avec plaisir, et où il fit plus d'une fois le rêve de revenir. De ces premières années, il garda le goût de la campagne, l'intelligence des mœurs, des habitudes, des aspirations de nos rudes et laborieuses populations rurales. » (2). Il garda aussi des enseignements précieux et des impressions salutaires qui contribuèrent très heureusement à former ses idées et son caractère.

Ses traditions de famille, en effet, le rattachaient à tout ce qu'il y avait de meilleur dans la France d'autrefois. Par son aïeul paternel, il appartenait à cette noblesse de province, honnête, dévouée, fidèle jusqu'à la mort au Roi et à la Patrie qu'elle confondait dans un même culte, dans une même passion inspirée par les sentiments les plus respectables d'honneur et de loyauté. Par son aïeul maternel, il appartenait en même temps à un milieu actif, travailleur, intelligent, qui avait appris, dans la pratique des affaires et l'exercice des fonctions municipales, à mieux connaître les besoins du pays, à tenir compte de la marche des siècles et de l'expérience des événements. D'autre part, un de ses oncles, Pierre-Alexandre du Chesne de La Sicotière, vélite aux grenadiers à cheval de la Garde Impériale, décédé en Prusse pendant la campagne de 1807, avait payé de sa vie les gloires de l'épopée napoléonienne ; et du côté paternel comme du côté maternel, se réunissaient autour de son berceau, semblables à des anges gardiens vigilants, des femmes vraiment françaises et vraiment chrétiennes, fortement trempées par les

(1) Vte du Motey. *Les origines de M. de La Sicotière,* dans le *Bulletin de la Société historique et archéologique de l'Orne,* tome XVIII (1899), p. 350 à 362. Nous renvoyons à cet intéressant article pour tous les détails complémentaires sur la famille et la généalogie de M. de La Sicotière.

(2) Eugène de Beaurepaire, ancien conseiller à la Cour de Caen, secrétaire général de la Société des Antiquaires de Normandie, *Notes inédites,* communiquées par Melle de Beaurepaire.

malheurs de la Révolution, joignant à la distinction de l'esprit et du cœur les principes d'une foi sincère et éclairée.

Un illustre académicien, Maxime du Camp, plus jeune de dix ans que Léon de La Sicotière, a raconté dans des pages charmantes les multiples impressions qui frappaient encore son imagination d'enfant, alors qu'il passait ses vacances à quelques lieues d'Alençon, aux environs de Fresnay, écoutant avec avidité les récits de son oncle, royaliste ardent, et d'un vieux garde, admirateur convaincu de l'Empereur.

« Les récits du garde et ceux de mon oncle, dit-il, étaient tellement contradictoires qu'ils me causaient un véritable malaise ; j'étais troublé, car je me sentais entraîné alternativement vers l'un ou vers l'autre, et parfois dans la même journée, j'étais disposé à crier : Vive l'Empereur ! Vive le Roi ! J'aurais voulu être Murat, coiffé de grandes plumes ; j'aurais voulu être La Rochejaquelin, avec le Cœur de Jésus sur la poitrine ; j'étais trop enfant pour comprendre la grandeur du sacrifice abstrait qui seul est méritoire, et je me perdais dans une série de raisonnements opposés où je trouvais une sorte de douleur impatiente dont je ne pouvais me débarrasser. Je me résolus à consulter ma mère qui avait une rare rectitude de jugement, et de m'en rapporter à ce qu'elle me dirait. Un jour que j'étais seul avec elle, je lui dis brusquement : « Qu'est-ce qu'il y a de plus grand, les guerres de Vendée ou les guerres de l'Empire ? » Ma mère me répondit : « Petit garçon, — c'est toujours ainsi qu'elle m'interpellait lorsqu'elle voulait retenir vivement mon imagination — petit garçon, il y a quelque chose de plus grand que les guerres de Vendée et que les guerres de l'Empire, c'est la paix ! » Il y a cinquante ans que ma mère m'a fait cette réponse et je crois qu'elle avait raison (1) ».

Plus d'une fois, il nous semble, Léon de La Sicotière dût éprouver, sous les ombrages de la Dormie, des impressions analogues en écoutant l'histoire de son grand-père, le garde du corps émigré, de son autre grand-père, le lieutenant de maire d'Alençon, et de son oncle le grenadier à cheval de la Garde Impériale. Plus d'une fois, sa jeune imagination si vive, si généreuse, dût s'enflammer tour à tour pour ces royalistes aux con-

____

(1) Maxime du Camp. *Souvenirs littéraires*, tome I.

victions inébranlables, pour ces Chouans intrépides dont il sera un jour l'un des historiens les plus autorisés, et pour ces vaillants soldats de la République et de l'Empire qui portèrent si haut, aux quatre coins de l'Europe, le drapeau de la France contemporaine.

Comme tous les enfants de sa génération, il put entendre, à son entrée dans la vie, « les échos des dernières fanfares de gloire et les sanglots de la défaite (1) ». Mais aussi, sans doute, il reçut de sa mère, longtemps avant Maxime du Camp, la réponse qui devait tant frapper le futur académicien : Il y a quelque chose de plus grand que les guerres de Vendée et les guerres de l'Empire, c'est la paix ! »

Les mémorables événements dont Madame de La Sicotière avait été témoin, comportaient de grandes leçons et sa haute intelligence lui permettait d'en saisir toute la portée. L'avenir devait révéler quels salutaires effets en résultèrent pour l'éducation de son fils, et à quel point Léon de La Sicotière sut profiter des enseignements reçus au foyer de la famille.

Tout en conservant son individualité, on peut dire qu'il prendra dans son ascendance les germes des qualités qui le distingueront : l'inébranlable fidélité de principes et la noblesse de caractère de son aïeul paternel : la distinction de plume, l'intelligence, le cœur, la simplicité et les fortes convictions religieuses de sa mère et de ses grand'mères ; les goûts de son aïeul maternel pour l'histoire locale, avec ces idées sagement libérales qui lui permettront de rester en toutes circonstances un homme de son temps, de juger les événements avec impartialité et tolérance. « Relevant sa tête finement expressive, aux yeux si parlants et si bons, il entendra toujours avec plaisir évoquer devant lui le souvenir des vieux du Chesne, de Moulins-la-Marche, dont le nom, emprunté à l'arbre sacré des Gaulois, semble avoir donné à leur descendant cette force de patriotisme et de convictions qui a commandé le respect de tous. (2) »

Ainsi préparé à vivre de la vie civile et intellectuelle qui succédait aux fracas des armes, Léon de La Sicotière fut mis de

---

(1) G. Le Vavasseur. *Léon de La Sicotière*, dans le *Bulletin de la Société historique et archéologique de l'Orne*, tome XIV (1895), p. 144.

(2) Vicomte du Motey. *Les origines de M. de La Sicotière*. Ibidem, tome XVIII (1899), p. 359.

bonne heure au collège d'Alençon, et il en devint bientôt l'un des plus brillants élèves.

Cet établissement, dirigé par les Jésuites avant la Révolution, venait de retrouver une ère de prospérité sous la direction de MM. Frémy. Il comptait alors parmi les professeurs des hommes distingués, M. l'abbé Roger, professeur de philosophie, MM. Bonnaire et Huttemin, professeurs de mathématiques, M. Daulne, professeur de rhétorique, M. Vacquerie, professeur de seconde, que nous-même pourrons encore saluer, cinquante ans plus tard, comme l'un des représentants les plus vénérables de la vieille Université.

Sage et studieux, Léon de La Sicotière se montra un écolier modèle. Dans sa dernière année d'étude, il sera, d'après les notes de l'abbé Roger, « une des colonnes de sa classe. »

Il eut pour camarades, au collège d'Alençon, Désiré d'Hostel, critique musical, Oscar Mercier, Eugène Dumont, auteur de *l'Expédition sentimentale*, Antoine Fournier, traducteur des *Lusiades* , Lefrou, fondateur de *l'Entr'acte alençonnais*, le docteur Ragaine, Léon Masson ; pour meilleur ami Théobald de Fontenay, le futur vicaire général du diocèse de Séez, évêque nommé de Nevers. Egalement bien doués par le cœur et par l'intelligence, unis par une franche et cordiale amitié, Léon de La Sicotière et Théobald de Fontenay exercèrent l'un sur l'autre une heureuse influence dont on retrouvera la trace, longtemps après, dans leur correspondance. Tous d'eux, au milieu de la diversité de leur vocation, avaient un goût profond pour les lettres et pour les études historiques ; à peine sortis du collège ils seront déjà bibliophiles et se préoccuperont de la nécessité de recourir aux sources (1).

De même que tous les bons élèves, M. de La Sicotière avait voué le plus affectueux attachement à son collège, et il le prouvera, dès 1842, en écrivant son histoire.

« L'histoire du collège d'Alençon, dit à ce sujet M. Eugène de Beaurepaire dans des notes inédites que nous sommes heureux de reproduire ici, était assez piquante à raconter. Si les événements notables y font défaut, quelques particularités ne

___

(1) Louis Duval. *Léon de La Sicotière*, extrait de la *Revue du Bas Poitou*, Vannes, Lafolye, 1895; in-8°, p. 6.

manquaient pas d'intérêt, entre autres l'influence de Marguerite
de Navarre sur le développement de l'instruction publique à
Alençon, la prospérité du collège sous la direction des Jésuites,
les résultats plus ou moins efficaces obtenus par les administrations qui suivirent. Ces différentes phases sont exposées, dans
l'*Histoire du Collège d'Alençon*, avec une préoccupation constante du détail curieux et exact qui nous révèle déjà le tour
d'esprit de l'auteur et la méthode à laquelle il restera toujours
fidèle. Mais ce qui frappe surtout, c'est sa reconnaissance pour
ses maîtres et son attachement pour ses anciens compagnons
d'étude. »

« Pour moi, écrit-il, c'est avec une sorte d'émotion que je
trace ces pages. Elles seront remplies dans la fin des souvenirs
de ma première jeunesse et de mes premières amitiés. J'y
retrouverai quelques-uns des noms les plus glorieux de notre
histoire et de notre littérature, et je serai forcé de rappeler les
liens qui les ont unis à la ville et au collège d'Alençon. J'y ren-
contrerai aussi des noms plus modestes, mais consacrés par le
long et infatigable accomplissement des devoirs les plus saints
et les plus pénibles, par le nombre et l'importance des services
rendus, et je serai heureux de leur payer mon tribut d'affection
et de respect. » Et plus loin il ajoute : « Bien des choses se
sont accomplies en moi ou hors de moi depuis que j'ai quitté le
collège d'Alençon, mais je puis rendre à mes anciens maîtres ce
témoignage que rien n'est venu altérer ma reconnaissance pour
eux. Loin de là, elle a grandi chaque année avec mon respect
pour ces fonctions si grandes et si modestes, si difficiles et si
mal appréciées, que l'Université impose à ses professeurs et
pour la manière dont elles sont généralement remplies (1) ».

Ni le temps ni les événements n'affaibliront ces sentiments.
Pendant quarante-quatre ans, M. de La Sicotière suivra si fidèlement les distributions de prix de son cher collège qu'il n'en
manquera qu'une seule. Parvenu au sommet de sa carrière, il
considèrera comme un grand honneur et un grand plaisir de les
présider, confirmant lui-même dans d'éloquents discours ce
qu'il écrivait en 1842.

(1) Léon de La Sicotière. *Histoire du collège d'Alençon*, Caen, Le Roy.
1842, in-8°.

« Aimez vos camarades, dira-t-il par exemple aux jeunes élèves de 1865 ; c'est au collège que se lient ces amitiés véritables qu'on retrouve plus tard, et dont Montaigne a donné tout à la fois le principe et le modèle en disant de la Boétie avec une simplicité touchante : « Nous estions à moitié de tout. » Les amitiés de collège ont cela d'excellent qu'elles sont désintéressées de tous les calculs qui se mêlent trop souvent aux meilleurs sentiments, qu'elles sont pures de tout esprit de caste ou de jalousie. Toutes les inégalités sociales s'effacent devant l'heureuse camaraderie du collège. C'est le collège qui nous apprend à supporter les succès des autres, que dis-je ? nos propres succès ; à voir ceux des autres sans envie et les nôtres sans orgueil, grande leçon et grand bienfait ! Aimez vos maîtres... Je ne sais plus, mes jeunes amis, si j'ai partagé jadis certaines défiances puériles, mais je sais et je vous affirme que, sorti du collège, j'ai été heureux de retrouver mes anciens maîtres et d'en faire mes amis. De ceux-là, vous en connaissez quelques-uns et vous savez quel respect s'attache à leur nom. Faites comme moi, ou mieux commencez comme j'ai fini. » (1)

Le collège, devenu le lycée d'Alençon, tiendra à honneur de reconnaître hautement un attachement si profond et si constant. Maîtres et élèves regarderont toujours M. de La Sicotière comme l'une de leurs principales illustrations ; ils seront fiers de ses travaux, de ses succès, de la confiance que lui témoigneront les populations de l'Orne, et ils l'entoureront sans distinction d'opinions de la plus respectueuse estime. La mort seule pourra briser, après soixante-cinq ans, les liens touchants qui unissaient le brillant élève de 1830 à son vieux collège (2).

Entraîné par ses aptitudes vers l'étude des lettres, Léon de La Sicotière, lorsqu'il eut conquis son diplôme de bachelier,

(1) *Discours prononcé, le 8 août 1865, à la distribution des prix faite aux élèves du Lycée Impérial d'Alençon, sous la présidence de M. Léon de La Sicotière, membre du Conseil Général.* Alençon, E. de Broise, 1865, in-8°.

(2) Qu'on nous permette de saisir l'occasion pour affirmer les fidèles et reconnaissants souvenirs que nous aussi conservons au Lycée d'Alençon, dont nous avons suivi les cours de la fin de 1866 à 1873, et où nous avons eu pour premier professeur d'histoire un élève très distingué de l'Ecole Normale Supérieure, que M. de La Sicotière appréciait hautement et qui est devenu pour nous un ami, M. Edmond Bony, aujourd'hui professeur au Lycée Louis-le-Grand.

suivit les cours de la Faculté de droit de Caen. Il eut la bonne
fortune d'y rencontrer, au nombre des professeurs, un savant
jurisconsulte, M. Thomine-Desmazures, qui ne tarda pas à
apprécier ses qualités exceptionnelles et le prit pour secrétaire.

Le jeune étudiant ne pouvait être à meilleure école ; M. Thomine-Desmazures devint pour lui le plus aimé des guides. Sous
son excellente direction il fit des études de droit très sérieuses
et acquit rapidement cette sûreté de jugement et de principes
qui distingueront toute sa carrière d'avocat.

C'est à Caen également, en 1832 et 1833, qu'il fit la connaissance d'Arcisse de Caumont, le maître éminent de l'archéologie
française, et de Trébutien, l'érudit historien normand, « que la
noblesse de ses sentiments ont placé si haut dans l'estime de
tous. »

De telles relations et les conseils d'amis aussi sages, aussi
expérimentés, furent d'autant plus précieux à Léon de La Sicotière qu'à cette époque la jeunesse des Ecoles était fort agitée et
emportée dans un mouvement d'idées très opposées. La révolution de 1830, la prise d'armes de la duchesse de Berry, avaient
surexcité les esprits, enflammé les imaginations. Parmi les
étudiants, les uns étaient royalistes, les autres républicains,
quelques-uns saint-simoniens. Tous défendaient leurs opinions
avec l'ardeur et la passion de leurs vingt ans.

Léon de La Sicotière comptait des camarades dans tous les
camps. Ses deux intimes étaient alors Paul Delasalle et Georges
Mancel. Or, Paul Delasalle, ancien élève de Michelet à Sainte-
Barbe, qui jouissait d'une prédilection marquée dans la jeunesse
normande, s'était fourvoyé dans le Saint-Simonisme, tandis que
Georges Mancel, nature d'artiste railleuse et naïve, séduite par
les illusions libérales, était un adepte hardi des opinions démo-
cratiques. Léon de La Sicotière les avait connus l'un et l'autre,
par le hasard des circonstances, dans des réunions de jeunes
gens, où l'on agitait les grandes questions politiques et littéraires à l'ordre du jour, où l'on cherchait à constituer pour la
province des organes spéciaux de publicité. « Une certaine
communauté de goûts littéraires et historiques, écrira-t-il plus
tard, jointe à l'attrait d'une aimable humeur et d'une indépendance d'idées assez sincère pour admettre celles des autres,

ébaucha entre nous une liaison qui devint bientôt une amitié
véritable. » (1)

Si profonde qu'elle fut cependant, cette amitié n'eut pas le
pouvoir d'ébranler les fortes convictions que Léon de La Sicotière avait puisées, dès son enfance, dans les enseignements de
la famille. Il n'hésita pas à donner une collaboration active à
Léon d'Aurévilly qui dirigeait alors à Caen, sous le titre de
Momus normand, un organe légitimiste très hostile au nouveau
régime. En 1832 et 1833, il publie successivement, dans le
Momus normand, quelques poésies, des comptes-rendus et des
fragments politiques qu'on peut considérer comme ses débuts
littéraires, comme les premiers indices de sa rare facilité de
travail et de la souplesse de son talent. Les strophes suivantes
d'une pièce de vers intitulée *Si j'étais roi*, indiquent combien ses
aspirations d'étudiant étaient honnêtes et généreuses :

> Si j'étais roi, si j'étais roi de France,
> La loyauté ne me causerait pas d'effroi.
> Je voudrais voir les talents, l'éloquence,
> Par leur concours affirmer ma puissance.
>
> . . . .
>
> Si j'étais roi, sur le banc d'infamie,
> On n'verrait point l'honneur et la bonn'foi.
> Ma royauté saurait dire au génie,
> Soyons amis, c'est moi qui t'en convie.
>
> . . . .

Ces vers de jeunesse résument, par le fait, tout le programme
de M. de La Sicotière qui, aux différentes phases de sa vie
publique, ne cessera de réclamer la loyauté, le talent et l'honneur dans le gouvernement du pays. Ils suffiraient à justifier les
sympathies unanimes dont jouira l'étudiant devenu homme
politique.

Déjà aussi, la largeur et la tolérance de ses idées apparaissent
dans la fidélité de l'affection qu'il garde, malgré la diversité des
opinions, à ses deux camarades préférés de l'Ecole de droit :
cette affection s'accroîtra encore dans la suite lorsque Paul

(1) Léon de La Sicotière. *Notice biographique et littéraire sur Georges
Mancel*, Caen, Le Blanc-Hardel, 1870, in-8°, p. 6.

Delasalle aura acheté une charge d'avoué à Mamers, et que Georges Mancel sera nommé conservateur de la Bibliothèque de Caen. Leurs trois années d'études en commun leur laisseront à tous de charmants souvenirs : Paul Delasalle y reviendra sans cesse dans sa correspondance, et il les appellera avec raison · « l'heureuse étape de sa jeunesse. »

L'enthousiasme de ces étudiants de 1830 pour les questions du jour témoigne heureusement de leur activité d'esprit, de leur amour du travail et de la générosité de leurs sentiments. Il nous paraît d'autant plus digne d'éloges, qu'on doit trop souvent reprocher à la génération actuelle une regrettable indifférence. Toutefois, il n'était pas sans dangers, car il aurait pu les entraîner prématurément dans les agitations stériles de la politique ou dans les nuages de la littérature romantique.

Léon de La Sicotière sut éviter ces écueils. Ses goûts pour l'histoire surtout, et la régularité consciencieuse avec laquelle il poursuivit ses études de droit, modérèrent son imagination et l'empêchèrent de sacrifier l'utile à l'agréable. Initié à l'archéologie par de Caumont, à l'érudition par Trébutien et ses savants confrères de la Société des Antiquaires de Normandie, à la jurisprudence par Thomine-Desmazures, son esprit acquit les qualités de précision que peut seule donner l'étude des sciences exactes : elles s'ajoutèrent à ses convictions religieuses pour achever de le former et de le mûrir.

En quittant, en 1834, la faculté de Caen, Léon de La Sicotière n'était plus seulement un étudiant enthousiaste, épris de littérature et d'actualités ; il emportait de solides connaissances historiques et juridiques qui, développées par le travail et l'expérience, feront bientôt de lui un homme d'action et un homme de valeur.

… CHAPITRE DEUXIÈME

(1835-1851)

—

———

L'un des traits dominants du caractère de M. de La Sicotière,
ainsi que nous l'avons dit dès le principe, était de ne jamais
perdre de temps. A peine avait-il terminé sa licence en droit
qu'il était déjà fixé sur le choix d'une carrière, et que, sans connaître ces hésitations communes à tant de débutants, il venait
s'établir à Alençon comme avocat. Quelques semaines plus tard,
le 23 février 1835, il épousait Melle Pauline Astoud, fille du
directeur de l'Enregistrement du département de l'Orne et des-
cendante du géographe Jaillot.

Ni les responsabilités d'une situation définitive, ni les devoirs
de la famille n'avaient effrayé ses vingt-trois ans. Il se faisait
vaillamment place dans la vie à un âge ou la plupart des jeunes
gens, moins sérieux et moins fortement trempés, ne songent
encore qu'à jouir de leur liberté.

Alençon, qui, au temps de ses ducs et de la reine Marguerite
de Navarre, avait connu des jours fort brillants, était, en 1835,
une petite ville de 14.000 habitants, très calme et sans vie intellectuelle. Chef-lieu d'une généralité avant la Révolution, elle

était descendue au rang de simple chef-lieu de département :
elle ne possédait ni évêché, ni cour d'appel, ni facultés, pas
même une société savante. Comme le plus grand nombre des
villes de province, elle s'était quelque peu endormie après les
grands évènements du commencement du siècle, et les agitations politiques de 1830, seules, avaient pu momentanément la
troubler.

Au jeune avocat, si heureusement formé dans la capitale de
la Basse-Normandie, était réservé l'honneur de stimuler ses
compatriotes, de les réveiller, pour ainsi dire, de leur douce
somnolence, en leur apportant le feu sacré, en se faisant au
milieu d'eux le propagateur d'idées et de méthodes nouvelles.

A partir de 1833, en effet, une sorte de renaissance a commencé à se manifester dans l'ouest de la France. « De toutes
parts, les idées d'association, de décentralisation littéraire et
scientifique, éclatent avec une vigueur jusqu'alors inconnue.
A la suite de la secousse récente que le pays vient de traverser,
les institutions paraissent insuffisantes , l'individualisme est
considéré comme destructeur de toute société : il semble que
tout ait besoin de revêtir des formes nouvelles, de subir une
transformation. De toutes parts, on s'efforce d'émanciper la
province, de dégourdir l'esprit local, de le préparer à l'étude des
hautes questions modernes (1). »

Grâce aux professeurs de ses facultés et aux magistrats de sa
cour d'appel, Caen a été l'un des premiers centres de cette
renaissance des esprits en Normandie. Avant son départ, Léon
de La Sicotière a vu M. de Caumont y fonder les Congrès scientifiques, la Société française pour la conservation des monuments, et inaugurer ses cours d'archéologie. Il a vu naître aussi
l'Association normande pour la vulgarisation des sciences, et il
a pris part aux travaux de la Société des Antiquaires de Normandie vieille déjà de dix années. Plein d'ardeur et d'enthousiasme, Léon de La Sicotière est, dès la première heure, à
Alençon, le correspondant zélé de ces diverses associations, l'un
de leurs meilleurs points d'appui et de leurs apôtres les plus
convaincus.

(1) *L'Ami des lois*, janvier-février 1833, dans notre *Esquisse du mouvement scientifique, historique et artistique dans la Sarthe, au XIX° siècle*.
Le Mans, Monnoyer, 1894, in-8°, p. 22.

L'Association normande, la première, entreprend de défricher
le sol, trop inculte encore au point de vue intellectuel, du
département de l'Orne. Au mois de septembre 1836, elle tient à
Alençon ses séances générales annuelles. Elle a alors pour
directeur M. de Caumont, dont la haute intelligence embrasse à
la fois toutes les branches de la science, pour secrétaire général
l'abbé Daniel, proviseur du collège de Caen, et pour inspecteur
divisionnaire dans l'Orne M. de Brix, procureur du roi à
Alençon. Soixante membres environ se réunissent, le 2 septembre, à l'Hôtel de Ville, et se divisent en quatre sections.
Léon de La Sicotière est choisi comme secrétaire de la section
des sciences, littérature et beaux-arts. Il lui donne communication d'un rapport si intéressant sur les monuments de l'Orne
que la section en décide la lecture en séance générale, puis il
appelle l'attention de l'Association sur l'origine et les progrès
des arts dans le département. Il intervient en même temps dans
les discussions de la section d'Agriculture, préconisant les
avantages de l'établissement d'un jardin botanique à Alençon et
de l'admission des enfants de l'hospice au nombre des élèves
jardiniers. Dès le début, il fait ainsi preuve de ces aptitudes si
variées, de cette culture intellectuelle si étendue qui lui permettront d'appliquer son esprit aux questions les plus diverses et de
briller au premier rang dans tous les congrès (1).

Les années suivantes mettent Léon de La Sicotière de plus
en plus en relief. En 1837, il assiste au Mans, avec les premiers
archéologues de la région, aux séances générales de la Société
française pour la conservation des monuments qui déterminent
dans le département de la Sarthe un mouvement archéologique
très fécond. Presqu'à la même date, il participe activement à
Alençon, à un Congrès de la Société géologique de France. Bien
qu'étranger, par sa profession et ses goûts, aux études techni-
ques de cette Société alors très en faveur, il en comprend toute
l'importance, et c'est même lui qui se fait, dans la séance de
clôture, l'interprète des habitants d'Alençon pour remercier les
géologues de leur avoir donné ce premier exemple de décentralisation scientifique.

____

(1) La bibliographie jointe à cette notice nous dispensera de multiplier
les références. On y trouvera, dans l'ordre chronologique, l'indication précise de tous les travaux et comptes-rendus cités dans notre texte.

En 1838, les articles qu'il publie simultanément dans l'*Annuaire Normand*, le *Journal d'Alençon*, le *Bulletin Monumental*, le *Magasin pittoresque* et plusieurs autres revues, lui méritent déjà les titres flatteurs d'inspecteur de la Société française d'archéologie et de Correspondant du Ministère de l'Instruction publique. Il s'en autorise aussitôt pour réclamer, dans une *Lettre au Conseil municipal d'Alençon*, l'établissement d'un musée de peinture et d'histoire naturelle qu'il considère à bon droit comme indispensable au développement du mouvement local, et que la plupart des villes voisines possèdent depuis longtemps :

« Il y va, dit il avec une chaleureuse conviction, de l'honneur de notre ville de ne pas se laisser dépasser dans la carrière, de ne pas abdiquer une supériorité qu'une fois perdue elle ne retrouverait jamais... Plusieurs sociétés savantes ont visité Alençon depuis trois ans. Toutes ont témoigné une pénible surprise de ce qu'un essai de musée n'eût pas encore été fait au chef-lieu du département de l'Orne ; le moyen de rappeler ces sociétés, de multiplier leurs réunions, n'est-ce pas de répondre à leur vœu, de favoriser le progrès de leurs études, de leur promettre de nouveaux objets d'examen et de comparaison ? L'ouverture d'un musée n'est pas seulement une amélioration, c'est une nécessité (1). »

Malgré l'accueil favorable du Conseil municipal et une première tentative d'organisation, de longues années s'écouleront avant que Léon de La Sicotière ait la satisfaction de voir son projet définitivement réalisé, mais l'idée n'en sera pas moins lancée grâce à lui, et elle fera peu à peu son chemin.

En 1839, il se révèle critique d'art dans l'*Entr'acte Alençonnais*, où il consacre à Béranger une série d'articles, « écrits avec un sincère libéralisme et un tact infini, de manière à ne froisser ni la foi d'un royaliste (il y avait encore des *antiques* à Alençon), ni la religion d'un prêtre, tout en rendant hommage au chansonnier national qu'il aimait parce que tout, dans son œuvre, était marqué au coin gaulois (2). » La séance annuelle

(1) Léon de La Sicotière. *Sur l'établissement d'un musée dans la ville d'Alençon*, Caen, Le Roy, 1839, in-8°.

(2) Comte de Contades. *Souvenirs du 9 octobre 1890*. La Ferté-Macé, Bouquerel, 1890.

de l'Association normande l'amène ensuite à Avranches, et la septième session du Congrès scientifique de France au Mans, pour la seconde fois. Dans l'une et l'autre de ces réunions, il occupe une place prépondérante. Au Mans surtout, il se fait remarquer par de judicieuses observations sur les murs vitrifiés de Sainte-Suzanne, l'emploi de l'armée aux travaux publics, les causes de la décadence de la littérature contemporaine, et par un mémoire sur le Roman historique.

Le Congrès de 1839 avait groupé au Mans une nombreuse élite de savants et d'hommes distingués parmi lesquels nous rencontrons bien des noms connus et amis. Le jeune avocat d'Alençon sut se faire apprécier de tous et y conquérir d'unanimes sympathies. Il s'y créa, comme à Caen, des relations d'estime et d'amitié qui lui resteront fidèles pendant toute sa carrière, et lui donnèrent en quelque sorte droit de cité parmi les travailleurs manceaux.

Du reste, la ville du Mans ne fut pas seule de l'ancienne province du Maine à recevoir, à cette date, la visite de Léon de La Sicotière : son zèle infatigable lui faisait entreprendre, de 1838 à 1840, plusieurs excursions historiques et pittoresques sur différents points de la Sarthe et de la Mayenne.

A l'exemple des archéologues, élèves d'Arcisse de Caumont, et des géologues, élèves de Triger (1), les hommes de ce temps devaient être avant tout des explorateurs, de véritables pionniers. Avant d'aborder les études de détails et de fouiller les archives, il fallait reconnaître sommairement le terrain et les monuments, recueillir, pendant qu'il en était encore temps, les traditions, les légendes, les souvenirs, qui survivaient au fond des campagnes et que les transformations de la vie moderne allaient impitoyablement emporter. Il fallait, dès lors, courir çà et là les routes, le bâton à la main et le sac au dos, voir vite et avec intelligence le plus de choses possible, sauf à revenir et à s'arrêter plus tard aux points importants.

Cette mission d'explorateur, remplie d'attraits et de surprises, ne pouvait manquer de séduire vivement Léon de La Sicotière,

______

(1) J. Triger, ingénieur civil des mines, officier de la Légion d'honneur, auteur de la *Carte géologique du département de la Sarthe* et inventeur du procédé des fondations par l'air comprimé, lauréat de l'Académie des sciences (1801-1867).

alors dans toute la force de la jeunesse. Après une première visite aux monuments de Laval, sa vieille amitié pour Paul Delasalle l'entraine d'abord aux environs de Mamers, dans le Sonnois et la forêt de Perseigne. Il parcourt ensuite la charmante contrée, si pittoresque et si intéressante qu'on a surnommée depuis les *Alpes Mancelles*, partant d'Alençon par Fresnay pour se diriger sur Sillé-le-Guillaume, Evron, Sainte-Suzanne, les Caves à Margot, Jublains, et revenir à son point de départ par Bais, Sillé et Beaumont-le-Vicomte.

A part quelques appréciations que des découvertes ou des études postérieures ont rendues contestables, les notes de voyage qu'il publie à son retour sont exactes et consciencieuses ; elles sont surtout variées et attrayantes. Sa plume alerte et souple présente tour à tour au lecteur des descriptions de sites ou de monuments, des légendes et des anecdotes, des souvenirs littéraires ou religieux, des renseignements géologiques. Si le récit de ces excursions dans le Sonnois et dans le Maine ne prétend point à l'érudition, c'est un guide d'une lecture agréable, qui fait connaître pour la première fois des contrées riches en curiosités archéologiques et naturelles.

En 1841, le Maine ne suffit plus à l'activité de notre explorateur. Il profite d'une réunion de la Société française d'archéologie à Angers, pour prendre son vol jusque sur les bords de la Loire, faire une promenade archéologique à la cathédrale d'Angers, à l'église Saint-Serge et au château de Blois. Il en revient membre de la Société des Antiquaires de l'Ouest, à laquelle il paye sa bienvenue par un rapport sur l'*Histoire du château de Blois*, de M. de La Saussaye.

Toutefois, Léon de La Sicotière, si dévoué à la Société des Antiquaires de Normandie et à l'Association normande, ne pouvait oublier, au milieu de ses diverses pérégrinations, qu'il était avant tout Normand et Alençonnais. Comme il ne cessera désormais de le faire, il réserve donc ses principaux efforts au département de l'Orne.

L'histoire locale de l'Orne, alors peu connue, n'avait été abordée que par Louis Dubois, ancien professeur à l'Ecole centrale d'Alençon, et par Frédéric Galeron, de Laigle, mort procureur du roi à Falaise en 1838. M. de La Sicotière qui avait apprécié leurs premiers essais et qui avait remplacé Frédéric

Galeron comme inspecteur de la Société française d'archéologie dans l'Orne, tient à cœur de poursuivre leur tâche, de se faire mieux encore l'historien de l'Orne.

Pour commencer, il achète avec Julien Travers, professeur à la Faculté de Caen, la bibliothèque de Louis Dubois, qui formera le noyau de ses magnifiques collections sur la Normandie et la Révolution, puis il continue à donner aux différentes revues de la région de multiples articles de biographie et d'histoire normande. Il est alors l'un des principaux rédacteurs de la *Revue de l'Orne*, récemment fondée à Alençon : il y collabore à une histoire du théâtre alençonnais et il reprend en même temps, dans le *Bulletin Monumental*, l'étude des monuments du département, qu'il se propose d'approfondir.

A ce moment aussi, il commence à se faire connaître comme avocat. Ses débuts au barreau ont été modestes, de même que ceux de tous ses collègues passés, présents et futurs. Plus tard, il avouera plaisamment, pour remonter le courage d'un de ses jeunes confrères du Mans, n'avoir gagné que 17 francs dans sa première année ! Il est vrai que si les habitants d'Alençon, en 1835, étaient peu enthousiastes des questions scientifiques ou artistiques, ils partageaient le culte de tous les bons normands pour le droit et la procédure. Ils n'avaient rien à apprendre sous ce rapport, et leur compétence spéciale pouvait les rendre difficiles à l'égard des jeunes. Léon de La Sicotière parvient quand même, peu à peu, à attirer leur attention par des chroniques judiciaires intéressantes, par son ardeur au travail et son assiduité au palais. En 1841, il est chargé d'une cause civile importante, la défense des légataires Dumellenger. Bientôt sa notoriété s'affirmera par des acquittements obtenus en Cour d'Assises.

Au mois de novembre 1841, un coup terrible vient le frapper inopinément. Sa femme, Melle Pauline Astoud, dont les charmantes qualités lui ont procuré six années de bonheur, est enlevée à son affection et le laisse veuf à vingt-neuf ans, avec deux enfants tout jeunes, un garçon et une fille. Sa douleur fut profonde, mais soutenu par le sentiment religieux et le sentiment de la famille, si vifs chez lui, il ne se laissa pas abattre. Bien supérieur par sa foi et sa résignation chrétienne à son ami Paul Delasalle, il sut dominer le découragement. Ainsi que l'a dit un de ses biographes, « ce deuil cruel ne fit qu'achever la maturité précoce de son esprit et augmenter encore la rare puissance de compréhension dont il était doué » (1).

C'est en déplorant la perte de l'aimable femme à laquelle il devait conserver le plus affectueux souvenir, qu'il écrit, en 1842, son *Histoire du Collège d'Alençon*, inspirée par des sentiments si délicats, et qu'il étudie les beaux vitraux de Notre-Dame d'Alençon. Ces deux sujets convenaient tout particulièrement à sa situation d'esprit. Il n'y a rien de tel, pour adoucir les épreuves de la vie, que le souvenir des anciennes affections et que les études d'art religieux qui réconfortent les cœurs et les intelligences en les élevant vers Dieu.

A l'automne de 1842, une circonstance exceptionnelle force d'ailleurs Léon de La Sicotière à sortir de lui-même et à reprendre, dans l'intérêt public, le cours normal de ses travaux. La ville d'Alençon inaugure, le 1er septembre, sa première exposition de l'industrie et des arts. En présence des heureux résultats obtenus par plusieurs villes de la région, Caen et Le Mans notamment, cette exposition était depuis longtemps désirée. M. de La Sicotière, l'un des premiers, l'avait réclamée avec instance, l'année précédente, dans un article où il reprochait au département de l'Orne « de rester encore stationnaire au milieu du mouvement général, de se montrer ingrat pour ses enfants en leur laissant porter leurs produits ailleurs et en leur refusant les récompenses que les villes voisines leur accordaient (2). » Il avait décidé l'Association normande à se joindre au Conseil général de l'Orne et au Conseil municipal d'Alençon pour subventionner l'exposition. Au moment de la réalisation du projet, il ne pouvait s'en désintéresser ; il n'avait pas le droit de priver ses compatriotes d'un concours aussi précieux et aussi nécessaire que le sien.

Malgré son deuil, il accepte donc de faire partie des différentes commissions d'organisation et il prend à leurs travaux une part des plus actives. Le 13 novembre, à la distribution des récompenses, le préfet de l'Orne peut dire avec une légitime satisfaction : « Réglée dans son ensemble et dans ses détails par des

(1) Louis Duval. *Léon de La Sicotière*, p. 9.
(2) Léon de La Sicotière. *D'un projet d'exposition départementale à Alençon*, Alençon, Poulet-Malassis, 1841, in-8°.

commissaires dont le suffrage public a déjà récompensé le zèle et le goût, l'exposition d'Alençon a triomphé de toutes les préventions. Sa cause a été gagnée dès qu'on a vu ce qu'elle était, et comment, pendant quarante jours, elle a été saluée par les flots d'une population qui y accourait de toutes parts comme à une fête. Belle et patriotique fête, en effet, celle du travail et de l'intelligence ! »

Dans la même séance, M. de La Sicotière, en sa qualité de secrétaire-général de la Commission d'organisation, donne lecture du rapport du jury et le termine, au milieu d'unanimes applaudissements, par ces remarquables considérations :

« Plusieurs années s'écouleront, sans doute, avant qu'une solennité semblable nous réunisse dans cette enceinte. Artistes, chefs d'ateliers, fabricants, ouvriers, utilisez cet intervalle pour améliorer ce qui est bon, pour corriger ce qui est défectueux, pour rejoindre les progrès de notre industrie nationale dans tous les genres. Ne séparez jamais le goût de l'utile de l'amour du beau. Combattez par l'élégance, unie désormais à la solidité de la marchandise, ce monopole qui tend à tout attirer dans la capitale au détriment des provinces ; affranchissez-vous des tributs que le luxe et parfois même l'indigence paient soit à Paris, soit à l'étranger, pour vous les approprier vous-mêmes ; sachez résister au découragement qui ne suit que trop souvent des efforts trahis, des espérances trompées, à la sécurité qu'inspire un premier succès. Le triomphe ne vient qu'après le combat, la réputation qu'après une laborieuse obscurité, la fortune qu'après de rudes épreuves et des efforts pénibles (1). »

Il était difficile de tracer en meilleurs termes le rôle de l'industrie et de l'art en province, de montrer plus éloquemment le but qu'ils doivent atteindre, l'utilité pratique des expositions régionales et leur influence sur le développement de l'art industriel. M. de La Sicotière demeurera partisan convaincu de ces expositions et contribuera, comme nous le verrons, au succès de toutes celles qui auront lieu dans la suite à Alençon.

En le contraignant, pour ainsi dire, à reprendre son élan et sa vie active, l'exposition de 1842 l'amène aussi à reprendre ses

____

(1) *Exposition des produits de l'industrie et des arts à Alençon, en 1842, compte-rendu.* Alençon, Poulet-Malassis, 1843, in-8°, 45 p. et *Annuaire de l'Orne*, 1843.

voyages scientifiques, toujours si profitables pour lui et pour les autres. En 1843, il se rend successivement à Mortagne et à la Trappe, pour la session annuelle de l'Association normande, à Caen pour une séance solennelle de la Société des Antiquaires, au Congrès archéologique de Poitiers et au Congrès scientifique d'Angers. La Société des Antiquaires de Normandie lui a réservé, cette année-là, une haute distinction, bien rare à son âge. Elle l'a choisi pour directeur, titre qu'elle n'accorde qu'aux hommes les plus distingués et que M. Guizot lui-même n'a pas dédaigné en 1838. Le jeune directeur, « doublement fier et doublement heureux », l'en remercie le 16 août, dans un discours de réception où il retrace le très intéressant tableau de la cour de Marguerite de Navarre à Alençon. Au Congrès de Poitiers, il fait connaître le cabinet d'antiquités de Mme de La Sayette. Au Congrès d'Angers, il intervient dans de nombreuses discussions et prend la parole, le 7 septembre, à l'inauguration de la statue du roi René. Sa renommée n'est déjà plus restreinte à la Normandie et au Maine ; elle s'établit brillamment dans l'Anjou et le Poitou.

Conformément au vieux dicton « noblesse oblige, » Léon de La Sicotière ne peut, dès lors, tarder davantage à consacrer au département de l'Orne l'ouvrage d'ensemble projeté depuis plusieurs années et qu'il prépare encore, pendant l'année 1844, par divers articles insérés dans l'*Annuaire de l'Orne* ou la *Mosaïque de l'Ouest*, d'Émile Souvestre. Avec le concours « d'une société d'antiquaires et d'archéologues » et la collaboration d'Auguste Poulet-Malassis, paraît en 1845 la première livraison du *Département de l'Orne archéologique et pittoresque*.

La première idée de ce livre appartenait à deux habitants de Laigle, l'imprimeur Dupuis et le géomètre Beuzelin. Sur leur demande, M. de La Sicotière devait, dès le principe, rédiger la plus grande partie du texte, mais des circonstances imprévues l'obligèrent bientôt à prendre entièrement la direction de la publication. A tous égards, elle devient l'œuvre personnelle de M. de La Sicotière qui signera cinquante-trois articles sur soixante-treize, et la terminera seul de 1847 à 1852.

Le Département de l'Orne archéologique et pittoresque forme un beau volume in-folio illustré, de 304 pages. Après une introduction résumant l'histoire générale du département, il contient des notices particulières sur les principaux monuments, églises, châteaux, édifices civils ou militaires, avec des planches lithographiées en noir et en couleurs. Ce n'est pas une œuvre d'érudition proprement dite et encore moins une œuvre artistique définitive. La connaissance très incomplète des dépôts d'archives, l'insuffisance de la critique, et surtout l'imperfection des procédés de reproduction, qui n'avaient pas alors à leur service les ressources de la photographie, lui interdisaient de prétendre à ce double caractère. C'est, suivant le but des auteurs et éditeurs, « un livre de vulgarisation sérieuse, destiné à plaire non seulement aux archéologues, mais aux personnes que l'aridité de beaucoup d'ouvrages empêche d'en devenir acquéreurs. » Le principal mérite de M. de La Sicotière est d'y avoir condensé et mis au point, dans un style toujours attrayant, les données historiques et archéologiques les plus sûres que l'on possédait à cette date sur le département de l'Orne, de leur avoir appliqué les méthodes d'Augustin Thierry et d'Arcisse de Caumont, et de les avoir complétées par des recherches qui ne laissaient dans l'ombre rien d'essentiel. Le livre est, en réalité, ce qu'on pouvait faire de mieux à l'époque. Ajoutons qu'il est un des premiers du genre, antérieur de plus de dix ans à celui du baron de Wismes, *le Maine et l'Anjou*, et que l'auteur avait parcouru le département dans tous les sens, vu et étudié tout ce qu'il s'était chargé de décrire (1).

Le Département de l'Orne archéologique et pittoresque obtint un légitime succès et demeure l'un des ouvrages les plus connus de M. de La Sicotière. Il couronne dignement et caractérise très exactement la première période de sa carrière historique, la période d'exploration.

Une telle œuvre eut suffi à absorber bien des auteurs : elle n'empêche pas Léon de La Sicotière d'appliquer son esprit à d'importantes questions d'un autre ordre, et d'entrer au même moment dans une voie nouvelle.

Vers la fin de 1844, les habitants d'Alençon, se souvenant des services qu'il a rendus lors de l'exposition de 1842, l'ont appelé à faire partie du Conseil municipal. Or, il arrive dans cette assemblée à l'instant précis où va s'y débattre l'une des plus

---

(1) E. de Beaurepaire, *Léon de La Sicotière*, dans le *Bulletin monumental*, 1895, p. 64.

grosses questions de l'histoire contemporaine de la ville, la question des chemins de fer.

Depuis deux ans, en effet. toute la région de l'ouest est en émoi. Dans leur session de 1843-1844, les Chambres ont voté la construction d'une ligne de chemin de fer de Paris à Brest, par Chartres et Laval, mais elles n'ont pas fixé le tracé intermédiaires entre ces deux dernières villes. Cette réserve a suscité aussitôt de terribles rivalités et d'ardentes ambitions, car on a déjà pressenti l'extrême importance des chemins de fer, leurs multiples conséquences au point de vue économique et social. La nouvelle ligne sera-t-elle dirigée par le département de l'Orne ou par le département de la Sarthe, par Alençon ou par Le Mans ? De la solution adoptée devait dépendre pour les contrées intéressées un accroissement de population jusqu'alors inconnu ou une décadence irrémédiable. La bataille s'engage, vive, passionnée ; c'est, il est vrai, la lutte pour la vie, un duel d'un genre particulier et sans merci.

Les deux départements et les deux villes en opposition ont chargé de leur défense des commissions spéciales composées des hommes les plus distingués, les plus compétents. En attendant la décision définitive, les adversaires publient de part et d'autre une avalanche d'excellents rapports, de nombreuses brochures, dans lesquels ils s'efforcent à l'envi de faire valoir leurs arguments.

M. de La Sicotière a été désigné, dès le premier moment, pour faire partie de la Commission départementale de l'Orne qui comprend sous la présidence du préfet, le maire d'Alençon comte Curial, plusieurs conseillers généraux, l'ingénieur en chef des ponts et chaussées, des fonctionnaires et des négociants. Il ne tarde pas à s'y créer une place dominante, à se mettre par son ardeur et son habileté à la tête des défenseurs du département de l'Orne et de la ville d'Alençon (1).

(1) Membres de la Commission de l'Orne, en 1845 : Le préfet, président ; le comte Curial, pair de France, maire d'Alençon ; le baron Mercier, le marquis de Torcy, MM. Cavalier, de Blanpré, His, Rossignol, membres du Conseil général ; Plouëttre, ingénieur en chef ; de Buffevent, conservateur des forêts ; de Ponton d'Amécourt, directeur des contributions indirectes ; Dedaux, architecte du département ; Chaplain-Lenfant, commissionnaire de roulage ; Lindet-Dupont, conseiller d'arrondissement ; de La Sicotière, avocat ; Véron-Petitjean, entrepreneur de voitures à Alençon ; Corbière. directeur-gérant de la Banque de l'Orne.

Tout d'abord, le 20 février 1845, il pose la question avec une netteté parfaite dans une *Note sur les projets de chemins de fer de Paris à Rennes, et de Paris à Caen et Cherbourg par le département de l'Orne*, note qui permet à l'opinion publique de saisir tous les détails et toutes les conséquences de l'affaire (1). Après avoir rappelé le vote, par le Conseil municipal d'Alençon, d'une subvention de 150.000 fr., il résume sous forme de conclusions les principaux arguments en faveur du projet : l'économie de la direction par Alençon plus courte et plus directe, ses avantages industriels et politiques, l'inconvénient d'un trop grand rapprochement entre les lignes de Paris à Brest par Le Mans et de Paris à Nantes par Tours. Il réclame avec instance le tracé par Alençon comme point central, avec embranchements sur Caen et Le Mans.

Le 12 mars, il entre résolument en lutte contre les défenseurs du Mans en réfutant, au nom du Conseil municipal d'Alençon, un mémoire qu'ils viennent de publier (2). Bien que ces *Observations* soient signées du comte Curial, de MM. Pihan et de La Sicotière, on reconnaît sans peine, la plume de ce dernier qui utilise très heureusement, pour discuter les tracés, les notions de géologie et la connaissance du terrain qu'il a acquises dans ses excursions historiques (3).

Le 30 mars et le 13 avril, il revient à la charge, dans le *Nouvelliste Alençonnais*, pour obtenir les deux lignes tant désirées :

« Jamais, dit-il dans le premier de ces remarquables articles, question d'une plus haute importance pour l'avenir de notre ville ne fût ni ne sera posée devant elle. Ceux qui l'ont étudiée avec soin, avec conscience, sont unanimes dans leurs vœux. Nous adressons un dernier appel à ceux qui la connaissent

---

(1) *Annuaire de l'Orne, pour 1845,* 2ᵉ partie, p. 203. Le même volume contient, 1ʳᵉ partie, p. 104, le très important rapport du marquis de Torcy au Conseil général.

(2) Au nombre des défenseurs du Mans, en 1842-1845, se trouvaient, sous la présidence du préfet de la Sarthe, M. Mancel : MM. Trotté de la Roche, président du Conseil général, maire du Mans, Charles Thoré, Monnoyer, Marcellin Vétillart, Gasselin, Salmon, les ingénieurs Dumas, de Hennezel, Triger, etc.

(3) *Courtes observations sur un mémoire concernant les avantages du passage par Le Mans du chemin de fer de Paris à Rennes.* Alençon, Bonnet, in-8°.

moins, à ceux que certaines préventions contre les chemins de fer ou une fâcheuse indifférence pourraient retenir. Un chemin de fer obtenu entre Alençon et Caen assurerait le passage par Alençon de celui de Paris à Rennes. La jonction se ferait à Alençon ou tout près d'Alençon, et au lieu d'un, nous aurions deux chemins de fer.

« La situation d'Alençon serait admirablement belle, au point d'intersection des deux grandes lignes de Paris à Rennes et de Paris à Cherbourg. En quelques heures, notre ville enverrait ses produits dans la capitale, sur les côtes de la Manche, au fond de la Bretagne ; en quelques heures, elle recevrait de Caen, de Rennes ou de Paris, tous les objets que ses besoins ordinaires ou accidentels pourraient demander. Les nombreux voyageurs, les marchandises qui passeraient d'une ligne sur l'autre, s'y arrêteraient naturellement. Entrepôt pour les marchandises du dehors, station pour les voyageurs étrangers, nouveaux et magnifiques débouchés pour ses propres voyageurs et ses propres marchandises, tous les avantages qui assurent la prospérité d'une ville, Alençon les trouverait ainsi dans le passage des deux chemins de fer...

« Pour nous, en ce moment, il ne s'agit pas seulement de conquérir de nouveaux éléments de prospérité, mais aussi de conserver ceux que nous possédons, non-seulement de grandir mais de vivre. Les chemins de fer exercent autour d'eux une puissante attraction, ils absorbent tout le mouvement commercial des pays traversés.. ; qu'Alençon ne se berce pas de la chimérique espérance de conserver ses avantages actuels entre deux chemins de fer qui la ruinent s'ils ne l'enrichissent pas en passant sur son territoire, qui lui enlèvent tout ce qu'ils ne lui donnent pas .. *C'est une question de vie ou de mort* (1). »

Ces lignes étaient pour ainsi dire prophétiques. En même temps qu'elles révèlent des idées fort justes d'économie politique, elles montrent avec quelle profonde conviction M. de La Sicotière prenait, dans cette circonstance solennelle, la défense

---

(1) *De l'Enquête sur le chemin de fer de Caen à Alençon*, dans le *Nouvelliste Alençonnais* du 30 mars 1845, et à part, Alençon, Bonnet, in-8°. — *Conseil municipal d'Alençon, séance du 3 avril 1845, Chemin de fer de Caen à Alençon*, dans le *Nouvelliste Alençonnais* du 13 avril, et à part, Alençon, Bonnet, in-8°.

des intérêts d'Alençon, avec quelle perspicacité il envisageait l'avenir.

Le 22 avril, il présentait au Conseil municipal, au sujet de la ligne de Paris à Rennes par Alençon, un dernier rapport fortement motivé, que l'Assemblée s'empressait d'approuver à l'unanimité et de transformer en délibération (1). Le nœud de la question pour la ville d'Alençon était effectivement cette ligne de Paris à Rennes : elle avait d'autant plus droit de l'espérer qu'elle possédait depuis un siècle la route royale.

En dépit des efforts désespérés et du talent de ses avocats, la ville d'Alençon succomba dans cette lutte épique, par suite d'une habile alliance des défenseurs du Mans avec M. Guizot, député de Lisieux, qui jouissait alors à la Chambre d'une influence irrésistible (2). Elle succomba, du moins, avec honneur, et comme on le voit, il ne tint pas à M. de La Sicotière que le chef-lieu du département de l'Orne n'enlevât à la ville du Mans les immenses avantages dont elle est maintenant si fière. La part considérable prise par Léon de La Sicotière à cette défense des intérêts d'Alençon est trop oubliée aujourd'hui. Nous sommes heureux de la rappeler comme l'un de ses principaux titres à la reconnaissance de ses concitoyens.

Les contemporains, qui l'avaient vu à l'œuvre, eurent à cœur, du reste, de l'en récompenser. Aux élections de 1847, ils l'élirent Conseiller d'arrondissement du canton-ouest d'Alençon, de telle sorte qu'on est en droit de considérer son intervention si active et si intelligente dans la question des chemins de fer comme le point de départ de ses succès dans la carrière administrative et politique. Jamais, certes, chevrons ne furent mieux gagnés.

Loin de le décourager, l'échec que vient de subir la ville d'Alençon semble stimuler les efforts de M. de La Sicotière pour la placer, autant que possible, au niveau de ses rivales. Le 12 octobre 1846, il avait salué avec joie la transformation de son

______

(1) *Conseil municipal d'Alençon ; séance du 22 avril 1845 , Chemin de fer de Paris à Rennes par Alençon*, dans le *Nouvelliste Alençonnais* du 27 avril, et à part, Alençon, Bonnet, in-8°.

(2) D'après une tradition particulière que nous tenons de bonne source, M. Guizot se serait rangé du côté des partisans du Mans dans la crainte que le tracé de la ligne de Paris à Rennes par Alençon, trop rapproché, ne fit tort à la ligne de Paris à Caen et Cherbourg, *par Lisieux*, à laquelle il tenait essentiellement.

collège communal en collège royal, faite par M. de Salvandy en personne, dans une fête qui avait laissé les meilleurs souvenirs. Au mois de juin 1847, il contribue à fonder à Alençon une Société d'horticulture dont il est aussitôt nommé secrétaire : il en restera pendant de longues années la cheville ouvrière, rédigeant les procès-verbaux des séances, le programme des expositions, les rapports du jury. Bien que signé d'un autre nom, le discours prononcé à la séance d'inauguration lui appartient. Il témoigne une fois de plus de la rare facilité avec laquelle son esprit s'assimilait les questions les plus diverses, en saisissait l'intérêt et les côtés pratiques.

C'est au milieu de ces pacifiques travaux, alors que M. de La Sicotière poursuit simultanément la publication du *Département de l'Orne* et d'études historiques toujours variées, qu'éclate la révolution de 1848. Il est trop bon français pour y rester indifférent. Dès le 6 mars, il s'en constitue l'historien à Alençon en adressant au journal *L'Intérêt Public* de Caen un récit des événements qui viennent de s'accomplir dans le chef-lieu du département de l'Orne.

« Le vendredi soir 25 février, raconte-t-il, nous apprîmes par des journaux et des voyageurs arrivés du Mans la chute de Louis-Philippe et la constitution du gouvernement provisoire. La malle-poste et la diligence de Paris, attendues toute la journée, n'arrivèrent que le lendemain soir. L'anxiété la plus vive régnait dans tous les esprits. Les nouvelles du Mans ajoutèrent encore à la préoccupation générale. Un poste de gardes nationaux fut établi à l'Hôtel de Ville.

« Le lendemain 26, à 11 heures, le Conseil municipal se rassemblait et se déclarait en permanence. Le maire et les adjoints avaient déposé les fonctions qu'ils tenaient du pouvoir tombé, mais, sur l'invitation unanime de leurs collègues, ils consentirent à les reprendre comme président et vice-présidents du Conseil. Pendant ce temps, un rassemblement nombreux avait lieu à la Halle aux Toiles et y constituait un *Comité révolutionnaire insurrectionnel.* » Grâce à la modération du Conseil municipal et à la fermeté de la garde nationale, la lutte fut conjurée. « Le Conseil était bien décidé à éviter tout conflit, toute lutte violente, mais aussi à maintenir pacifiquement et légalement, jusqu'à la fin, son autorité et les droits de ses commet-

tants... Le dimanche matin, la proclamation de la République
était faite dans toute la ville... (1) »

Plus loin, l'auteur de cet intéressant récit qu'il nous faut
abréger, rend pleine justice au nouveau Commissaire du Gouvernement, M. Berrier-Fontaine, « honorablement connu dans
le département par l'énergie de ses convictions politiques, par le
courage avec lequel il avait supporté les persécutions qu'elles lui
avaient valu. » Il le félicite d'avoir déclaré que l'égalité, la
liberté et la fraternité, proclamées par la République, sortaient
de l'Evangile, et que c'était à la réalisation de la parole du
Maître que devaient tendre tous les efforts. Il termine en accor-
dant un souvenir reconnaissant à l'ancien préfet, M. de Vidail-
lan et au général Massoni, dont les services avaient été justement appréciés ; en rappelant que de l'union de tous les bons
citoyens dépendent l'affermissement de l'ordre, le salut du pays
et le bonheur de chacun. »

Cette attitude aux premiers jours de la révolution de 1848
suffirait à peindre M. de La Sicotière au point de vue politique.
Monarchiste vraiment libéral, il accepte sans répugnances une
République qui se recommande des doctrines de l'Evangile.
Toujours équitable, il fait un bienveillant accueil aux nouvelles
autorités sans renier les anciennes. Patriote sincère, il rêve
l'union de tous les bons citoyens pour le salut du pays.

Les illusions, toutefois, ne devaient pas être de longue durée.
Dès le mois d'août suivant, à l'occasion des élections municipales, M. de La Sicotière, avec dix-sept de ses collègues, est
obligé de se défendre contre les manœuvres hostiles de ce même
Commissaire du Gouvernement qu'il avait si loyalement
accueilli (2). Il n'en est pas moins réélu Conseiller municipal et
il n'en reste pas moins fidèle aux principes sagement libéraux.
Déjà, paraît-il, on a songé à lui pour une candidature à l'Assemblée, mais il la refuse afin de ne pas diviser le parti de
l'ordre (3).

Au moment de l'élection du président de la République, il

<hr>

(1) *L'Intérêt Public, journal des droits et des devoirs nationaux (Calvados, Orne, Manche)*, du 8 mars 1848.

(2) *Aux habitants d'Alençon, 2 août 1848*, Alençon, Bonnet, in-8°.

(3) Amédée Boudin, *Etudes contemporaines, Silhouettes et portraits :
La Sicotière, sénateur*, Paris, Robert, in-12.

n'hésite pas à prendre parti pour le général Cavaignac. « Nous avons vu, dit une proclamation signée de son nom, le 30 novembre 1848, le général Cavaignac sortir de l'Ecole Polytechnique, entrer dans les rangs de l'armée d'Afrique ; soldat courageux, administrateur habile, il a dû tous ses grades aux services qu'il a rendus et rien à la faveur. Appelé naguère et dans des temps bien difficiles, par la confiance de l'Assemblée, aux plus hautes fonctions, il a justifié cette confiance et sauvé le pays... Ce passé nous garantit que le général Cavaignac saura tenir le gouvernail d'une main ferme et intelligente... Nous ne voterons pas pour M. Bonaparte... parce qu'on ne nous offre qu'un nom, comme si chacun de nous ne savait pas qu'un fils ou un neveu peut être bien loin, soit en bien, soit en mal, d'un père ou d'un oncle (1). »

Comme en 1833, dans sa joyeuse chanson d'étudiant, Léon de La Sicotière cherche avant tout, en 1848, le talent, l'intelligence et l'honneur ; après les avoir réclamés d'un roi il les réclame du Président de la République, prêt à les soutenir là où il les rencontrera réellement.

Quelques mois plus tard, un procès politique qui eut un certain retentissement dans les départements de l'Ouest, lui procurait l'occasion d'affirmer, mieux encore, ses aspirations en joignant les actes aux paroles. Aux mois de septembre 1848, des poursuites avaient été commencées contre le rédacteur du journal l'*Indépendant de l'Ouest*, M. Lemoine, de Laval, pour un article blâmant avec trop d'énergie la suppression arbitraire de quatre journaux républicains. Traduit en Cour d'Assises, M. Lemoine avait été condamné par défaut à un mois de prison et 150 fr. d'amende. Il s'était empressé de faire opposition au jugement et l'affaire avait été renvoyée devant la Cour d'Assises de l'Orne, session de juillet 1849. M. de La Sicotière, ayant accepté de défendre l'accusé, prononce en sa faveur une remarquable plaidoirie dans laquelle il revendique, pour la presse, toute la liberté compatible avec l'esprit de la législation. L'intervention ardente du ministère public fait rejeter l'opposition, mais le défenseur sort de l'audience grandi par la force

____

(1) *Circulaire aux électeurs à l'occasion de la nomination du président de la République,* Alençon, Poulet-Malassis, in-4°.

de son argumentation et la loyauté de ses efforts. En septembre
1851, il remporte un éclatant succès devant la Cour d'Assises de
la Sarthe, dans une grave affaire de faux en écritures privées
où il obtient l'acquittèment de ses clients.

A cette date, marquée dans l'histoire du pays par un nouveau
changement de régime, Léon de La Sicotière n'a pas encore
quarante, ans et il va entrer seulement dans la période de l'âge
mûr. Il a si bien employé sa jeunesse qu'il a commencé comme
beaucoup d'autres seraient heureux de finir. Il a déjà posé
toutes les bases de sa brillante carrière et il s'est déjà fait un
nom dans le région. Historien et littérateur apprécié, membre
actif de nombreuses sociétés savantes, conseiller municipal,
conseiller d'arrondissement, avocat connu, les voies les plus
honorables s'ouvrent devant lui, avec de grandes espérances à
l'horizon.

Nous verrons, dans le chapitre suivant, comment il saura
tenir ces premières promesses, les surpasser même par des
travaux et des services de plus en plus importants.

CHAPITRE TROISIÈME

(1852-1870)

—

———

L'époque du second Empire, de 1852 à 1870, en coïncidant
avec la pleine maturité de Léon de La Sicotière, correspond
aussi à l'apogée de l'influence qu'il devait exercer plus spécialement dans la ville d'Alençon.

Pendant cette période, en effet, il continue d'y résider sans
interruption, et il achève d'y conquérir la situation dominante
qui lui vaudra un jour l'honneur de sortir du cadre étroit de la
province pour figurer sur une scène plus générale. Comme il est
de ceux qui gagnent tous leurs grades, si non à la pointe de
l'épée, du moins à la pointe de la plume,. dix-huit années lui
sont encore nécessaires pour montrer à ses concitoyens ce qu'ils
peuvent attendre de lui.

Les évènements, tout d'abord, ne lui sont point favorables.

Par ses origines et ses tendances, le régime impérial ne
répond ni aux préférences politiques de M. de La Sicotière,
toujours fidèles à une monarchie légitime, ni aux sentiments de
sincère libéralisme qui lui ont fait soutenir la candidature du

général Cavaignac. Le coup d'Etat du 2 décembre 1851 le froisse
même si profondément qu'il proteste en se démettant de toutes
ses fonctions publiques, en se retirant du Conseil municipal
d'Alençon et du Conseil d'arrondissement.

Cette attitude d'une honorable indépendance le tiendra
écarté dix ans de suite de la vie publique et des faveurs du pouvoir, mais elle ne nuira en rien à l'estime dont il est entouré et
elle ne l'empêchera pas de poursuivre sans défaillance la carrière laborieuse et utile qu'il s'est tracée.

Dès 1852, il est vrai, un bonheur bien mérité vient stimuler
son ardeur en ramenant à son foyer ces douces joies de la vie de
famille dont il avait été trop tôt privé. Après dix années d'un
deuil courageusement supporté en pleine jeunesse, il retrouve,
dans Melle de Launay de Saint-Denis, de Chateaubriant, toutes
les qualités de l'esprit et du cœur susceptibles de séduire un
homme de sa valeur, de comprendre ses travaux, de seconder
son talent et de le faire valoir par un intelligent dévouement.

Melle de Launay de Saint-Denis appartenait à une famille
dans laquelle l'attachement à la monarchie était traditionnel.
Elle était même proche parente de M. Guibourg, le dévoué conseiller de la duchesse de Berry, qui avait joué un rôle si actif
lors des évènements de 1832. Par ce mariage, M. de La Sicotière devenait quelque peu breton et vendéen : il entrait en relations plus intimes avec ces deux provinces et il rencontrait sur
leurs frontières mêmes, dans la terre du Martreil, un centre
d'attraction doublement puissant par les affections et les souvenirs historiques.

Désormais, il se rendra chaque année au Martreil, il aimera à
y passer ses vacances ; il en profitera pour parcourir le théâtre
des grandes guerres de la Révolution et en interroger les sur-
vivants. Il en reviendra toujours plus alerte, plus vigoureux,
plus enthousiaste pour l'histoire d'une époque héroïque qui par-
tagera bientôt ses efforts avec l'histoire de sa chère Normandie (1).

En attendant que sa moisson soit assez abondante pour réunir
ces deux histoires dans une étude définitive sur les insurrections normandes, il consacre toute son activité au développement des œuvres multiples qui ont signalé ses débuts.

(1) H. Baguenier-Desormaux. *Un hommage à Léon de La Sicotière*, dans
le *Mercure Poitevin*, juin 1899, p. 359.

III

C'est ainsi que, sous l'Empire, M. de La Sicotière ne cesse de prêter un précieux concours à la Société d'horticulture d'Alençon, et qu'il contribue chaque année à organiser les intéressantes expositions qui assurent son succès. Sous sa plume élégante, les rapports du jury, trop souvent dénudés de fleurs, deviennent de charmants morceaux littéraires qu'un public d'élite est toujours heureux d'applaudir.

« Chaque exposition nouvelle, dit-il en 1855, est pour votre rapporteur un nouveau sujet d'embarras... Comment faire passer dans son rapport ces couleurs si vives, ces nuances si délicates, ces variétés si tranchées, cette fraîcheur et cette puissance de végétation qui charment ses yeux comme les vôtres ? Plus vos expositions sont riches et plus ma tâche devient difficile. Vos jardins sont plus fertiles que mon imagination et vous cueillez en toute saison plus de fleurs que je ne puis en mettre dans mon rapport, pour vous les offrir (1). »

En 1860, il ne craint pas, malgré des occupations importantes, d'aller représenter la Société aux expositions de Caen, de Valognes et de Cherbourg. L'année suivante, il commence dans son *Bulletin* la publication d'une série de *Notes pour servir à l'histoire des jardins et de l'arboriculture dans le département de l'Orne*. Depuis longtemps épuisé, le tirage à part de ces articles est aujourd'hui fort rare et très recherché : il contient, sur la décoration et la distribution des anciens jardins, sur les plantes qui y étaient jadis cultivées, sur les parcs des châteaux, des monastères et des villes, des renseignements qu'on chercherait vainement ailleurs et qui se joignent à l'originalité du sujet pour mériter à ce petit livre une place toute spéciale parmi les travaux de l'auteur : c'est un gracieux hommage de l'histoire au culte poétique des fleurs.

L'Association normande, la Société française pour la conservation des monuments et le Congrès scientifique de France ne sont pas davantage oubliés.

En 1857, l'Association normande revient à Alençon tenir sa 25ᵉ session. M. de La Sicotière est encore l'âme de la réunion. Il y prononce deux excellents discours, et il a enfin la joie de

_____

(1) *Société d'horticulture de l'Orne, séance publique du 17 avril 1855*, Alençon, 1855, in-8° p. 4.

voir la ville d'Alençon inaugurer, à cette occasion, ce musée qu'il désire si vivement depuis 1838. Secrétaire de la Commission du nouveau musée, il prend une part active à son organisation et il en suit tous les progrès avec la plus constante sollicitude.

En 1860, au mois de février, il apporte au Mans, à une séance générale de la Société française d'archéologie, des observations sur le cimetière mérovingien de Saint-Germain-de-Martigny (Orne), et au mois de septembre, il fait avec le Congrès scientifique de France, dans les environs de Cherbourg, au château du Rozel, une excursion archéologique et pittoresque dont il publie une très agréable narration.

D'autre part, il est toujours le promoteur et l'un des principaux organisateurs des expositions industrielles et artistiques qui ont lieu à Alençon. Comme en 1842, les jurys de 1858 et de 1865 s'empressent de le choisir pour rapporteur, choix mille fois justifié qui vaut aux habitants d'Alençon d'intéressantes études sur leurs deux expositions. Il est juste d'ajouter que celle de 1865 fut particulièrement brillante. « Pour abriter les produits de l'industrie, la ville d'Alençon avait bâti son palais de cristal ; elle avait couronné sa vieille halle de cette coupole élégante et hardie qui faisait alors l'admiration et l'envie de ses voisins. Quant aux arts, ils avaient trouvé une hospitalité splendide dans cette maison aux murs de granit, aux toits aigus couronnés d'épis, aux fenêtres en croix, au porche pittoresque, qui est un des restes les plus historiques du vieil Alençon, et où Henri IV, quelques jours avant la bataille d'Ivry, aurait mangé en compagnie d'un bon bourgeois la fameuse dinde qui fit surnommer le logis la *Maison à la Dinde* (1). » Au banquet de clôture, le rapporteur général avait traduit les impressions laissées par cette dernière exposition en disant dans son toast : « C'est un beau spectacle, digne des bénédictions du Ciel et des respects de la terre, que celui de l'activité humaine s'exerçant ainsi dans la plénitude de son indépendance, du travailleur s'émancipant, non pas de la protection tutélaire des lois, mais des lisières réglementaires ou politiques qui enchaînèrent trop longtemps sa

---

(1) *Exposition d'Alençon, 1865, Rapport de M. Léon de La Sicotière,* Alençon, E. de Broise, 1865, in-8° p. 7.

marche, pour ne demander qu'à lui-même sa force et son appui, du travailleur s'affirmant par un labeur incessant et marchant dans les vastes champs du progrès agricole, industriel et artistique, au grand soleil de la concurrence et de la liberté (1). »

Toutefois, ce concours si efficace donné aux Sociétés et aux expositions n'est plus qu'une partie accessoire du rôle de M. de La Sicotière. Sa situation au barreau a pris peu à peu une telle prédominance qu'elle le place, à cette époque, au premier rang des avocats de la région, avocat renommé pour la facilité de sa parole, la sûreté de son jugement et la délicatesse de sa conscience.

Un recueil d'articles et de mémoires judiciaires, formé par lui de 1853 à 1870, nous a conservé quelques échos lointains et trop affaiblis des causes célèbres qui lui furent alors confiées. Nous ne pouvons, faute de documents suffisants, réveiller dans toute leur puissance, après quarante années, ces éloquents échos dont retentirent tour à tour le tribunal d'Alençon, les Cours de Caen et d'Angers, et surtout la Cour d'Assises de l'Orne ; nous pouvons, du moins, rappeler celles des causes criminelles qui émurent le plus profondément l'opinion publique.

En 1853, tout d'abord, c'est l'affaire Alfred Elie, un jeune clerc de notaire de dix-huit ans, compromis pour un coup de poignard dans un drame intime et que son habile défenseur fait acquitter aux applaudissements de tout l'auditoire. En 1863, c'est l'affaire Bassière, plus dramatique et plus fameuse encore, qui amène devant la Cour d'Assises de l'Orne, pour assassinat, vol et faux, six accusés, M. de La Sicotière y figure comme défenseurs de deux malheureuses femmes dont il obtient également l'acquittement, « après une plaidoirie très remarquable écoutée avec une religieuse attention. » La même année, à la session de juillet, c'est une autre affaire de rixe et de coups, suivis de mort, qui se termine, grâce à lui, par un nouvel acquittement. Ce sont ensuite les vols sacrilèges d'un prêtre interdit, dont il cherche charitablement à établir la folie ; l'assassinat commis la nuit, sur une grande route, par les sieurs Crestot père et fils ; l'affaire très épineuse d'un notaire de Domfront, accusé de faux ; enfin un dernier assassinat commis

____

(1) *Toast de M. de La Sicotière au banquet du concours régional d'Alençon (28 mai 1865), Alençon, E. de Broise, p. 3.*

aux portes d'Alençon, à Lonrai, et qui eut dans tout le pays un profond retentissement.

Dans ces différentes causes, au dire de tous les comptes-rendus, le défenseur se montre avocat de premier ordre, éloquent, chaleureux, pathétique. Parfois, pendant cinq heures continues, il lutte corps à corps avec l'accusation, tantôt prenant l'offensive sur les points où elle lui semble faible, tantôt restant sur la défensive et déployant jusqu'à la fin les ressources de l'expérience la plus consommée. D'autres fois, il impressionne si vivement ses auditeurs qu'il fait couler les larmes et s'attire les félicitations du président. Le public — même des femmes élégantes — viennent l'écouter en foule et applaudir à ses succès. « Avocat d'assises incomparable, dit un témoin, personne ne plaide plus utilement une cause criminelle non-seulement pour le public, mais aussi et surtout pour le jury (1). »

La plupart des affaires que nous venons de rappeler aboutissent en effet, pour ses clients, à des acquittements ; une seule à une condamnation à mort, l'affaire Crestot. Cette cause était, il est vrai, des plus mauvaises, et M. de La Sicotière en avait été chargé d'office par suite de la maladie d'un de ses confrères. A défaut d'une victoire impossible à remporter dans la circonstance, elle lui procura l'occasion de prouver avec quelle noblesse de sentiments il comprenait les devoirs du barreau. « J'ai l'honneur, dit-il en commençant sa plaidoirie, d'être bâtonnier d'un ordre dont les traditions sont chères à mon cœur, d'un ordre qui s'est toujours distingué par son respect pour la magistrature, par son dévouement au malheur, je devais l'exemple. Aussi, malgré les fatigues d'hier, malgré celles de demain, je n'ai pas hésité à remonter sur la brèche. »

A maintes reprises, le barreau d'Alençon lui rendit justice en le nommant bâtonnier, et jusqu'à la fin de sa carrière d'avocat, qui se terminera en 1870, M. de La Sicotière s'estimera très fier de cette distinction. Jusqu'à la fin de sa vie, il sera fier de ses succès remportés dans une profession qu'il aimait beaucoup et à laquelle il restait très attaché, plus encore par la passion de la justice et de la vérité que par les victoires qu'elle lui avait values.

(1) E. de Beaurepaire, *Léon de La Sicotière*, 1895, p. 62.

La magistrature, de son côté, tint à honneur de reconnaître l'élévation de son caractère et l'influence de son talent. Nous en avons pour touchant témoignage les paroles suivantes que lui adressera, en 1894, l'un des plus éminents conseillers de la Cour de Caen, M. Eugène Robillard de Beaurepaire, devenu l'un de ses meilleurs amis :

« En 1860, j'arrivai comme substitut à Alençon. Je vous y trouvai dans toute la puissance et l'éclat de votre talent d'avocat. Dans les causes criminelles, vous n'étiez pas un adversaire à tout repos pour le ministère public. Quel feu, quelle verve intarissable, quelle fertilité de moyens, quelles connaissances approfondies, et, par instants, dans la discussion, quels retours secondaires et redoutables !

« Que ces jours sont loin de nous et combien peu restent debout des maîtres du barreau et des magistrats de ce temps !

« Disparu Gougeul, qui cachait sous une forme abrupte une véritable valeur juridique. Disparu Edmond Baudry, esprit élevé, cœur d'or, l'honneur et la délicatesse mêmes ! Disparu aussi Rivière, dont la parole claironnante avait des sonorités étranges et dont les gestes rappelaient vaguement Frédéric Le Maître et les acteurs de son école ! » (1)

Après avoir ainsi évoqué les beaux jours du barreau d'Alençon et accordé à M. de La Sicotière, avocat, cet hommage flatteur, M. de Beaurepaire ajoutera :

« A cette époque, Alençon n'avait pas encore de société savante, mais seul vous suffisiez à combler la lacune : vous groupiez autour de vous toutes les bonnes volontés, toutes les jeunes activités. A tous vous donniez le goût et vous communiquiez la flamme. Que d'étrangers de distinction, savants, littérateurs ou artistes, j'ai vu passer dans ce salon élégant de l'hôtel de la rue Marguerite de Navarre où présidait la plus accueillante et la plus gracieuse hospitalité ! C'est là que s'entretenait le feu sacré et que la vie intellectuelle du pays s'était concentrée. »

Un salon littéraire est toujours fort rare en province et bien des villes, plus importantes, pouvaient envier à la société alençonnaise celui de M. de La Sicotière. Il n'était cependant pas le seul attrait de l'hôtel de la rue Marguerite de Navarre. Les

(1) E. de Beaurepaire. *Discours prononcé à la séance publique de la Société des antiquaires de Normandie*, du 14 janvier 1894.

érudits y trouvaient en outre, dès cette époque, une merveilleuse
bibliothèque, qui leur apparaissait moins « comme une fantaisie
de bibliophile que comme la lente création d'un savant sérieux,
animé de bonne heure par la pensée d'un projet qui était
devenu celle de toute sa vie (1). »

Déjà nous l'avons vu, en sortant du collège, Léon de La
Sicotière s'était révélé, avec son ami Théobald de Fontenay,
bibliophile et chercheur passionné. Dès les débuts de sa carrière, il avait acheté une partie de la bibliothèque de Louis
Dubois. Peu à peu, il y avait joint celles de M. Boullemer de
Thiville, de M. Bouyer de Saint-Servais, le petit neveu de
Fontenelle, de MM. de Hautéclair et Delestang, puis des livres
et des papiers ayant appartenu aux conventionnels Valazé et
Fourmy, à Frédéric Galeron, à l'abbé Gautier, à l'abbé Fret et
à divers historiens normands (2). Il y avait joint aussi quantité
de livres curieux, de brochures et de plaquettes rarissimes,
découvertes çà et là, au cours de ses nombreuses excursions,
chez les bouquinistes de petites villes, chez les fripiers et chez
les paysans. « Les travaux juridiques même ne l'empêchaient
point de se livrer à sa passion favorite, et lorsqu'on lui signalait
quelque part une pièce intéressante, un beau livre ou un
ouvrage rare, un monument ou une trouvaille quelconque à
décrire, vite il courait à l'endroit indiqué et ne revenait qu'avec
une ample moisson (3). » La récolte avait été d'autant plus
fructueuse qu'il avait été l'un des premiers à explorer le terrain
et qu'il n'avait guère eu de concurrence à redouter à un moment
où le goût des collections locales était fort peu répandu.
L'ensemble, qui s'augmentera encore dans la suite d'inappré-
ciables trésors, formait une mine d'une grande richesse pour
l'histoire du pays.

Mieux que tout autre, le propriétaire sait l'exploiter et y puiser
les éléments de travail. Les exigences du barreau n'ont point
ralenti son activité littéraire : pendant cette période comme
pendant la précédente, il conserve à l'histoire et à la littérature
une bonne partie de sa vie.

(1) *Eloge funèbre de M. de La Sicotière,* prononcé par M. Challemel-
Lacour, président du Sénat, à la séance du 4 mars 1895.

(2) Louis Duval. *Léon de La Sicotière,* p. 10.

(3) H. Baguenier-Desormaux. *Un hommage à Léon de La Sicotière,*
dans le *Mercure poitevin,* 1899, p. 365.

Tour à tour, il collabore à la *Normandie illustrée* de Raymond Bordeaux, aux *Archives de l'art français*, au *Maine et à l'Anjou* du baron de Wismes, au *Journal d'Alençon*, à la *Chronique de l'Ouest*, à l'*Intermédiaire des Chercheurs*, à la *Revue de Normandie*, etc. Il publie, avec de précieuses annotations, le premier volume d'une deuxième édition des *Mémoires historiques sur la ville d'Alençon et ses seigneurs* par Odolant-Desnos ; des *Notes statistiques sur le département de l'Orne* ; une étude sur *Monanteuil, dessinateur et peintre* né à Mortagne en 1785 ; des notices biographiques, hommage d'affectueuse estime à des compatriotes ou à des amis comme l'abbé Fret, l'historien du Perche, et Georges Mancel. Enfin il prélude à ses travaux sur la Révolution en donnant à M. de Lescure une *Bio-bibliographie de Marie-Antoinette*, à la *Revue des Questions historiques* un article sur *Charlotte Corday et Fualdès*, à l'*Annuaire de l'Orne* des *Documents sur les élections aux Etats-Généraux de 1789 dans la généralité d'Alençon*.

Tous ces travaux se distinguent non-seulement par les mêmes qualités que leurs devanciers, un style agréable et attrayant, des connaissances variées et étendues, une grande facilité d'assimilation, mais par une préoccupation de plus en plus marquée de fouiller les détails, d'approfondir les sujets. On sent que l'auteur tient à honneur de suivre les progrès de la science historique, à se pénétrer des méthodes critiques, en un mot qu'il marche avec son temps et qu'il commence à aborder de préférence l'étude des documents inédits. Ce n'est plus le rapide explorateur ou le vulgarisateur des premières années, c'est un chercheur en quête de nouveau, un curieux avide des moindres miettes de l'histoire.

Cette tendance à la curiosité littéraire, qui s'accorde si bien avec ses goûts de bibliophile et qu'encourage, d'ailleurs, la richesse de sa bibliothèque, restera l'un des traits caractéristiques des œuvres de M. de La Sicotière. Elle se manifeste plus spécialement, à partir de 1864, dont la collaboration suivie qu'il prête à l'*Intermédiaire des Chercheurs*. Seule, la bibliographie des innombrables questions qu'il traitera dans ce journal peut donner une idée de leur variété, de leur originalité. A côté de réponses à des points d'histoire longtemps discutés, on y rencontrera des communications sur Philippe-Egalité et son jockey, les motifs de l'exil d'Ovide, le gui de chêne, la conspiration de l'épingle noire, l'origine du dindon et de la petite oie, le docteur Guillotin et la guillotine, etc.

Nous nous reprocherions, d'autre part, de ne pas rappeler la consciencieuse brochure sur *Henri IV, le bourgeois et la dinde en pal*, où il n'hésite pas à discuter l'une des plus jolies anecdotes de l'histoire d'Alençon : ses scrupules, très méritoires pour un auteur aussi enthousiaste des traditions, témoignent qu'à l'occasion le littérateur savait s'effacer devant l'historien.

Mais, si M. de La Sicotière, parvenu à sa maturité d'esprit et à l'apogée de son talent d'avocat, se prépare à une nouvelle phase de sa carrière historique, il se trouve entraîné aussi, à cette époque, par sa situation même, à rentrer dans la vie publique et administrative.

Le 17 août 1861, il est élu membre du Conseil général du département de l'Orne par le canton-ouest d'Alençon qu'il avait représenté de 1847 et 1852 au Conseil d'arrondissement. Bien que les attributions des Conseils généraux ne fussent pas alors aussi étendues qu'aujourd'hui, l'influence de ces assemblées était autrement considérable que celle des Conseils d'arrondissement, rouages très secondaires de l'organisation administrative de la France. On y traitait déjà toutes les questions essentielles pour le développement social et matériel du département, et on y disposait d'un budget, élément indispensable de la plus modeste amélioration. Dès le lendemain de son élection, M. de La Sicotière se fait, au Conseil général de l'Orne, la part qui revient de droit aux hommes de son mérite et qu'il devait conserver pendant dix ans, pour le plus grand bien du pays.

Est-ce hasard des circonstances ? Est-ce effet prémédité de sa bonté d'âme et de sa charité chrétienne ? La première intervention du nouveau conseiller général a pour objet une bonne action. Dans la session d'août 1861, il se fait, pour ses débuts, l'avocat chaleureux des infortunés et des malheureux, en réclamant le renouvellement des subventions votées à la Maison du Refuge, fondée par M. l'abbé Lindet, à l'Asile des Aliénés, à l'Ecole des sourds-muets et des aveugles fondée à la Providence par M. l'abbé Lebecq.

La Maison du Refuge pour les jeunes filles et l'école des sourds-muets sont, à tous égards, deux des œuvres les plus

III.

intéressantes, les plus sympathiques de la ville d'Alençon. Ce sont de ces œuvres qui ne font pas seulement honneur à l'Eglise catholique qui les a inspirées, et au pieux dévouement des excellents prêtres leurs fondateurs, mais à l'humanité tout entière. Ce ne sont pas seulement des œuvres de charité ou de philanthropie, ce sont des œuvres d'une portée sociale considérable. L'école des sourds-muets et des aveugles est de plus un établissement modèle qui sert à plusieurs départements, et dont les heureux résultats ont dépassé toutes les espérances. M. de La Sicotière lui consacre un rapport très complet dans lequel il met, on peut le dire, tout son cœur (1).

Au cours des sessions suivantes, il aborde avec sa facilité habituelle les questions les plus diverses. Tantôt il obtient le concours du département à des travaux historiques qu'il importe d'encourager, comme la publication du *Gouvernement de Normandie* par M. Hippeau, et celle des premiers volumes de l'*Inventaire sommaire des archives départementales*, dont il fait ressortir avec une compétence toute particulière « le haut intérêt, la grande et noble pensée. » Tantôt, il présente à l'assemblée des rapports sur l'instruction primaire dans l'Orne, la situation des édifices départementaux, l'assistance publique et l'extinction de la mendicité, les contributions directes, l'exposition universelle de 1867, les chemins de fer départementaux. A toutes les discussions importantes il prend une part active et judicieuse (2).

Toutefois, dans cet ensemble des travaux de M. de La Sicotière au Conseil général, deux questions principales semblent lui appartenir plus directement par le soin et l'attention qu'il leur accorde, l'extinction de la mendicité et la construction des chemins de fer départementaux.

Son rapport sur l'assistance publique et l'extinction de la mendicité date de 1864. C'est le résumé net et précis d'un des

____

(1) *Procès-verbaux du Conseil général de l'Orne, séance du 30 août 1861.* Alençon, Marguerith-Dupré, 1861, in-8°, et à part. *Rapport de M. Léon de La Sicotière sur les écoles établies pour les sourds-muets et les jeunes aveugles, sous la direction de M. l'abbé Lebecq, dans la Maison de la Providence à Alençon.*

(2) Cf. les *Procès-verbaux du Conseil général de l'Orne,* de 1861 à 1870 : Les différents rapports de M. de La Sicotière sont indiqués à leurs dates dans la bibliographie jointe à cette notice.

problèmes les plus redoutables de l'ordre religieux, moral et économique. Après un rapide historique du sujet depuis 1839, il conclut à l'approbation du système préconisé par le préfet, M. de Magnitot, sauf une réserve que l'avenir ne justifiera que trop.

« Ce système, écrit le rapporteur, a pour objet de substituer dans une certaine mesure la charité collective à l'aumône individuelle, je dis dans une certaine mesure, car la charité particulière, la plus douce, la plus tendre, la plus féconde en pures jouissances, ne peut jamais abdiquer. Mais l'éparpillement des ressources de la charité en amène le gaspillage, et si l'aumône privée a ses entraînements, elle a aussi ses défaillances. Aussi, partout et sous toutes les formes, voyons-nous les associations charitables centraliser les aumônes particulières pour en faire une répartition plus utile et plus rationnelle entre les malheureux. Celle de Saint-Vincent de Paul elle-même, celle de Saint-François-Xavier, si admirables, n'agissent pas autrement. Tous y distribuent ce que tous ont donné... Cependant la charité collective doit, toujours et quand même, rester *libre*. La charité collective n'est pas la charité *légale*, qui ne serait que la misère organisée et grandissant chaque jour. Les subventions volontaires ne peuvent se confondre avec l'impôt, cette taxe des pauvres qui ronge l'Angleterre... *De cette liberté, de cette spontanéité semble découler naturellement pour les donateurs le droit de surveiller, de contrôler jusqu'à un certain point, par eux-mêmes ou par des délégués, l'emploi de leurs dons.* Sous ce rapport, vous penserez sans doute, Messieurs, tout en reconnaissant que les commissions de bienfaisance nommées par l'administration se sont montrées partout animées du meilleur esprit, *qu'il serait bon de faire aux souscripteurs une large part dans le renouvellement de ces commissions, soit qu'il les nommassent seuls, soit que les plus forts souscripteurs concourussent à leur nomination...* Comme l'a si bien dit M. le Préfet, il s'agit de constituer le suffrage universel de la charité. Ce suffrage n'a pas seulement ses droits, il a aussi ses susceptibilités... Le maire, le curé devront donc toujours et de droit présider et diriger les commissions. (1) »

(1) *Procès-verbaux du Conseil général de l'Orne. Séance du 26 août 1864*, et à part, *Rapport de M. Léon de La Sicotière sur l'assistance et l'extinction de la mendicité*, Alençon, Thomas, 1864, in-8°.

Ainsi qu'il résulte de cette citation, M. de La Sicotière avait
entrevu avec une perspicacité peu commune les avantages et les
inconvénients du système. Si l'administration avait tenu
compte de ses sages observations et surtout si elle avait partagé
son libéralisme, nous n'aurions pas actuellement le scandale de
voir trop souvent la politique s'emparer de la nomination des
commissions de bienfaisance, en exclure systématiquement les
plus généreux souscripteurs, et, sous prétexte de la laïciser,
tarir les ressources de la charité publique. Pour éteindre la
mendicité, le plus efficace de tous les concours sera toujours
celui de la charité chrétienne, organisée d'après les règles de la
comptabilité publique, telle que la comprenait le très distingué
conseiller général du canton-ouest d'Alençon.

Quant au réseau des chemins de fer départementaux, sa création n'était que la conséquence et le complément nécessaire de
la grosse question des chemins de fer que M. de La Sicotière
avait si ardemment débattue en 1845. En présence des idées
qu'il avait alors émises, il n'est pas étonnant de le voir, de 1868
à 1870, favoriser de toute son autorité l'établissement de nouvelles lignes, notamment celle d'Alençon à Condé par Mortagne.
Ajoutons que dans ses exposés et ses propositions financières se
manifeste toujours une préoccupation d'équité trop aisément
sacrifiée par d'autres aux intérêts de leurs électeurs : « Il est
impossible, dira-t-il par exemple dans la séance du 29 août
1868, que toutes les parties d'un département profitent en même
temps et au même degré des travaux qu'il exécute. C'est par
une juste et successive distribution des avantages particuliers
que s'établit l'équilibre général : c'est dans la loyauté même
avec laquelle sont exécutés les engagements au profit d'une
partie quelconque de son territoire que toutes les autres trouvent la meilleure garantie qu'elles aussi obtiendront justice. (1) »
L'expérience, malheureusement, n'était pas encore suffisante
pour permettre d'établir à peu de frais ces lignes d'intérêt local
prévues par la loi de 1865, et bien des années s'écouleront avant
que l'adoption du système des chemins de fer à voie étroite ne
délivre les départements des charges onéreuses et des mécomptes
inévitables de la première heure.

(1) *Procès-verbaux du Conseil général de l'Orne, séance du 29 août
1868*, et à part, *Rapport de M. de La Sicotière sur les chemins de fer
départementaux*, Alençon, E. de Broise, in-8° p. 5.

En même temps qu'il jouait au Conseil général ce rôle si honorable, M. de La Sicotière ne se désintéressait pas des affaires de la ville d'Alençon que celles du département ne lui faisaient point négliger.

En 1863, il propose, à ce titre, une mesure bien intelligente, bien digne d'un savant et d'un artiste, la transformation définitive en musée de cette *Maison à la Dinde* ou *Maison d'Ozé* qui est, comme nous l'avons dit, l'un des édifices les plus intéressants du vieil Alençon.

« Le caractère architectural de cette maison, écrivait-il, son ancienneté, les souvenirs populaires du séjour d'Henri IV qu'elle rappelle, les anciens murs de ville conservés dans le jardin avec leurs grosses tours, la possibilité de distribuer ce jardin d'une façon pittoresque et d'y placer, encadrés dans la verdure ou dans les fleurs, comme dans celui des Thermes à Paris, les objets que leur forme ou leur volume ne permet pas de loger à couvert, tout semble se réunir pour la recommander à l'attention la plus sérieuse du Conseil municipal (1). » La ville d'Alençon, hélas, ne comprit ni l'intérêt ni l'originalité du projet. Elle se borna à installer provisoirement dans la *Maison d'Ozé* l'exposition des Beaux-arts de 1865, et elle perdit l'occasion de posséder, bien des années avant Le Mans et Angers « son petit Cluny ».

Plus agitées déjà que les précédentes, les élections de 1865 amènent ensuite M. de La Sicotière à se représenter au Conseil municipal et à développer publiquement un programme. Quelques points de ce programme sont à retenir. C'est ainsi qu'il demande, entre autres, la réélection de bon nombre des conseillers actuels et de plusieurs membres des anciens conseils, comme témoignage de la reconnaissance publique et seul moyen de ménager les traditions en donnant plus de suite et d'unité aux travaux ; la nomination de membres nouveaux « pour éviter l'immobilité qui ne vaut rien et rajeunir l'assemblée dans le courant vrai et vif de l'opinion publique » ; enfin et avant tout l'abstention, dans la formation des listes, de toute préoccupation politique, « l'exclusion des gens exclusifs et

(1) *Journal d'Alençon* du 22 septembre 1863, *Musée d'Alençon.*

l'appel des gens de bien de toutes nuances (1. » Les électeurs, malgré une lutte assez vive, se rallient en majorité à ces idées si loyales, si modérées, et réélisent M. de La Sicotière par 1.457 voix sur 2.000 votants (2).

Dès le mois de novembre suivant, il justifie leur confiance par un important rapport au Conseil municipal sur les embellissements et les grands travaux d'Alençon. Au nom de la Commission qu'il représente, il propose, dans la séance du 7 novembre 1865 : 1° l'assainissement de la Briante ; 2° l'établissement d'une communication entre le quartier de Montsort et la gare au [moyen d'une rue directe et d'un pont sur la Sarthe ; 3° la fixation définitive de l'assiette d'un marché ; il demande la priorité et l'exécution immédiate du premier travail dont l'urgence lui paraît s'imposer dans l'intérêt de la salubrité publique. Le Conseil n'ayant pu se mettre d'accord, les conclusions du rapporteur furent rejetées et tous les travaux ajournés au grand détriment de la ville, que l'invasion allemande empêchera bientôt de regagner le temps perdu (3). Ce n'est pas moins à M. de La Sicotière que revient l'honneur d'avoir préconisé officiellement, l'un des premiers, l'ouverture de cette communication directe entre la gare et Montsort qui devait constituer une si grande amélioration pour la ville d'Alençon.

En 1866, il prend, en outre, une part très personnelle et très active au Conseil municipal et au Conseil général, à la question de la réduction du contingent mobilier de la ville d'Alençon, ainsi qu'à la répartition de cette réduction sur le département tout entier et non sur le seul arrondissement d'Alençon, comme le proposait l'administration.

(1) *Journal d'Alençon*, du 11 juillet 1865. Dans ce même article, M. de La Sicotière proteste avec énergie contre la rédaction qu'on lui attribue de plusieurs listes de candidats sur lesquelles figure son nom : « Autant il est honorable, dit-il, de voir son nom figurer sur des listes à la composition desquelles on est resté étranger, autant même il est légitime de le laisser figurer sur des listes concertées, élaborées en commun et qui perdent ainsi tout caractère individuel, autant il m'eût paru inconvenant de placer moi-même mon nom sur une liste qui ne serait que mon œuvre personnelle et où tant d'autres devraient passer avant lui. »

(2) *Journal d'Alençon*, Elections municipales du 22 juillet 1865.

(3) *Extrait du procès-verbal des délibérations du Conseil municipal d'Alençon, séance du 7 novembre 1865*. Alençon, de Broise, in-8°. Dix membres avaient voté pour les conclusions du rapport et treize contre.

Enfin, comme M. de La Sicotière n'attache pas moins d'importance aux intérêts religieux qu'aux intérêts matériels, la paroisse Notre-Dame qu'il habite est heureuse, elle-aussi, de faire appel à son dévouement. Dès le 8 janvier 1859, M. de La Sicotière a été nommé membre du Conseil de fabrique de Notre-Dame. Plus tard il en devient président, et il conservera ce titre de longues années. Son nom se trouve ainsi associé à plusieurs des restaurations de cette belle nef de Notre-Dame qui est le principal morceau architectural de la ville d'Alençon et dont il avait fait connaître déjà, en 1842, les superbes vitraux de la Renaissance.

Dans la dernière année de l'Empire, ses travaux multiples, ses éminents services et ses succès au barreau avaient si bien achevé de mettre M. de La Sicotière en évidence qu'il était désormais désigné, par la force des choses, pour la députation. Des amis politiques le décidèrent à poser sa candidature au Corps législatif, dans la première circonscription de l'Orne, aux élections du 23 mai 1869. Bien qu'il eut obtenu le chiffre fort respectable de 9.522 voix (1), il échoua, mais il avait pu dire aux électeurs, sans crainte d'être démenti :

« Il n'est pas un seul de vos intérêts si divers, de vos droits si souvent méconnus, que je ne me sois fait un devoir d'étudier avec zèle, de défendre avec énergie. En toutes circonstances, j'ai été le promoteur ou le coopérateur actif de toutes les institutions qui ont eu pour objet le progrès matériel ou le progrès moral de notre cher pays. Indépendant, franchement libéral et conservateur, je ne suis partisan ni du pouvoir absolu, ni du gouvernement personnel. Je veux l'application sincère des grandes et généreuses idées de 1789, l'élargissement de nos libertés municipales et départementales, le développement de l'enseignement, particulièrement de l'enseignement professionnel et agricole, la protection efficace de tous les intérêts religieux (2). »

Les populations de l'Orne, si patriotes et si honnêtes, se rappelleront bientôt, à l'heure néfaste des désastres, ces fières déclarations dont elles avaient pu maintes fois constater la sincérité.

(1) *Journal d'Alençon,* mai 1869.

(2) *A MM. les Electeurs de la 1re circonscription de l'Orne,* circulaire in-4°. Alençon, de Broise, et *Journal d'Alençon* du 1er mai 1869.

CHAPITRE QUATRIÈME

(1870-1875)

—

La guerre franco-allemande de 1870-71 ; l'invasion. — M. de La
Sicotière vice-président du Conseil général de l'Orne. — L'occupation
d'Alençon par les Prussiens. — Élections législatives du 8 février
1871. — M. de La Sicotière à l'Assemblée nationale ; rapports sur
l'affaire de Dreux et les actes du gouvernement de la Défense
nationale en Algérie.

———

Les premières défaites de la guerre franco-allemande, suivies
de la révolution du 4 septembre, jetèrent dans la ville d'Alençon,
ainsi que dans la France entière, une douloureuse consterna-
tion. La plupart des affaires et des travaux se trouvèrent par le
fait suspendus, et toutes les autres préoccupations s'effacèrent
devant l'organisation de la défense nationale.

« Les hommes d'ordre, dit un témoin des événements, tous
ceux qui mettent la France au-dessus des intérêts d'un parti,
acceptèrent le nouveau gouvernement comme une nécessité d'un
moment, et, faisant plus que de s'y soumettre, n'hésitèrent pas
à lui prêter leur concours actif et dévoué, sauf à régler plus
tard, s'il y avait lieu, les questions politiques. (1) »

Conséquent avec son passé, M. de La Sicotière fut un des
premiers à donner ce patriotique exemple, à suivre une ligne de
conduite conforme à tous ses principes.

Son âge — il avait alors 58 ans — ne lui permettant plus de
prendre rang parmi les combattants, il tint du moins à seconder
de ses efforts et de son expérience le préfet de l'Orne, M. Albert
Christophe, qui, mieux inspiré alors que bien d'autres, avait eu le

———

(1) H. Beaudouin. *L'occupation d'Alençon par les Prussiens en 1871*,
Alençon, Renaut-De Broise, 1896, in-8°, p. 5.

bon esprit de laisser intactes l'administration départementale et les administrations municipales.

Il le soutint plus particulièrement au Conseil général que les circonstances appelaient à remplir un rôle important et dont il venait d'être élu vice-président. (1)

Dans la séance du 21 septembre 1870, M. Christophe ayant cru devoir repousser une proposition qui eût fait de chaque conseiller général, dans son canton, un intermédiaire légal entre les maires et le préfet, M. de La Sicotière fut assez heureux pour ramener l'accord dans l'assemblée en faisant voter, à l'unanimité, la déclaration suivante dont la rédaction lui appartenait en propre :

« Le Conseil général, pénétré du désir de s'associer aux vues de M. le Préfet et de contribuer avec lui, dans la mesure de toutes ses forces, de tout son dévouement, de toute son énergie, à la défense du sol de la Patrie, déclare, à l'unanimité, se constituer en permanence.

« Il n'en restera pas moins uni d'esprit et de cœur avec les cantons qu'il a l'honneur de représenter. Chacun de ses membres, présents ou absents, emploiera tous ses efforts pour répandre dans la grande famille cantonale les sentiments patriotiques dont il est lui-même animé, pour y seconder les mesures de l'administration, pour y maintenir l'ordre, l'union, l'énergie, qui peuvent seuls nous sauver (2). »

Cette déclaration de permanence du Conseil général avait, pour le département, une réelle importance. Les sentiments de loyauté et d'union qui l'avaient inspirée, en groupant plus intimement les représentants des populations autour du préfet, renforçaient son influence dans l'intérêt de la défense nationale, tout en permettant, avec un préfet moins sage, de contrôler au besoin les mesures arbitraires ou exclusivement politiques. C'était, au fond, le germe d'une décentralisation administrative désirée depuis longtemps, et une affirmation plus nette des libertés départementales.

____

(1) Séance du 19 septembre 1870. Le gouvernement de la Défense nationale venait de rendre aux Conseils généraux le droit de nommer eux-mêmes les membres de leurs bureaux, droit que le gouvernement de l'Empire s'était réservé.

(2) *Procès-verbaux du Conseil général de l'Orne*, Alençon, de Broise, 1870, in-8°, p. 31.

Elu quelques jours plus tard membre de la Commission de permanence, M. de La Sicotière contribue pour une bonne part à la rédaction d'une circulaire préfectorale, en date du 4 octobre, relative aux comités cantonaux de défense départementale (1). Le mois suivant, il prend de nouveau, devant le Conseil général tout entier, l'initiative d'une proposition doublement rationnelle.

Les armées prussiennes s'avancent de plus en plus dans les départements de l'Ouest et l'on cherche à obtenir que les éleveurs et les cultivateurs fassent devant elles un vide complet. Au lieu d'imposer aux habitants des campagnes des pertes ruineuses ou de trop grands frais de déplacement, le vice-président du Conseil général demande que le gouvernement français cesse de s'adresser, pour les approvisionnements de ses troupes, à de grands spéculateurs qui vont chercher grains et bestiaux dans le Cotentin, en Bretagne et dans d'autres contrées préservées de l'invasion, qu'il prescrive aux fournisseurs de s'approvisionner de préférence dans les pays plus particulièrement menacés. « Ainsi, dit-il, l'on arriverait efficacement à ravir à l'envahisseur des moyens éventuels de ravitaillement sans causer le moindre tort au cultivateur, en lui permettant même de réaliser des bénéfices. » Le Conseil général s'empresse d'appuyer une idée qui donne à la fois satisfaction aux exigences de la défense et aux intérêts des populations rurales : il émet un vœu en conséquence et charge le préfet de le transmettre au gouvernement (2).

Au milieu du désarroi de cette triste époque, M. de La Sicotière conserve, comme on le voit par ces exemples, la justesse d'appréciations et le sens pratique qui l'ont précédemment distingué. Il a le mérite, trop rare alors, de garder son sang-froid, et, tout en faisant preuve de patriotisme, de rester dans son rôle normal, d'échapper aux exagérations funestes ou ridicules.

Aussi, est-ce avec indignation qu'il apprend, dans les derniers jours de l'année 1870, la dissolution en bloc des Conseils généraux par la Délégation de Bordeaux. C'est une mesure de

____

(1) Sur l'un des exemplaires qu'il possédait de cette circulaire, M. de La Sicotière a effectivement écrit : « De moi, aux 9/10 et plus. »

(2) *Procès-verbaux du Conseil général de l'Orne*, séance du 10 novembre 1870.

défiance politique, une mesure violente et révolutionnaire : en dépit du concours généreux et désintéressé que les assemblées départementales prêtent à la défense nationale, le gouvernement n'y voit « que des cadres de réaction organisés au point de vue électoral. » Le préfet de l'Orne lui-même, M. Albert Christophe, ne veut pas se faire le complice d'un tel acte : il donne sa démission. Quant au Conseil général, il proteste avec énergie par une circulaire, en date du 4 janvier 1871, dont M. de La Sicotière est l'un des inspirateurs et des signataires.

« Dans les circonstances douloureuses où la France s'est trouvée, disait cette circulaire, le Conseil général de l'Orne n'a jamais refusé au gouvernement de la Défense nationale son concours le plus dévoué, le plus patriotique... C'est avec un profond sentiment de regret qu'au moment où chacun sent le besoin d'aider la patrie ravagée, les membres soussignés se voient forcés de quitter leurs fonctions, mais ils mentiraient à leurs consciences, ils manqueraient à tout ce qu'ils doivent à leurs électeurs, s'ils hésitaient à remettre entre leurs mains le mandat qu'ils leur avaient confié et qu'ils ne peuvent ni ne veulent tenir que d'eux seuls (1). »

Fier et noble langage qu'aujourd'hui encore on est heureux d'applaudir au nom même de l'indépendance du suffrage universel !

Profondément froissé par ce déni de justice qui a pour conséquence, dans le département de l'Orne, de donner à M. Christophe un successeur beaucoup moins modéré et beaucoup moins expérimenté, M. de La Sicotière ne se dissimule pas que son concours, désormais, sera peu apprécié de l'administration et peu efficace. Il croit, dès lors, pouvoir partir pour l'Anjou où l'appelle la mort d'un ami.

Pendant son voyage, les événements se précipitent avec une rapidité foudroyante. A la suite d'une bataille de trois jours, l'armée de Chanzy est contrainte d'abandonner Le Mans, et les Allemands victorieux dirigent aussitôt une de leurs colonnes sur Alençon. Le 15 janvier 1871, un combat bien inégal s'engage aux portes de la ville : le lendemain matin, l'avant-garde du corps du grand duc de Mecklembourg en prend possession.

---

(1) *Dissolution des Conseils généraux, Protestation;* Alençon, de Broise, 1871, in-4°, et *Journal d'Alençon,* du 6 janvier 1871.

A cette nouvelle, M. de La Sicotière ne songe plus qu'à courir à son devoir, à rejoindre à tout prix sa famille et ses collègues du Conseil municipal d'Alençon. Malgré la difficulté extrême des communications et la rigueur exceptionnelle de l'hiver, il se met en route par des voies détournées ; il traverse en voiture, sous la neige, une partie du département de la Mayenne, et, après un trajet des plus mouvementés, pendant lequel il contracte le germe d'une laryngite persistante, il parvient à rentrer à Alençon dans la nuit du 17 janvier.

C'était trop tard pour assister à l'agonie de la ville, mais l'occupation prussienne réservait au Conseil municipal, seul pouvoir resté debout en présence de l'ennemi, des épreuves qui nécessiteront, pendant plusieurs semaines, de nouveaux dévouements.

Au milieu de ces événements tragiques dont nous avons été témoin bien jeune encore, et qui ne s'effaceront jamais de notre souvenir, le Conseil municipal d'Alençon fût, plus que bien d'autres, à la hauteur de son rôle. Le maire, M. Eugène Lecointre, ne se conduisit pas seulement en homme de devoir et en homme de cœur, mais il sut, par sa fermeté et sa dignité, en imposer aux Prussiens eux-mêmes. Groupés autour de lui, la plupart des membres du Conseil restèrent courageusement à leur poste et défendirent avec abnégation les intérêts de la ville. Après trente années écoulées, l'histoire ne saurait trop leur rendre justice et hommage (1).

En outre de la part journalière qu'il prit avec ses collègues à la protection de la vie et des biens de ses concitoyens, M. de La Sicotière fut chargé dans ces tristes jours d'une mission particulièrement pénible. Il dut aller avec un autre membre du Conseil municipal, jusque dans la forêt de Pail, réclamer la mise en liberté de deux Alençonnais porteur de dépêches, qu'un colonel de mobilisés, trop connu alors pour ses... erreurs, retenait indûment prisonniers (2). Le désordre en était arrivé à un

____

(1) A l'appui de nos appréciations, il nous sera permis d'ajouter que notre père, M. Gustave Triger, inspecteur des lignes télégraphiques du département de l'Orne en 1870-71, et chef de la mission télégraphique du 19ᵉ corps d'armée, devait écrire après l'invasion l'une des premières pages de l'histoire du département à cette époque, dans un rapport dont le Conseil général votera l'impression en 1872 : G. Triger, *La télégraphie dans l'Orne pendant la guerre de 1870-71.*

(2) H. Beaudouin. *L'occupation d'Alençon par les Prussiens en 1871,* p. 84.

tel point, à ce moment suprême, que les difficultés ne provenaient pas seulement de l'ennemi.

Dieu, enfin, eût pitié de la France ; l'armistice fut signé, et les vainqueurs daignèrent laisser au pays la faculté d'exprimer librement ses volontés. Les élections générales furent fixées au 8 janvier 1871.

Jamais, depuis son établissement, le suffrage universel n'avait été abandonné aussi complètement, dans nos contrées de l'ouest, à ses propres inspirations. Le gouvernement du 4 septembre, écrasé par la défaite, chassé par l'ennemi, ne pouvait plus prétendre à y diriger l'opinion ; il ne pouvait être question de candidatures officielles, ni même de réunions électorales. Le temps et les moyens manquaient pour rédiger et distribuer les professions de foi. Il fallait choisir les candidats d'après leur passé, d'après leurs actes, et non pas d'après des paroles ou des promesses plus ou moins sonores.

Livrées ainsi à elles-mêmes et soustraites aux influences intéressées, les populations de l'Orne eurent la main heureuse. Elles élirent, à d'énormes majorités, huit hommes exclusivement connus par leurs talents ou leurs services, tout au moins par la modération de leurs idées et leur dévouement au pays. Le duc d'Audiffret-Pasquier tenait la tête de la liste avec 61.560 voix. M. de la Sicotière le suivait immédiatement avec 59.155 ; puis venaient MM. Gévelot, Grollier, Christophe, Beau, Thiers et Du Portail : dix mille suffrages à peine séparaient le premier et le dernier de la liste (1).

Si les circonstances étaient cruelles et la tâche difficile, les conditions de l'élection ne pouvaient être plus flatteuses. M. de La Sicotière entrait, sous certains rapports, à l'Assemblée nationale ainsi qu'il eût pu le désirer, par la seule force de son talent, de ses services, du prestige de ses travaux, en dehors de toute intrigue politique et de toute considération de parti.

La première démarche qu'il eût à y faire, d'accord avec ses collègues, contribua à dénouer l'un des épisodes les plus dramatiques et les plus honorables de l'histoire de la ville d'Alençon à cette époque. Au mépris de l'armistice, les Allemands avaient enlevé comme otages le maire, M. Lecointre, et quatre conseil-

____

(1) *Journal d'Alençon*, du 17 février 1871.

lers municipaux, coupables d'avoir résisté avec trop de patriotisme à d'insatiables exigences (1). Ils leur avaient fait prendre
la route de l'exil et les avaient déjà déportés jusqu'à Chartres. Les
députés de l'Orne eurent tout d'abord à négocier la mise en
liberté des prisonniers, et ils parvinrent à l'obtenir par l'intermédiaire du ministre des Affaires étrangères (2). Ce n'était
toutefois que le prélude des multiples efforts qu'il leur restait à
faire pour arracher le pays à l'anarchie, rétablir l'ordre, la
justice et préparer le relèvement de la patrie.

Le cadre de cette notice ne peut comporter l'étude détaillée de
ces efforts, encore moins une histoire politique de l'Assemblée
nationale. Nous résumerons donc d'un seul mot le rôle que
devait y jouer M. de La Sicotière en rappelant qu'il siégea
toujours parmi les députés de la droite libérale, qu'il partagea
leurs espérances, et aussi, il faut le dire, les illusions qui rendi-
rent trop stérile et trop imparfaite, en plus d'un point, l'œuvre
législative de l'Assemblée.

Etranger aux préjugés exclusifs, libre de toute attache officielle, il mit, sans arrière-pensée, son expérience et son activité
au service de l'œuvre de réorganisation (3). Il s'effaça modestement
devant les parlementaires de profession et n'ambitionna jamais
un rôle bruyant. Ce serait cependant une grande injustice de
conclure, de ce que sa voix brisée par les fatigues du barreau et
par sa laryngite (4) ne lui permit point de prononcer de discours
retentissants, qu'il fut au nombre des inactifs ou des indiffé-
érents. Dès le premier moment, il conquit une réelle influence
dans les commissions, et l'on sait que, dans toutes les assem-

<hr>

(1) MM. Hommey, Lherminier, Saillant et Poupet. Leur départ eut lieu
au milieu de l'émotion générale, aux cris de Vive la France ! Vive le
Conseil municipal !

(2) H. Beaudouin. *L'occupation d'Alençon par les Prussiens en 1871*,
p. 111.

(3) Dans une lettre adressée au journal le *Progrès de l'Orne*, le 7 octobre
1871, à la veille des élections au Conseil général, M. de la Sicotière ajoutera : « A la Chambre j'ai toujours voté avec une entière indépendance et
soutenu dans toutes les questions de confiance le gouvernement de M.
Thiers, dont j'avais appuyé de toutes mes forces la candidature dans notre
département. » Lors de la discussion de la loi sur les Conseils généraux, il
se sépara de la majorité « pour voter les innovations les plus libérales. »

(4) E. de Beaurepaire, *Léon de La Sicotière*, dans le *Bulletin monumental*,
1895, p. 62.

blées délibérantes, ce sont les commissions qui font la besogne la meilleure et la plus utile.

C'est, entre autres, à M. de La Sicotière que revient l'honneur d'avoir présenté, le 15 juin 1871, au nom de la commission d'initiative parlementaire, le rapport sur le projet de loi rendant électeurs et éligibles sans conditions de temps ni de résidence dans leur nouveau domicile, les Alsaciens-Lorrains qui ont opté pour la France, mesure de justice et de reconnaissance s'il en fut jamais ; le 20 juillet suivant, le rapport sur un autre projet de loi ajoutant aux articles 471 et 473 du code pénal des dispositions répressives de l'ivresse ; plus tard, les rapports sur l'affaire de Dreux et les actes du gouvernement de la Défense nationale en Algérie. On lui doit, en outre, divers amendements ou projets d'intérêt local, et enfin un rapport sur une proposition ayant pour objet de modifier le règlement de l'Assemblée nationale, et touchant, au fond, à une question d'une difficulté extrême, la représentation proportionnelle au sein d'un corps élu des divers éléments du corps électoral.

De cet ensemble, se détachent par leur importance et leur intérêt exceptionnels, les deux rapports présentés au nom de la grande Commission d'enquête parlementaire sur l'affaire de Dreux et les actes du gouvernement de la Défense nationale en Algérie.

L'affaire de Dreux évoque le souvenir d'un des incidents les plus graves de l'invasion dans les départements de l'Ouest. A la suite d'un conflit aigu entre le sous-préfet et le maire de Dreux, ce dernier avait été arrêté avec plusieurs conseillers municipaux, par des agents de l'autorité française, et sa conduite avait été flétrie publiquement, dans des actes officiels, malgré les protestations qu'il n'avait cessé de faire entendre. Au nom des principes les plus élémentaires de justice et de droit, il importait d'approfondir cette affaire, d'établir les responsabilités et de faire pleine lumière. La tâche était d'autant plus délicate qu'on se trouvait en présence de questions personnelles très vives et d'affirmations contradictoires qui avaient passionné l'opinion.

Se dégageant de toute prévention locale, laissant de côté tout ce qui n'était qu'allégations ou ce qui pouvait ressembler à des récriminations, M. de La Sicotière ne s'occupe que des faits, ne veut s'appuyer, autant que possible, que sur des documents d'une authenticité certaine. Après avoir minutieusement examiné tous les détails de l'incident dans un rapport de 147 pages in-4° avec les pièces justificatives, il n'hésite pas à déclarer, avec une entière indépendance, que l'arrestation du maire de Dreux a été un acte arbitraire, violent, qu'elle n'était pas justifiée, « qu'elle a été faite au mépris des formalités légales, protectrices nécessaires des droits et de l'honneur des citoyens, et qu'on ne saurait violer vis-à-vis d'un seul sans les atteindre tous. » Toujours bon et équitable, il ne peut se défendre en même temps de plaider les circonstances atténuantes pour le sous-préfet : il fait une large part aux influences générales, à la légèreté et à l'inexpérience d'un jeune homme zélé sans doute, mais que rien n'avait préparé à la gravité des fonctions dont il fut chargé en des conjectures difficiles. « Les préventions populaires, ajoute-t-il, en pensant sans doute à cette histoire de la Révolution qu'il connaissait si bien, finissent par peser sur les esprits les plus droits et leur ôter, dans une certaine mesure, leur liberté d'appréciation. Les malheurs publics engendrent trop souvent ces préventions, et ces préventions ajoutent aux malheurs publics (1). »

Quelle que fut sa gravité au point de vue des principes, l'affaire de Dreux, cependant, n'était qu'un incident local. Avec le rapport sur les actes du gouvernement de la Défense nationale en Algérie, M. de La Sicotière aborde l'étude d'une des périodes les plus agitées, les plus tragiques, de l'histoire de notre grande colonie d'Afrique, période qui voit naître ou tout au moins se développer la plupart des grosses questions que l'époque actuelle ne peut encore résoudre. Aussi son rapport prend-t-il cette fois des proportions si considérables qu'il forme un volume de plus de 900 pages in-4°.

Après avoir tracé un tableau précis de la situation de l'Algérie au 4 septembre 1870 et des événements qui suivirent la chute de l'Empire, l'auteur y examine et y discute, tour à tour, dans une série de quinze chapitres, les actes et l'attitude du gouver-

(1) *Assemblée Nationale 1872. Annexe au procès-verbal de la séance du 22 décembre 1872. Rapport fait au nom de la Commission d'enquête sur les actes du gouvernement de la Défense nationale (sous-commission du sud-ouest). Affaire de Dreux*, par M. de La Sicotière, membre de l'Assemblée Nationale, Versailles, Cerf, in-4° 147 pages.

nement, des pouvoirs locaux, des comités de défense et des associations républicaines, de la presse, des généraux, des officiers et des troupes, des corps électoraux, les causes et les premiers symptômes de la grande insurrection de 1871. De la première à la dernière page se manifestent une préoccupation constante de la vérité, un souci extrême de la justice, et cette recherche minutieuse des détails qui se retrouveront dans toutes les œuvres historiques de M. de La Sicotière.

« Chargé seul, écrit-il dans une note à la fin du volume, de recueillir et de coordonner une quantité énorme de matériaux, entravé souvent par la difficulté d'obtenir la communication de certains documents manuscrits ou imprimés, ce n'est pas sans efforts que le rapporteur a pu arriver au bout de sa tâche. Des erreurs de détail, qu'il était difficile d'éviter dans un travail d'aussi longue haleine et comprenant une telle multitude de faits divers, se sont rencontrées sous sa plume : il croit pouvoir affirmer l'exactitude de l'ensemble. Il a, d'ailleurs, pour faci liter la vérification, placé autant que possible les pièces justificatives en regard du texte. »

Cette méthode digne d'un véritable historien, cette délicatesse de conscience, reflet d'une honnêteté profonde, donnent aux conclusions de M. de La Sicotière une valeur particulière, une portée incontestable pour l'étude de la question algérienne. Quelques extraits en feront apprécier tout l'intérêt.

« L'Algérie, disait-il, a un vaste avenir... Pour atteindre ses hautes destinées, il est évident qu'elle doit s'inspirer avant tout d'un respect profond pour les lois de la mère-patrie, et montrer ainsi qu'elle est véritablement à la hauteur de l'égalité qu'elle revendique.

« Le jour où, avec son intelligence si vive, ses sentiments si ardents, elle se passionnera pour la règle et le droit commun — noble passion qui épure et qui élève les autres tout en les contenant — ce jour-là elle aura gagné la cause du régime civil dont elle a fait sa propre cause.

« Toutes les agitations violentes, révolutionnaires, tourneront infailliblement au détriment de ses vues, soit en excitant en France de légitimes défiances, soit en alarmant ou en déchaînant les colères des indigènes, et en perpétuant ainsi la nécessité d'un régime d'exception, seul capable de répondre aux exigences de l'état de guerre.   IV.

« Les essais faits par le gouvernement de la Défense nationale et les efforts correspondants de l'Algérie n'ont pas servi la
cause de ce beau pays.

« Ils ont plutôt compromis qu'assuré, retardé que rapproché
la réalisation des promesses, disons mieux, des projets très
sérieux, très sincères, sur l'effet desquels ils comptaient à la fin
de l'Empire.

« Toutefois, il serait injuste d'accuser le gouvernement de la
Défense nationale d'avoir systématiquement cherché à exciter le
mouvement des esprits en Algérie : il chercha plutôt à le
retenir.

« Deux des mesures qu'on lui a le plus vivement reprochées
comme inopportunes, dangereuses, et comme ayant eu une
influence fâcheuse sur les causes et les développements de
l'insurrection — la brusque désorganisation du gouvernement
civil et surtout du gouvernement militaire algérien en présence
de la France envahie par les Prussiens et de l'Algérie menacée
par les Arabes, et l'évacuation des troupes nécessaires à la
défense de la colonie — avaient été provoquées par l'initiative
ardente, incessante, des Algériens.

« Le gouvernement résista même pendant un certain temps à
la pression des Comités et des Conseils municipaux, qui
exigeaient le départ pour la France de toutes les troupes, com_
prenant mieux sous ce rapport les intérêts de la colonie qu'elle
ne semblait les comprendre elle-même.

« En revanche, il ne se rendit pas en temps utile aux vœux,
aux instances des Algériens pour obtenir l'envoi d'un gouverneur général civil qu'on leur avait promis...

« C'est à lui que revient la responsabilité directe du décret
de naturalisation, en masse et sans conditions, des Juifs indigènes, *décret inutile, impolitique et dangereux à l'heure où il
parut.*

« .... Qant à la population civile française, nous en avons vu
à l'œuvre une certaine fraction, toujours effervescente, toujours
excessive dans ses impatiences.

« .... Sur ce fond sombre, se détachent de nombreux traits de
courage, de patriotisme, de désintéressement qui consolent et
qui relèvent.

« Aussi avons-nous dit le bien comme le mal, tâchant d'être

juste pour tout le monde et ne nous préoccupant dans nos recherches que de la vérité, dans nos appréciations que de l'intérêt général.

« On a prétendu qu'en blâmant les actes impolitiques, illégaux ou violents des partisans ardents de la République, nous aurions voulu attaquer la République elle-même. Nous protestons au nom de la dignité de notre mandat et de notre caractère. Ce n'est pas nous, ce sont d'imprudents amis qui voudraient ainsi rendre la République solidaire des fautes commises en son nom (1). »

Enfoui dans la collection des documents parlementaires, le rapport de M. de La Sicotière sur l'Algérie est demeuré inconnu à la masse du public, en province surtout, et n'a pas été, à notre avis, apprécié autant qu'il le méritait. C'est, par le fait, l'une des œuvres les plus importantes de sa carrière, la principale avec son étude sur Frotté et les insurrections normandes. Une telle œuvre, fruit de plusieurs années de travail assidu, restera comme un chapitre essentiel de l'histoire de l'Algérie et de l'histoire contemporaine de la France, chapitre qui offrira toujours un intérêt très supérieur aux meilleures études d'histoire locale. Elle suffit, d'autre part, pour convaincre d'une regrettable ignorance ou d'une coupable mauvaise foi les adversaires politiques qui, avec l'esprit étroit de la province, reprocheront à M. de La Sicotière de n'avoir pas assez fait parler de lui à l'Assemblée nationale.

Absorbé par ces rapports et retenu à Versailles, M. de La Sicotière ne peut, dès lors, résider à Alençon d'une manière continue. Sans égards pour les services qu'il rend sur un théâtre plus général et pour des services particuliers vieux de trente-cinq ans, les passions locales en profitent, dès la fin de l'année suivante, pour l'expulser du Conseil municipal d'Alençon et même du Conseil général de l'Orne où il ne rentrera plus. Ce sont de ces actes d'ingratitude qu'on cherche vainement à excuser par des considérations politiques et qui ne sont, en

____

(1) *Assemblée nationale 1872. Annexe au procès-verbal de la séance du 22 décembre 1872. Rapport fait au nom de la commission d'enquête sur les actes du gouvernement de la Défense nationale,* par M. de La Sicotière, membre de l'Assemblée nationale, *Algérie,* Versailles, Cerf, 1875, tome I, in-4° de 911 pages.

réalité, que la satisfaction d'ambitions de parti peu avouables.
Le premier intérêt et le premier devoir d'une grande et noble
nation ne seraient-ils pas de conserver précieusement, à tous
les degrés de l'administration et sans distinction de nuances, le
concours des citoyens honnêtes, dévoués, intelligents, de chercher avant tout dans ses représentants comme dans son gouvernement, le talent, la loyauté et l'honneur, les plus sûres garanties de la vraie liberté ?

M. de La Sicotière avait l'âme trop haute pour garder ran-
cune à la population alençonnaise de s'être ainsi méprise sur
ses propres intérêts. Il conserve donc à son pays natal toute son
affection, et continue, dans ses moments de loisir, à en approfondir l'histoire. Elu président d'honneur de la Société de l'histoire de Normandie, il y donne lecture, dans la séance générale
du 2 juillet 1874, d'un travail sur les historiens du Perche. Il
profite, d'un autre côté, de son séjour à Paris pour reprendre
peu à peu ses recherches sur les insurrections normandes. Tout
en ralentissant fatalement ses publications historiques, les rapports dont il a été chargé par la Commission d'enquête parlementaire sont, d'ailleurs, pour lui une excellente école ; la
nécessité de les appuyer sur des documents authentiques le
familiarise de plus en plus avec les meilleures méthodes.

M. de La Sicotière conserve surtout à la Patrie mutilée un
inviolable attachement. Le discours qu'il prononce le 9 août
1875 à la distribution des prix du lycée d'Alençon — l'un de ses
plus éloquents et de ses plus vibrants — montre que pendant
cette période de sa vie le relèvement moral et matériel de la
France demeure sa préoccupation constante et exclusive.

CHAPITRE CINQUIÈME

(1876-1895)

—

M. de La Sicotière au Sénat ; rapports divers ; projet de loi sur la protection des oiseaux utiles et la destruction des insectes nuisibles à l'agriculture ; attitude politique. — Dernières publications. — La Société historique et archéologique de l'Orne. — Etudes sur la Révolution. — *Les Faux Louis XVII. — Frotté et les insurrections normandes.* — Le 9 octobre 1890. — Hommages de la Société d'histoire contemporaine, de la Société historique du Maine, de la Société des antiquaires de Normandie et de l'Association normande. — M. de La Sicotière correspondant de l'Institut. — Aperçu général sur sa carrière et son caractère. — Sa mort. — Témoignages de regrets et de respect.

———

En mettant fin au mandat que le département de l'Orne avait confié le 8 février 1871 à M. de La Sicotière, la dissolution de l'Assemblée nationale avait marqué l'achèvement d'une des phases les plus honorables de sa carrière, phase consacrée tout entière à la réorganisation du pays. Elle ne devait toutefois mettre fin ni à son rôle politique, ni à ses travaux historiques : pour un esprit aussi laborieux et aussi actif l'heure du repos n'arrivera qu'avec la mort.

Désigné par ses états de services comme candidat au Sénat, M. de La Sicotière, en dépit de ses soixante-quatre ans, ne recule pas un instant devant les nouvelles luttes que lui imposent le devoir et la confiance de ses concitoyens. Il se déclare, à la veille de ses dernières batailles, ce qu'il a toujours été, « sincèrement et résolument conservateur, » mais pour lui « les principes conservateurs se résument dans ces seuls mots : « défense de la religion, de la famille et de la propriété. »

« Le Sénat, ajoute-t-il dans sa profession de foi, doit être à

mon sens essentiellement conservateur, c'est-à-dire composé
d'hommes qui, par leur expérience des affaires et leurs antécé-
dents, offrent de sérieuses garanties ; qui sachent résister aux
entraînements et assurer le respect de l'autorité ; qui travaillent
dans le calme, et en dehors de toute prédilection personnelle, à
l'apaisement de notre cher et malheureux pays. J'ai voté la
constitution du 25 février. Non seulement je la défendrais
contre toutes les violences qu'elles vinssent d'en haut ou d'en
bas, mais je voudrais la pratiquer d'une façon loyale, libérale et
complète (1). »

Mieux inspirés que les habitants d'Alençon, les électeurs
sénatoriaux de l'Orne savent apprécier ce caractère profondément honnête : ils savent aussi se souvenir et demeurer fidèles.
Aux élections du 30 janvier 1876, M. de La Sicotière est élu le
premier de la liste, par 374 voix (2). Il sera réélu à deux reprises
successives, en 1882 et 1891, ce qui lui procurera l'honneur bien
mérité de représenter jusqu'à son dernier jour ce département
de l'Orne auxquel l'unissent des liens si intimes, si affectueux.

Pendant les dix-neuf années qu'il siégera ainsi au Sénat,
M. de La Sicotière y continuera la tâche modeste et laborieuse
qu'il s'était tracée à l'Assemblée nationale, travaillant utilement
et sans bruit dans de nombreuses commissions. De 1876 à 1882
seulement, il fera partie de *vingt-cinq* commissions mensuelles
et de *vingt-quatre* commissions spéciales, entre autres de la
commission de réforme judiciaire (3). Au cours de la durée
totale de son mandat, il rédigera des rapports sur près de *quarante* projets de loi d'intérêt local et plus de *cent trente* pétitions (4).

Au nombre des premiers, rappelons au moins les rapports
relatifs à l'achèvement des chemins vicinaux et des chemins de
fer de l'Orne, à l'emprunt de la ville d'Alençon en 1879, ainsi

(1) *A Messieurs les députés, conseillers généraux, conseillers d'arrondissement et délégués des Conseils municipaux du département de l'Orne.*
Alençon, E. de Broise, janvier 1876, in-4° et *Journal d'Alençon*, du 18 janvier 1876.

(2) Sur 586 votants. *Journal d'Alençon*, janvier 1876.

(3) Lettre de M. de La Sicotière à *l'Avenir de l'Orne*, 11 janvier 1882,
Journal d'Alençon, du 12 janvier 1882.

(4) Voir dans la *Bibliographie* dressée par M. Polain l'énumération
détaillée de ces nombreux rapports.

que plusieurs rapports intéressant les départements de la Sarthe
et de la Mayenne. Travaux publics et finances, chemins de fer
et octrois, provoquent successivement de sa part des études ou
des observations toujours consciencieuses.

Plus variées encore sont les questions que l'examen des pétitions l'amène à apprécier. Ces cent trente pétitions présentent,
on peut le dire, le plus étrange mélange d'idées qu'il soit possible de concevoir : elles apportent l'écho naïf de bien des misères,
de bien des ambitions, de caprices bizarres et parfois aussi de
vœux fort légitimes. Les uns demandent, non sans raison, la
réforme de certains points importants de la législation, des
améliorations agricoles, la révision des programmes de l'enseignement public, l'unification des pensions de retraite, l'organisation de secours pour la vieillesse, une prohibition plus sévère
des mauvais livres et des gravures obscènes, etc. Les autres se
plaignent d'injustices, de persécutions, ou sollicitent des récompenses. Des inventeurs recommandent leurs inventions, des
détenus revendiquent leur liberté. La citoyenne Hubertine
Auclert réclame l'exercice des droits civiques pour les femmes
veuves ou célibataires ; le citoyen Achille Brachet, de Paris, la
crémation obligatoire ; M. de Mayréna sa reconnaissance officielle par le gouvernement français comme roi des Sédangs ;
les « artistes musulmanes » de Tunis protestent contre la
situation qui leur est faite par un nouvel impôt. Sans doute, la
plupart de ces pétitions ne comportent pas un long examen :
quelques-unes, cependant, signées par des sénateurs qui s'appellent Barthélemy Saint-Hilaire et Victor-Hugo, ou par la Chambre de commerce d'Alençon qui demande une succursale de la
Banque de France, exigent une très sérieuse attention ; d'autres enfin suscitent des incidents tapageurs, témoin celle des
« dames musulmanes de Tunis » qui fait le tour de la presse
parisienne et algérienne. Si secondaire que soit, en pareil cas,
le rôle du rapporteur, encore a-t-il le devoir d'opérer un tri dans
ce singulier ensemble, d'en dégager ce qu'il peut y avoir de bon
et de juste, sous peine de tromper la confiance méritoire que les
pétitionnaires persistent à conserver aux pouvoirs souverains.

Mais, en outre des rapports sur les affaires d'intérêt local et
les pétitions, il est un projet de loi général, plus intéressant,
dont M. de La Sicotière se fait, au Sénat, le champion con-

vaincu et persévérant. Resté, malgré ses travaux de tout genre, très attentif aux choses de l'agriculture, très dévoué aux populations rurales, il a été frappé maintes fois du tort considérable que causent dans les campagnes les insectes nuisibles et la destruction aveugle des oiseaux utiles. Il sait par expérience « combien est longue la liste de ces insectes, en apparence si faibles, si forts en réalité par leur nombre, qui marchent à la conquête de l'œuvre de l'homme ; chacun ayant son jour, son mois, sa saison, son arbre, sa plante ; chacun ayant son poste de combat et nul ne s'y trompant jamais. » Il sait qu'en présence de ces ravages « l'homme a grand besoin des services des oiseaux et que la moindre réflexion devrait faire tomber des mains de ceux qui s'acharnent à leur destruction les armes et les filets. » Dans la séance du 22 mai 1876, il dépose donc d'accord avec MM. Grivart et le comte de Bouillé, un projet de loi fortement motivé, ayant pour objet de compléter la législation antérieure sur la destruction des insectes nuisibles et la protection des oiseaux (1).

Le projet, ainsi qu'il le méritait à tous égards, est pris en considération, et le gouvernement lui-même saisit le Conseil d'Etat de la question en lui soumettant un contre-projet. Une commission spéciale est nommée pour comparer et examiner les deux textes. M. de La Sicotière devient le principal interprète de cette commission ; au cours des années 1877 et 1878, il soutient la discussion dans trois nouveaux rapports, très remarqués des savants et des praticiens (2) ; il en défend à plusieurs reprises les conclusions à la tribune contre les attaques des rieurs. « Ces rapports, écrira plus tard M. de La Sicotière, reçurent un accueil favorable au sein du Sénat et au dehors ; le succès de nos vues paraissait assuré, mais, en séance publique, les objections se multiplièrent... La plaisanterie, toujours facile et toujours bien accueillie en France, s'en mêla (3). » Bref,

(1) Sénat, 1876. Annexe au procès-verbal de la séance du 22 mai 1876. *Proposition de loi relative à la destruction des insectes nuisibles à l'agriculture et à la conservation des oiseaux utiles*, présentée par MM. de La Sicotière, Grivart, le comte de Bouillé, sénateurs. Versailles, imp. du Sénat, in-4° de 36 pages.

(2) Voir *Bibliographie*, numéros 430 et 463.

(3) Léon de La Sicotière. *Protection des oiseaux*, dans la revue *Le Cidre et le Poiré,* Argentan, 1892, p. 305-313.

« le projet fut renvoyé à la commission qui parut elle-même se désintéresser de son œuvre mutilée et attendit un moment plus favorable. »

Ce moment surgit en 1884, avec les propositions de loi de M. Méline, alors ministre de l'Agriculture. M. de La Sicotière remonte aussitôt sur la brèche, et, à la suite d'un dernier rapport (1), il a enfin la satisfaction de voir le Sénat voter, le 23 janvier 1888, les principales dispositions relatives à la destruction des insectes et végétaux nuisibles. Son intervention ici est d'autant plus directe, d'autant plus efficace, qu'il n'hésite pas, malgré sa laryngite, à aborder encore la tribune et à prononcer, dans cette séance du 23 janvier 1888, un discours très applaudi qui achève d'enlever le vote. « Il s'agit, dit-il, en terminant, d'un résultat très digne de nos sympathies, très digne de nos efforts. Nous devons le consacrer tous, sénateurs de gauche et sénateurs de droite, citadins et gens de la campagne, libre-échangistes et protectionnistes, par un vote unanime. Nous sommes sur un terrain de conciliation et d'intérêt général. En votant ce projet avec nous, non-seulement vous aurez fait une bonne loi, mais en vérité, permettez-moi de vous le dire, Messieurs, vous aurez fait une bonne action, » *(Très bien, approbation unanime.)* (2)

C'est à tort que l'on a parfois souri de l'ardeur déployée dans cette circonstance par l'honorable sénateur de l'Orne. La question était, au fond, des plus sérieuses pour l'agriculture, et elle évoquait, comme on l'a si bien dit, les souvenirs poétiques de l'archéologue accoutumé depuis longtemps à parcourir la campagne (3). Ce sera toujours pour lui un réel honneur de l'avoir fait en partie aboutir. Il est tant de sénateurs qui n'aboutissent à rien d'utile et ne peuvent combattre à la tribune aucun des adversaires du pays, pas même les insectes nuisibles !

Quoiqu'il en soit, à défaut d'un rôle plus bruyant, M. de La Sicotière conquit l'estime unanime de ses collègues, sans distinction d'opinions, par la loyauté et la constance de ses prin-

---

(1) Sénat, 11 mars 1887. V. *Bibliographie*, n° 804.

(2) *Journal d'Alençon*, du 26 janvier 1888, d'après le *Journal Officiel*, et *Bibliographie*, n° 836.

(3) *Eloge de M. de La Sicotière*, par M. Challemel-Lacour, président du Sénat, séance du 4 mars 1895.

cipes, par la supériorité de son intelligence et sa bienveillance envers tout le monde. Se tenant soigneusement à l'écart des rancunes mesquines et des intrigues néfastes, il se fit aimer et respecter, au Sénat, comme un esprit modéré, éclairé et libéral.

« Il donna l'exemple des vertus politiques, qu'il faut mettre au-dessus de toutes les autres dans les temps agités. Il fut, avant tout, un partisan dévoué des idées de conciliation et d'apaisement. Dans les plus grandes ardeurs des polémiques et des irritations qu'elles engendrent, il garda le sang-froid d'un philosophe aimable, au sourire spirituel et doux, qui voit passer, sans y prendre plus de part que de raison, les agitations extérieures par lesquelles son esprit tempéré ne consent pas à se laisser envahir (1). »

Beaucoup de parlementaires, plus célèbres et plus connus sur la scène politique, pourront ambitionner l'hommage ému que rendra à M. de La Sicotière, au lendemain de sa mort, le président du Sénat, au nom de l'assemblée tout entière (2).

La situation, d'ailleurs, n'était plus la même au Sénat qu'à l'Assemblée nationale. Les devoirs des membres de la droite libérale n'y étaient plus aussi rigoureux, car ils rentraient désormais dans le fonctionnement normal d'institutions régulières : de plus, ils se trouvaient trop souvent ou réduits ou paralysés par des défiances politiques ou par la prépondérance de la Chambre des députés. Avec le temps, les sénateurs de la minorité étaient fatalement condamnés à une participation moins active aux affaires.

M. de La Sicotière, dont l'âge ne refroidissait pas l'étonnante ardeur, profita d'une telle situation pour reprendre plus librement ses travaux historiques. Il les reprit si bien que, grâce à la vigueur extraordinaire de son esprit, ses vingt dernières années seront, sous ce rapport, les plus fécondes de toute sa carrière.

Les sujets multiples qu'il traite encore pendant cette période peuvent se répartir en trois groupes différents : articles histori-

---

(1) *Éloge de M. de La Sicotière*, par M. Albert Christophe, président du Conseil général de l'Orne, dans la séance du 22 avril 1895. *Procès-verbal du Conseil général de l'Orne*, session d'avril 1895, p. 235.

(2) Voir à l'appendice le texte intégral de cet éloge.

ques, littéraires ou biographiques, étrangers à la Normandie ; études spéciales sur le département de l'Orne ; études sur la Révolution.

Les premiers, provoqués par des circonstances occasionnelles plutôt que par un plan suivi et méthodique, sont forcément les moins nombreux. Ce sont, tantôt des comptes-rendus de livres nouveaux, tantôt des chroniques envoyées de Paris au *Journal d'Alençon*, tantôt des notices sur des collections célèbres de *Vieux livres et vieux papiers*, sur *l'Association des Étudiants en droit de Rennes avant 1790*, les anciens monuments et l'exposition artistique de Châteaubriant en 1882, la chapelle de Notre-Dame-du-Chêne ou de la Miséricorde en Anjou, l'histoire et la légende d'un plat en faïence de Rouen, très curieux, qui représente l'épisode de la *Fierte de Saint-Romain* et que M. de La Sicotière a eu la bonne fortune de découvrir en 1868 dans la commune d'Hesloups. Ce sont enfin des articles biographiques consacrés à de vaillants travailleurs, tels que Jules de La Pilorgerie, Charles Vatel, Liesville, Maufras du Chatellier, Feuillet de Conches, Faugère, puis des notes sur le Corvaisier de Courteilles, le premier historien manceau, et des rapports au Congrès international d'agriculture de Paris en 1889, etc. Dans les articles de cette catégorie, M. de La Sicotière se retrouve, on peut le dire, explorateur, butinant çà et là pour le plus grand profit de ses lecteurs dans ses riches collections, dans sa merveilleuse bibliothèque, dans ses souvenirs personnels.

Avec les études spéciales sur le département de l'Orne, il nous présente un ensemble plus complet, et surtout plus homogène. Là, en effet, il est sur son propre terrain, terrain qu'il a fouillé durant toute sa vie. A partir de 1882, ces études se réunissent de préférence dans le *Bulletin de la Société historique et archéologique de l'Orne*, récemment fondée à Alençon.

Après avoir, pendant près d'un demi-siècle, suppléé presque à lui seul à l'absence de société savante dans le département ; après avoir offert à tous les hommes de bonne volonté un centre de ralliement dans ce salon si intelligent et si hospitalier que M. de Beaurepaire nous a décrit, M. de la Sicotière a compris qu'il était temps de songer à l'avenir, qu'aucun dévouement n'étant éternel ici-bas, il importait d'assurer par une œuvre collective la continuation du mouvement historique et archéologique que ses efforts personnels ont fait naître dans l'Orne. En 1882, cette pensée, qu'eut peut-être repoussée un caractère moins désintéressé, lui inspire ainsi qu'à l'un de ses meilleurs amis, Gustave Le Vavasseur, la création à Alençon d'une Société historique et archéologique : cette création est d'autant mieux justifiée que le département de l'Orne, seul dans la région, ne possède aucune société de ce genre. Tous les esprits éclairés s'empressent d'y applaudir. Tous se rencontrent dans un même sentiment de gratitude et de respect pour élire président M. de La Sicotière qui, par son âge, son autorité et ses travaux, domine sans conteste toutes les jeunes bonnes volontés.

Le nouveau président acquitte généreusement ses dettes en donnant désormais lecture, chaque année, à la séance générale de la Société, d'un chapitre inédit d'histoire locale. Contrairement à bien d'autres, il a le talent, dans ces discours, d'être à la fois érudit et intéressant, d'instruire et de charmer ses auditeurs par le choix du sujet et l'élégance de la forme. Qu'il nous suffise de rappeler ses communications sur la *Légende de Marie Anson*, une *Muse normande inconnue*, les *Rosières en Basse-Normandie*, la *Conversion de Rancé*, les *porte-feuilles des Sociétés de province*, l'*Emigration percheronne au Canada*, les *Nu-pieds de Mantilly*, la *Société royale d'Agriculture de la généralité d'Alençon*, etc. Ceux-mêmes qui n'ont pas eu le privilège d'entendre ces communications, les retrouvent avec plaisir dans le *Bulletin de la Société*, et le meilleur éloge qu'on puisse en faire c'est de dire qu'elles sont également agréables à écouter et à lire. Si elle veut exercer quelque influence sur le public de province, l'histoire, tout en restant sérieuse et précise, doit se montrer attrayante et aimable : M. de La Sicotière, mieux que personne, atteint ce double but et contribue ainsi au succès définitif de la Société historique et archéologique de l'Orne.

Jusqu'à la fin de sa vie, alors même qu'il aura cru devoir abandonner la présidence effective à des amis moins âgés, et se contenter de la présidence d'honneur, il conservera à la Société un concours actif, une collaboration précieuse : il en restera l'âme et l'illustration (1).

(1) M. de La Sicotière sera remplacé comme président de la Société historique et archéologique de l'Orne par son ami, M. Gustave Le Vavasseur, qui aura lui-même pour successeurs le Comte de Contades et M. Henri Tournoüer.

Ajoutons que la préférence très légitime qu'il lui a vouée ne l'empêche pas d'étudier aussi, en dehors d'elle, d'autres points d'histoire normande, la mosaïque de Villiers près de Mortagne, le comédien chansonnier Hugues Quéru de Fléchelles, dit Gautier-Garguille, originaire de Séez, les usages et traditions populaires dans l'Orne etc.

Ces divers travaux sur le département de l'Orne ne sont cependant pas encore à cette date, l'œuvre principale de M. de La Sicotière, l'objet de ses plus chères préoccupations ! Depuis 1876, son esprit se concentre de plus en plus sur l'histoire de la Révolution. C'est à elle qu'il réserve tous ses efforts, préparant peu à peu le monument définitif qui couronnera sa carrière.

Pour les hommes aux idées larges, à la culture intellectuelle très étendue, mêlés à la vie administrative ou politique, l'histoire de la Révolution offrira toujours une attraction bien supérieure à celle de beaucoup d'autres époques. Ce n'est plus l'histoire lointaine et péniblement reconstituée d'un peuple que compriment encore des institutions surannées, c'est l'histoire d'un peuple tout entier en mouvement, emporté dans le plus irrésistible courant de la civilisation moderne. Remplie de scènes dramatiques, de contrastes violents, d'odieuses abominations et d'admirables dévouements, la période révolutionnaire contient à chaque page, pour qui sait la comprendre, de hauts enseignements philosophiques et sociaux. A côté de son intérêt au triple point de vue national, politique et militaire, elle présente un incontestable intérêt pour l'étude des origines et des aspirations de la société contemporaine.

Longtemps avant la guerre, nous l'avons vu, M. de La Sicotière, s'est laissé séduire par cette histoire qui répond si bien à ses goûts, à ses aptitudes, au milieu dans lequel il vit. Les événements de 1870-71 la lui ont rendue plus attachante encore par des rapprochements inattendus. Dès que les circonstances le lui ont permis il s'y est livré avec passion.

De 1877 à 1889 seulement, il publie seize brochures distinctes sur la période révolutionnaire et quelques-unes forment des articles de plus de cent pages. La bibliographie jointe à cette notice rend superflue l'énumération aride de leurs titres, mais nous pouvons dire que l'ensemble révèle déjà une connaissance toute particulière de la Révolution. Successivement, M. de La

Sicotière l'étudie dans l'Anjou, la Bretagne et la Vendée avec le curé Cantiteau, les Cathelineau, le curé Pons, le patriote d'Héron, complice de Carrier, la *Vendée angevine* de M. Célestin Port, les pacifications et les conférences de 1795, de 1799, de 1800 ; dans le Maine avec Jean et René Chouan ; en Normandie avec le père de Charlotte Corday et les premiers épisodes de l'histoire de Frotté. Dès 1882, il discute dans le plus important des travaux de cette série, une question éternellement controversée, celle des *Faux Louis XVII.*

Il l'a rencontrée incidemment sur son chemin en étudiant le rôle prêté à Frotté dans le prétendu enlèvement du dauphin, et n'ayant pas tardé à constater l'imposture, preuves en mains, il ne peut se défendre, avec sa loyauté ordinaire, d'entrer en lice à son tour pour faire définitivement justice d'une fable trop intéressée. La chose n'était pas aussi facile qu'on aurait pu le croire. Il fallait tout d'abord rétablir les moindres circonstances de la mort du dauphin, démontrer l'impossibilité d'une substitution, examiner les systèmes plus ou moins absurdes des nombreux prétendants, et surtout reconstituer leur idendité parfois très déguisée. Dans le curieux défilé des faux Louis XVII qu'il présente à ses lecteurs, M. de La Sicotière en compte plus de *trente-trois,* dont les deux plus connus sont Richemont et Naündorff. Ses conclusions sont nettes et formelles : le vrai Louis XVII est mort au Temple le 8 juin 1795, son décès a été constaté d'une manière aussi positive que puisse l'être un fait historique ; la participation de Frotté à l'enlèvement supposé est non seulement chimérique, mais absolument impossible.

Par le fait seul qu'elle porte un coup décisif à des prétentions intéressées, cette étude sur *les Faux Louis XVII* soulève contre son auteur de véritables tempêtes. Il est pris à partie dans presque tous les numéros du journal *La Légitimité* par les naïfs qui persistent à nier l'évidence : il est approuvé et défendu avec une égale chaleur. L'édition de l'ouvrage s'épuisa rapidement, et, au moment de sa mort, M. de La Sicotière se préparait à le réimprimer (1).

La question des faux Louis XVII sera même l'objet de son

---

(1) Publiée dans la *Revue des questions historiques,* 1882, cette étude sur *Les Faux Louis XVII* avait été tiré à part, à un nombre restreint d'exemplaires.

effort suprême et de sa dernière publication : en 1895, il lui ajoutera encore un chapitre intitulé *Louis XVII en Vendée*.

Tous ces articles d'histoire normande et révolutionnaire sont, comme on le pense, fort appréciés des multiples revues auxquelles l'auteur veut bien accorder sa collaboration. Ils expliquent comment cette collaboration demeure plus active que jamais, et comment le nom de M. de La Sicotière se retrouve si souvent, à cette époque dans la *Revue des Questions historiques*, dans la *Revue de la Révolution*, dans les revues historiques de l'Anjou, de la Bretagne et du Maine, dans le *Bulletin monumental* et la *Revue illustrée des provinces de l'Ouest*. Il continue aussi, dans ses moments de repos, à envoyer à l'*Intermédiaire des Chercheurs* de piquantes communications dont l'originalité ne le cède en rien à celles que nous avons précédemment signalées, témoin ses communications sur les catéchismes républicains, les grenouilles au point de vue héraldique, la chanson du roi de Sardaigne passant par Namur, les belles femmes de Paris, les comédiens canonisés, etc.

Mais des monographies isolées, des fragments de détail, si curieux ou si bien étudiés qu'ils fussent, ne pouvaient suffire à couronner dignement l'œuvre de M. de La Sicotière. « Il eut été difficile de se reconnaître dans un pareil dédale de feuilles volantes, de brochures, de notes, d'observations, dans ces fragments jetés au quatre vents du ciel et qu'il sera à peu près impossible de réunir (1). » Lui-même était le premier à comprendre que pour faire vivre son nom, un livre était nécessaire, un livre d'histoire générale, écrit d'après les nouvelles méthodes de l'école contemporaine. Ce livre, il y pensait depuis bien des années, il en avait longuement mûri le plan et il y travaillait avec une ardeur toute juvénile. Le sujet, heureusement choisi, devait lui permettre de fondre dans une même étude les deux genres qu'il connaissait le mieux, l'histoire de la Normandie et l'histoire de la Révolution.

En 1889 enfin, le but est atteint. Dès le premier instant, en dehors de toute sympathie personnelle, les critiques les plus compétents sont unanimes à voir dans *Louis de Frotté et les*

(1) E. de Beaurepaire, *Léon de La Sicotière*, dans le *Bulletin monumental*, 1895, p. 60.

insurrections normandes, une œuvre de premier ordre, une œuvre définitive.

Un tel ouvrage ne s'analyse pas : pour l'apprécier à son mérite il faut le lire en entier : Toutefois, on peut résumer les lignes essentielles en disant, qu'à trois points de vue différents, il apporte à l'histoire générale des données nouvelles.

Il restitue pour la première fois, dans des pages empreintes d'un charme réel, la biographie complète de Louis de Frotté, et il met en plein relief la figure de ce chef « très intelligent, très brave et très malheureux » qui personnifie à lui seul les insurrections normandes. Il révèle, d'après des documents inédits, les curieuses négociations poursuivies en Angleterre et en France pendant la durée de l'insurrection, négociations qui éclairent d'une manière inattendue l'histoire générale du mouvement royaliste et de la Révolution française. Il développe, dans ses moindres épisodes, sans confusion et avec un enchaînement rigoureux, le drame historique de la lutte en Normandie, jetant une vive lumière sur la tactique des chouans dans les campagnes du bocage normand et sur les caractères des combattants, déduisant des événements ce fait incontestable « que les insurrections normandes eurent pour causes dominantes les excès de la Révolution elle-même, bien plus que la superstition monarchique ou l'attachement aux seigneurs. »

Cette conclusion à laquelle nous arrivions en même temps pour la chouannerie du Maine (1), est contraire aux thèses préférées des révolutionnaires et de certains royalistes. Elle est, croyonsnous l'expression absolue de la vérité, car « c'est aux lieux où la Révolution avait été saluée avec l'âpreté la plus farouche qu'elle devait trouver bientôt ses plus implacables ennemis. » En démontrant pour ainsi dire ce fait avec évidence, en lui prêtant l'appui de sa haute autorité, l'auteur de *Louis de Frotté* dégageait l'histoire des insurrections de l'Ouest des appréciations erronées, des légendes intéressées ou naïves, et en faisait ressortir la véritable

---

(1) Dans la préface de *Louis de Frotté*, p. XII, M. de La Sicotière nous fera l'honneur de signaler lui-même notre travail, composé sur les notes d'un ami regretté, M. Victor Duchemin, ancien archiviste de la Mayenne et de la Sarthe, *Les premiers troubles de la Révolution dans la Mayenne*, Mamers 1888, in-8°, extrait de la *Revue historique et archéologique du Maine*. Nos conclusions était si conformes à ses idées qu'il ajoutera dans une lettre particulière « Je suis bien content de ce que vous avez dit. »

leçon. M. Camille Doucet, secrétaire-perpétuel de l'Académie française, le constatera lui-même en disant dans son rapport sur le concours de 1890 : « Loin de se montrer hostile aux débuts de la Révolution, le paysan normand avait commencé par demander avec passion l'abolition des droits féodaux... »

La portée de l'ouvrage devait être d'autant plus considérable qu'il se distinguait avant tout par un souci constant d'impartialité. « Ce serait se tromper gravement, dira plus tard le président du Sénat, d'y voir, malgré les sympathies dont sont empreintes plusieurs parties du récit, une tentative d'apologie ou la pensée de ressusciter sous une forme quelconque l'esprit de la chouannerie. L'auteur trouvait sans doute quelque plaisir à retracer l'image des vieilles mœurs, le mouvement de passion où la foi, le dévouement, l'enthousiasme, se mêlaient à des colères parfois bien aveugles ; toutefois il savait et il se plaisait à le répéter, que la guerre civile est morte et bien morte. Ce qui le séduisait était de trouver, dans une époque riche en énergies, quelque caractère de grandeur, mais il se défendait de tout esprit de parti. (1) »

« L'histoire des insurrections normandes, ajoutera le comte de Contades, a eu la singulière fortune d'avoir été écrite précisément par l'homme qui pouvait et qui devait l'écrire. M. de La Sicotière, le doyen de nos travailleurs normands, avait pu connaître dans sa jeunesse les acteurs des luttes révolutionnaires, il avait pu recevoir, dans les manoirs et dans les chaumières, les dépositions des ci-devant blancs et bleus ; grâce à l'atmosphère spéciale de libéralisme dans laquelle son talent d'historien s'était développé, il n'avait pas craint de recueillir indistinctement les souvenirs de tous, il avait pu écouter et noter les impressions sans parti pris ni idées préconçues. L'impartialité était chez lui absolument naturelle. Il rencontrait bien, en préparant son travail, des patriotes et des chouans, héros ou bandits selon l'origine et les transformations de la légende, mais il voyait surtout en eux des Français (2). »

D'autre part, la méthode et la forme du livre répondaient aux plus sévères exigences de la critique moderne. Par le nombre

<hr>

(1) *Éloge de M. de La Sicotière*, par M. Challemel-Lacour, président du Sénat.

(2) Comte de Contades. *Souvenir du 9 octobre 1890*. La Ferté-Macé, Bouquerel, 1890, in-12.

V.

de documents authentiques et inédits que M. de La Sicotière avait réunis, par l'emploi judicieux qu'il en avait fait, c'était une œuvre de sûre érudition, fouillée dans les moindres détails. Par les qualités du style, le charme des descriptions et du récit, c'était aussi une œuvre littéraire d'une lecture agréable et attrayante. « L'auteur avait su faire circuler l'intérêt et la vie dans ces deux énormes volumes bourrés de faits, et où chaque affirmation était appuyée d'une citation, d'un document (1). »

L'Académie française tint à reconnaître elle-même ce double mérite et à proclamer la valeur de l'ouvrage en le couronnant en premier rang au concours de 1890. (Prix Marcellin Guérin).

« Pendant quarante ans, dit M. Camille Doucet dans son rapport, M. de La Sicotière a poursuivi la tâche qu'il vient d'accomplir, explorant les dépôts publics, fouillant dans les archives privées, provoquant les confidences et recueillant les souvenirs. Son livre plein d'intérêt, contient 2.000 pièces originales, correspondances et fragments de mémoires inédits. Le savant modeste qui sauva de l'oubli tant de documents, mérite qu'on l'en remercie. Aujourd'hui, Messieurs, c'est avec une sympathique estime pour l'historien des *Insurrections normandes* que l'Académie couronne l'excellent ouvrage auquel ce grand travailleur a dévoué sa vie (2). »

Le 9 octobre précédent, la Société historique et archéologique de l'Orne, justement fière d'un succès dont l'honneur rejaillissait sur elle, avait offert à son vénéré fondateur, dans une réunion mémorable, une médaille portant cette inscription :

AU TRAVAILLEUR INFATIGABLE, A L'HOMME D'HONNEUR ET DE SAVOIR, LEUR EXEMPLE ET LEUR AMI, SOUVENIR DE SES COMPATRIOTES. MDCCCXC.

M. Wilfrid Challemel lui adressait le même jour une charmante poésie qui soulevait de chaleureux applaudissements en caractérisant très exactement sa carrière :

---

(1) E. de Beaurepaire. *Léon de La Sicotière,* dans le *Bulletin monumental* 1895, p. 60.

(2) Académie française, Séance du 20 novembre 1890. *Journal officiel*, du 21 novembre 1890.

Laboureur vigilant des champs de la pensée,
Après tant de labeurs, infatigable encor ;
Errant sur la moisson par vos mains amassée,
Nos regards étonnés comptent vos gerbes d'or.

Le travail prit vos jours dès l'aube de la vie,
Les stériles loisirs ne sont point faits pour vous,
Et toujours le premier dans la route suivie,
Vous restez notre guide au cœur vaillant et doux.

. . . .

Il est beau de marcher dans sa longue carrière
Vers le juste et le vrai dont la lumière a lui,
Et de pouvoir, jetant les yeux en arrière,
Se dire : Tel je fus, tel je reste aujourd'hui.

. . . .

... En vous est l'amour de la terre sacrée,
Où dorment nos aïeux, où chantent nos enfants,
Terre par Mézeray, votre ancètre (1), illustrée,
Et qui fera vos noms jumeaux et triomphants. (2)

Désormais, M. de La Sicotière pouvait attendre avec confiance le jugement de la postérité. Il avait élevé son monument, monument définitif et durable.

Ni les joies du succès, ni le poids de ses 78 ans n'arrètent cependant cet intrépide travailleur. Pendant les quatre années que la Providence lui accorde encore, il conserve toute son activité, répondant avec le plus aimable empressement à l'appel des amis qui ont besoin de lui, ou qui le réclament de divers côtés pour lui rendre de légitimes hommages,

Dès la première année de sa fondation, en 1890, la Société d'histoire contemporaine s'empresse de le choisir pour président, et il lui paye sa bienvenue par la communication des intéressants *Mémoires sur la Chouannerie normande* de Michelot Moulin, l'un des lieutenants préférés de Louis de Frotté. (3)

(1) Mézeray, l'un des plus célèbres historiens du XVIIᵉ siècle, était né à Ri, près d'Argentan (Orne) en 1610.

(2) *Souvenir du 9 octobre 1890.*

(3) La Société contemporaine avait été fondée à Paris, par le marquis de Beaucourt, président de la Société bibliographique, sur le modèle de la Société de l'histoire de France, dans le but de compléter l'œuvre de cette dernière par l'étude et la publication des textes postérieurs à 1789. Elle est actuellement dans sa dixième année et les résultats acquis justifient toutes

Le 24 juin 1892, il ne dédaigne pas de venir au Mans assister à la prise de possession par la Société historique et archéologique du Maine de la *Maison dite de la reine Bérengère*, que M. Adolphe Singher a généreusement sauvée de la destruction et dont il vient de faire l'une des curiosités de la ville du Mans. Depuis longtemps déjà, M. de La Sicotière fait partie de la Société historique du Maine, et à plusieurs reprises il a bien voulu lui prêter sa collaboration. C'est une joie pour tous de le voir à la place d'honneur. L'accueil qu'il reçoit dans cette séance solennelle lui prouve qu'après cinquante ans les souvenirs du Congrès de 1839 ne sont point oubliés, et que les fils ont su lui garder fidèlement l'amitié et l'estime que leurs pères lui avaient vouées. (1)

Quelques mois plus tard, il donne aux Manceaux un nouveau témoignage de sympathie en adressant au Congrès provincial de la Société bibliographique, réuni dans leur ville, une bibliographie des journaux du département de l'Orne, que lui seul pouvait établir grâce aux trésors de sa bibliothèque. (2)

En 1894, c'est le tour des habitants de Caen, qui, après avoir été les témoins des débuts de M. de La Sicotière, revendiquent le plaisir de saluer en lui le maître et le doyen des historiens normands. Pour la deuxième fois et par une dérogation toute exceptionnelle, la Société des Antiquaires de Normandie le nomme son directeur. A la séance publique tenue à cette occasion, le 14 janvier, M. Eugène de Beaurepaire, secrétaire général de la Société, se fait l'interprète des sentiments de tous et les traduit dans un émouvant discours dicté par une affection vieille de plus de quarante ans. M. de La Sicotière lui répond avec non moins de bonheur et d'à propos, et retrace en quelques pages l'histoire de l'association. Il a, dans son allocution, un passage particulièrement heureux pour justifier la distinction dont il est le sujet :

les espérances. L'état de sa santé ne permit pas à M. de la Sicotière de prendre la parole à la première Assemblée générale tenue sous sa présidence le 10 juin 1891, mais il prononça le discours d'usage à l'Assemblée générale du 30 mai 1894.

(1) V. Comte de Bastard d'Estang. *Inauguration de la maison dite de la Reine Bérengère au Mans, par la Société historique et archéologique du Maine, le 24 juin 1892*, Mamers, Fleury et Dangin, 1892, in-8°.

(2) *Congrès provincial de la Société bibliographique, Session tenue au Mans en novembre 1893*, Le Mans, Monnoyer, 1894, in-8°.

« Il est vrai, dit-il, que le premier et le dernier peut-être. j'aurai eu l'honneur ou le bonheur, si c'en est un, de voir couronner la cinquantaine, non pas seulement de mon entrée dans la Société des Antiquaires de Normandie, non pas de mon concours actif et militant à ses travaux, mais de mon élection présidentielle ou directoriale. Mon principal titre, en ce temps lointain, c'était d'être un des plus jeunes, le plus jeune peut-être de ses membres : aujourd'hui c'est encore au bénéfice de l'âge que j'ai dû vos suffrages. C'est à l'un de vos doyens que vous avez eu la pensée généreuse, généreuse jusqu'à l'imprudence, de les accorder. Entre ces deux extrèmes, qu'ai-je donc fait ? Hélas, comme au lendemain des jours terribles ce conventionnel fameux, je pourrais presque répondre — bien qu'en un sens un peu différent — « J'ai vécu ! » Vivre, c'est peu de chose et pourtant c'est un exemple et un encouragement que je me permets de vous recommander (1). »

Les Antiquaires de Normandie purent ajouter : Vivre comme M. de La Sicotière c'est beaucoup et c'est bien rare. Combien peu d'hommes de 81 ans conservent une telle finesse de pensée, une telle élégance d'expressions, une telle jeunesse d'intelligence et de cœur !

L'Association normande dont il avait été aussi l'un des premiers membres et qu'il représentait dans l'Orne depuis plus d'un demi-siècle avec le titre d'inspecteur divisionnaire, ne veut pas rester étrangère à ces témoignages de sympathie. Au mois de juillet de cette année 1894, elle revient à Alençon tenir sa session générale et fêter son vénérable inspecteur. Comme aux beaux jours de sa jeunesse, celui-ci est l'âme de la réunion. Il lui prépare une intéressante excursion à Saint-Céneri, et si, à la dernière heure, l'état de sa santé ne lui permet pas d'y prendre part, il réunit à sa table, avec sa cordialité toujours si chaude et si accueillante, les membres de l'Association et ceux de la Société française d'archéologie.

Enfin, aux hommages de ses amis de la Normandie et du Maine, qui évoquent pour M. de La Sicotière de chers et vieux souvenirs, se joint bientôt un dernier honneur plus flatteur

---

(1) L. de Sicotière. *Discours d'ouverture prononcé à la Séance publique de la Société des antiquaires de Normandie, tenue à Caen le 14 janvier 1894*. Caen, Delesques, 1896, in-8°.

encore. Cet honneur, on peut le dire, vient combler en les dépassant toutes les espérances de sa vie.

Le 15 décembre 1894, l'Académie des sciences morales et politiques l'élit membre correspondant pour la section d'histoire.

En faisant ainsi entrer M. de La Sicotière à l'Institut, où sa place était marquée par tant de travaux, l'Académie des sciences morales et politiques lui apportait la plus haute et la plus légitime des récompenses. Elle couronnait par un suprême hommage une carrière d'autant plus méritoire qu'elle comportait un précieux enseignement pour notre génération, « si prompte souvent à déserter le sillon à peine creusé et à oublier la grande loi du travail, si empressée de paraître, si soucieuse du succès (1). »

Entre autres mérites, en effet, M. de La Sicotière aura toujours en première ligne celui de s'être formé lui-même, d'avoir compris les progrès intellectuels de son temps et d'en avoir profité. Après avoir modestement débuté en province à une époque où les sciences historiques et archéologiques n'étaient encore qu'à leur naissance, après avoir évité les dangers du romantisme et rectifié les errements de la génération de 1830, il avait su peu à peu, en dehors de toute école, s'assimiler les méthodes nouvelles, se pénétrer par la seule force de son esprit de toutes les règles de la critique contemporaine, en un mot marcher toujours en avant et se perfectionner sans cesse. Dans son ensemble, « son œuvre littéraire, historique et archéologique avait été considérable. Il avait touché à tout, à l'économie politique comme à l'agriculture, aux monuments comme aux anciens textes, aux légendes, aux traditions, aux chansons populaires comme à la bibliographie des personnages célèbres. Il avait disserté sur mille questions variées avec la même ardeur et une étonnante facilité (2). »

L'Institut accomplissait assurément un acte de justice en ouvrant ses portes à ce vaillant, sorti du rang, qui pendant soixante ans avait donné de si salutaires exemples à ses confrères de province, et provoqué autour de lui un mouvement intellectuel si actif et si fécond.

(1) Marquis, de Beaucourt, *Discours prononcé à l'assemblée générale de la Société d'histoire contemporaine* le 5 juin 1895.

(2) E. de Beaurepaire, *Léon de La Sicotière*, dans le ***Bulletin Monumental***, 1895. p. 60.

Jusqu'à son dernier jour, M. de La Sicotière garde la plume à la main et ne perd pas une heure. Quelques mois avant sa mort, tout en achevant divers articles et en reprenant plusieurs points de ses excursions de jeunesse, il avoue à un ami qu'il lui faudrait encore deux vies comme la sienne pour achever tout ce qu'il a entrepris. Si nombreuses qu'elles soient, en effet, ses publications ne sont qu'une partie de ses travaux. Parmi les seuls manuscrits dont il prépare l'impression à l'aurore de sa 83ᵉ année, l'un de ses biographes cite une histoire du protestantisme dans la généralité d'Alençon ; une étude complète sur Corneille Blessebois ; des répertoires historiques, archéologiques, biographiques ; une bibliographie des guerres de la Vendée et de la Chouannerie (1). Dans ses nuits d'insomnie, il écrit des vers latins. (2)

Jusqu'à son dernier jour aussi, se retrouvent chez M. de La Sicotière les charmantes qualités qui lui ont conquis tant d'amis, une extrême affabilité de caractère, une grande bienveillance, une courtoisie parfaite dans la défense de ses opinions, un amour profond de la justice : « On peut ne pas être bon, répète-t-il souvent, mais il faut toujours être juste. » Il fait preuve surtout du plus fidèle attachement à l'égard de ses amis (3), et du plus rare désintéressement à l'égard des jeunes travailleurs. Insensible à ces sentiments d'étroite jalousie qui rabaissent tant d'hommes de valeur, il n'a jamais la secrète pensée d'arrêter les talents naissants ; sa plus vive jouissance, au contraire, est de les encourager, de leur faciliter la tâche et de leur ouvrir, avec une libéralité sans pareille, les richesses de sa bibliothèque. Il aime avant tout et pardessus tout à donner sans compter, et il sait toujours rester modeste. A ses propres yeux, il ne s'estime « qu'un homme de bonne volonté. »

Ce qu'il est avec les étrangers, il l'est, à plus forte raison, dans la vie de famille, toujours bon, dévoué, affectueux, alliant

(1) Louis Duval, *Léon de La Sicotière*, p. 15.

(2) G. Le Vavasseur, *Léon de La Sicotière*, dans le *Bulletin de la Société historique et archéologique de l'Orne*, 1895, tome XIV, p. 147.

(3) Il suffira de jeter un regard sur la *Bibliographie* de M. Polain pour se rendre compte du grand nombre de notices nécrologiques que pendant tout le cours de sa carrière M. de La Sicotière a consacrées à des amis disparus, affirmant ainsi la sincérité et la fidélité de ses affections.

toutes les délicatesses du cœur aux idées les plus élevées. Son testament est une page touchante qui mettrait encore en relief, s'il était nécessaire, la noblesse de son caractère. Après avoir assuré le sort de ses chers livres et légué à la ville d'Alençon une partie de ses collections, il y insère cette phrase que nous recueillerons comme une profession de foi suprême : « J'ai vécu et j'espère mourir catholique sincère, royaliste libéral. »

Le jeudi 28 février 1895, lorsque la mort le saisit inopinément à la suite d'une violente crise de bronchite chronique, M. de La Sicotière tient avec simplicité cet engagement solennel. Il meurt ainsi qu'il a vécu, en chrétien et en patriote. Il ne laisse pas seulement à sa femme, à ses enfants, à ses amis, les grands exemples et les inoubliables souvenirs d'une carrière magnifiquement remplie : il leur laisse les immortelles espérances de la Foi, qui adoucissent l'amertume de la séparation et maintiennent les âmes unies bien au-delà des horizons terrestres.

À peine la fatale nouvelle était-elle connue que les témoignages de regrets, de respect, de sympathie, affluaient de toutes parts, du monde savant et du monde politique (1). Nous ne pouvons en rappeler ici que deux, mais ils résument tous les autres.

Le premier est l'éloquent éloge prononcé par M. Challemel-Lacour à la séance du Sénat du 4 mars 1895, le plus haut et le plus flatteur des hommages accordés à M. de La Sicotière. Nous le reproduisons intégralement en appendice (2).

Le second est un article de l'*Avenir de l'Orne*, journal républicain d'Alençon : « M. de La Sicotière, dit cet article, n'était certes pas de nos amis ; il s'était rangé depuis longtemps parmi ceux que nous avions le devoir de combattre. Mais, comme il n'apportait ni haine, ni passion dans la défense de ses idées, comme il était avant tout bienveillant à l'égard de ses adversaires, il s'est éteint au milieu de nous entouré de l'estime et du respect de tous... Esprit très fin et très cultivé, très bon, très

(1) V. à la fin de la *Bibliographie* de M. Polain l'indication aussi complète que possible de tous les articles consacrés à M. de La Sicotière.

(2) Cet éloge, dit M. Baguenier-Desormeaux, « fait honneur à la fois à celui qui l'a mérité et à celui qui sut, en cette occasion, s'élever assez au-dessus des mesquineries politiques pour rendre justice au penseur chrétien, à l'historien impeccable, au patriote ardent et convaincu. » *Un hommage à Léon de La Sicotière*, dans le *Mercure poitevin*, 1899, p. 362.

serviable, et, chose bien rare chez un savant, très modeste, il n'avait pas un seul ennemi. (1

La ville d'Alençon s'honora en lui faisant le lundi 4 mars 1895, le jour même où le président du Sénat prononçait son éloge au nom du Parlement, des obsèques dignes des services que le pays lui devait (2). Elle s'honorera davantage encore, dans quelques semaines, en s'unissant à la Société historique et archéologique de l'Orne et aux nombreux amis de Léon de La Sicotière pour ériger, au centre du square de l'Hôtel de Ville, le buste de l'infatigable travailleur, « dont la mémoire sera gardée par le département de l'Orne tout entier sans acception de parti (3), » et qui restera l'un des principaux historiens de la Normandie au XIXe siècle.

Robert TRIGER

(1) Dans la séance du 22 avril 1895, la première après la mort de M. de La Sicotière, M. Albert Christophe, président du Conseil général de l'Orne, tiendra, lui aussi, à accorder un juste tribut de regrets à celui qui, pendant dix années avait été l'un des membres les plus éminents de cette assemblée. « Je considère, dira-t-il, comme un devoir précieux pour moi, et dont votre bienveillance, Messieurs, me rendra l'accomplissement facile, de rendre à notre ancien collègue, M. de la Sicotière, l'hommage de notre respect et de notre persévérant souvenir. M. de La Sicotière a longtemps appartenu à cette assemblée. Il apportait dans nos discussions une compétence reconnue de tous, et l'autorité de sa parole n'avait d'égale que l'aménité de son caractère... Sa famille m'excusera, moi qu'il a, au début de ma carrière d'avocat, encouragé de son amitié et de ses conseils, si j'ai cédé aux désirs de mon cœur en vous offrant, Messieurs, l'occasion de nous associer à ses regrets et à son deuil. » *Procès-verbaux du Conseil général de l'Orne*, Session d'avril 1895. p. 234, 235.

(2) Cf. *Journal d'Alençon*, du 5 mars 1895.

(3) *Procès-verbaux du Conseil général de l'Orne*, Session d'avril 1895. p. 234.

APPENDICE

ÉLOGE DE M. LÉON DE LA SICOTIÈRE

*Prononcé par M. Challemel-Lacour, président du Sénat, dans
la séance du 4 mars 1895.*

Messieurs,

Le Sénat vient de perdre un de ses membres les plus respectés ;
M. Pierre-François-Léon Duchesne de La Sicotière, sénateur de
l'Orne, est mort jeudi dernier, à Alençon. Il était né le 8 février 1812,
à Valframbert, près d'Alençon ; mais il conservait dans cet âge
avancé une lucidité d'intelligence, un goût de l'étude et des
lettres qui le rendaient d'un commerce plein d'agrément. Il avait
puisé, dans une famille où la fidélité est héréditaire, l'amour des
vieilles mœurs et un attachement bien explicable aux institutions
d'autrefois. Cet attachement ne s'était jamais affaibli, parce qu'il
n'avait rien d'aveugle.

Il était tempéré par la modération d'un esprit trop éclairé pour être
jamais devenu étranger à son temps et qui s'était de bonne heure
imprégné d'idées libérales. Après avoir fait son droit à Caen, il avait
pris place au barreau d'Alençon et il y a exercé presque sans interruption la profession d'avocat, avec une distinction et au milieu d'un
respect qui lui ont valu l'honneur d'être élu plusieurs fois bâtonnier
de l'Ordre. Il était conseiller municipal depuis longtemps et conseiller
d'arrondissement lorsque survint le coup d'État de 1851. Dans l'indignation que lui inspira dès le premier moment un événement si
funeste à la liberté et à l'honneur du pays, rempli d'inquiétude en
songeant à l'avenir que ce succès d'un coup de force pouvait réserver
à la France, il crut devoir se démettre de ses fonctions dont il était
investi et il s'enferma, loin des luttes désormais impuissantes et sans
honneur, non dans un isolement chagrin, mais dans l'étude.

Le goût des recherches historiques et archéologiques était en lui comme un héritage de famille. Il était le neveu de Jean Duchesne, iconographe français, conservateur des estampes à la Bibliothèque nationale, mort en 1855. Il portait, comme les Duchesne, pour armes parlantes : d'or à trois glands de sinople, accompagnés en chef d'une étoile de gueules. Dès cette époque, il rassemblait avec passion des documents ou des traditions sur les scènes ou sur les personnages historiques de la région, et cette collection du jeune homme est devenue la base d'une vaste bibliothèque qui n'est pas la fantaisie d'un bibliophile, mais la lente création d'un savant sérieux, animé de bonne heure par la pensée d'un projet qui est devenue celle de toute sa vie. Il fonda dès lors une Société d'antiquaires qui ont célébré, le 9 octobre 1890, le souvenir de cette création et rendu en prose et en vers, surtout par l'organe de M. le comte de Contades, ami de M. de La Sicotière, un éclatant hommage à la féconde direction de leur fondateur.

Il serait impossible d'indiquer même d'une manière approximative en quel nombre il a semé dans des publications périodiques très répandues, comme le *Magasin pittoresque*, plus souvent dans les feuilles locales de la région, les notices presque toujours curieuses sur les artistes ou les littérateurs qui l'ont honoré par leurs travaux, mais principalement sur les événements de la Révolution, sur les résistances qu'ils ont provoquées en Normandie, sur les luttes qui l'ont accompagnée ou suivie. Il préludait ainsi à la vaste et importante étude à laquelle il devait plus tard attacher son nom.

Il avait été nommé conseiller général du canton ouest d'Alençon en 1862. Quelques années plus tard, lorsque déjà le pays laissait percer de tous côtés des signes de fatigue, qui étaient en même temps des marques d'inquiétude, et qu'on entendait par intervalles des grondements de révolution, en 1869, M. de La Sicotière se présenta comme candidat à la députation dans la 1re circonscription de l'Orne. « Je suis indépendant, disait-il dans sa circulaire. Une candidature officielle gêne cette liberté d'appréciation et de contrôle des actions du pouvoir, qui est le droit et le devoir d'un député. Il faut qu'il puisse offrir au gouvernement son concours loyal sur tous les points où il a raison sans être suspect de complaisance, lui résister énergiquement s'il a tort, sans être suspect d'ingratitude. »

Il se déclarait hautement libéral et réclamait « l'application sincère des grandes et généreuses idées de 1789 » ; il échoua contre M. Grollier, maire d'Alençon, mais avec une minorité de près de 10,000 voix, qu'expliquent la notoriété et la considération dont son nom était entouré. En 1871, il fut élu à l'Assemblée nationale et il y compta bientôt parmi nos collègues les plus laborieux. Il se fit inscrire à la réunion des Réservoirs et entra dans plusieurs des grandes commissions.

Il rédigea, comme rapporteur de l'enquête sur la situation de l'Algérie, un travail qui n'a pas moins de 900 pages et qu'on peut aujourd'hui consulter utilement. Les événements si graves et si confus qui s'étaient accomplis en Algérie pendant la guerre y sont

appréciés en général avec équité. On y trouve indiquées avec netteté
les difficultés devant lesquelles nous nous trouvons encore, les problèmes dont nous cherchons toujours la solution. Le rapporteur termine par une protestation dont aucun de ceux qui l'ont connu ne
mettra en doute la sincérité.

« On a prétendu, dit-il, que, blâmant certains actes impolitiques
des partisans ardents de la République, nous aurions voulu attaquer
la République elle-même. Nous protestons, au nom de la dignité de
notre mandat et de notre caractère. Ce n'est pas nous, ce sont d'imprudents amis qui voudraient rendre la République solidaire des
fautes commises en son nom. »

Rien de plus d'accord que de telles paroles avec les lignes de la
profession de foi qu'il publia en se présentant aux élections sénatoriales de 1876 : « J'ai voté la Constitution du 25 février. Non seulement je la défendrais avec courage contre toutes les violences, qu'elles
vinssent d'en haut ou d'en bas, mais je voudrais la pratiquer d'une
façon loyale, libérale et complète. »

Quoiqu'il commençât à sentir le poids de l'âge, il n'en continua
pas moins, malgré une santé trop souvent ébranlée, à se montrer
assidu à nos séances et à prendre une part active à nos travaux.

Vous n'avez pas oublié avec quelle persévérance il a soutenu
jusqu'à la fin, je veux dire jusqu'au succès, la proposition relative à
la conservation des oiseaux utiles, qu'il avait présentée en 1876 avec
M. Grivart et avec M. le comte de Bouillé. C'était une question qu'il
avait à cœur, à laquelle l'attachaient presque également les intérêts
de l'agriculture et les souvenirs poétiques de l'archéologue accoutumé
depuis longtemps à explorer la campagne.

Il faut l'avouer, ce qui l'occupait le plus dans ces dernières années,
ce qui l'absorbait pendant de longues heures dans votre bibliothèque
où il semblait presque avoir élu domicile, c'était l'achèvement de
l'ouvrage qui devait être son monument et dont le premier volume
parut en 1889 sous le titre de *Louis de Frotté et les Insurrections
normandes, 1793-1832.* Il le préparait depuis un demi-siècle par ses
recherches de toute nature, soit qu'il multipliât ses courses d'archéologue à travers les villages du Perche et de l'Alençonnais, soit qu'il
poursuivît jusqu'au foyer du paysan ou parmi les étalages des mar-
chés ses investigations sur les détails et sur les acteurs de cette
vieille histoire, soit qu'il publiât des monographies écrites avec scru-
pule d'après des documents soigneusement contrôlés.

Ce serait se tromper gravement, malgré les sympathies dont sont
empreintes plusieurs parties de son récit, d'y voir une tentative d'apologie ou la pensée de ressusciter, sous une forme quelconque, l'esprit
de la chouannerie. Il trouvait sans doute quelque plaisir à retracer
l'image des vieilles mœurs, le mouvement de passion où la foi, le
dévouement, l'enthousiasme se mêlaient, il est vrai, à des colères
parfois bien aveugles et qui obscurcirent trop souvent, aux yeux de
ceux qu'elles dominaient, la distinction du bien et du mal. Il savait,
et il se plaisait à le répéter, que la guerre civile est morte et bien
morte. Ce qui le séduisait était de trouver, dans une époque riche en

énergies qui n'étaient pas exemptes de rudesse et de violence, quelque
caractère de grandeur. En homme initié à la critique, il se défendait
de l'esprit de parti, lequel, disait-il après je ne sais quel écrivain, se
reconnaît toujours à deux traits caractéristiques : il accepte les soup-
çons les moins fondés dès qu'il peut en tirer profit, et il combat l'évidence même dès qu'elle le gêne. Son livre n'est pas une apologie
passionnée, et, dans bien des pages où le talent ne manque pas, il
jette, à l'aide de faits bien établis, des lumières inattendues sur des
événements enveloppés jusqu'à présent d'une profonde obscurité.
Après la publication de cet ouvrage, l'Institut s'attacha comme correspondant M de La Sicotière : il ressentit vivement cet honneur. Une
de ses ambitions était satisfaite.

Il en avait une autre, et il l'a également remplie : c'était de mettre
en lumière, sans arrière-pensée et sans exagération, ce que les partisans d'une opinion à laquelle il fut toujours fidèlement attaché avaient
déployé, à travers certains excès, de courage et de noblesse pour
sauver quelque chose d'une époque qui parlait à son cœur, qui
éblouissait son imagination, mais qu'il ne rêva jamais de voir repa-
raître sur les ruines de la société différente que les événements nous
ont faite. (1) *(Très bien ! très bien ! — Applaudissements.)*

(1) *(Journal Officiel* et *Journal d'Alençon,* du 7 mars 1895).

TABLE DES CHAPITRES

EX-LIBRIS

De M. Léon DUCHESNE de La SICOTIÈRE

AVERTISSEMENT

—

Je ne crois pas sans intérêt, d'expliquer sommairement la méthode, fort simple d'ailleurs, que j'ai suivie en rédigeant la bibliographie des travaux de M. de La Sicotière. Cette méthode consiste : 1º à donner le titre exact de tous les écrits de l'auteur, sans exception, avec l'indication du format, du nombre de feuillets et de pages dont ils se composent et aussi des couvertures imprimées dont le titre peut différer de celui du livre ou de la plaquette : pour les articles publiés dans des revues ou périodiques, l'endroit exact où ils ont paru ; 2º à classer cette bibliographie par ordre chronologique.

Le bibliographe n'a pas, en effet, de choix à faire et il doit reproduire sans les altérer d'aucune façon, le titre de tous les ouvrages et articles si menus soient-ils, de son auteur, de même il doit donner la description exacte des divers aspects sous lequel le même ouvrage a paru.

L'ordre chronologique a l'avantage incontestable de présenter une image exacte de l'activité intellectuelle de l'auteur, avec ses variations s'il y en a, d'offrir même une esquisse naturelle à une biographie raisonnée, permettant en effet de saisir, d'un coup d'œil, le résultat d'une vie de labeur, et surtout de se rendre un compte exact des préoccupations simultanées d'un esprit actif et fécond.

Une difficulté particulière se présentait pour la bibliographie de M. de La Sicotière : son œuvre comprend peu de volumes et au contraire une quantité d'articles disséminés dans des journaux et revues très divers dont plusieurs, qui n'ont eu qu'une existence éphémère, sont difficiles à se procurer.

Mon premier guide a été le travail publié en 1890 par MM. Appert et de Contades (voir ci-après, le n° 10 des biographies) ; mais cette bibliographie est forcément incomplète puisqu'elle n'avait d'autre but que de mettre en lumière les

*côtés les plus saillants de l'œuvre de M. de La Sicotière,
en n'indiquant que d'une manière très sommaire, sa collaboration à divers périodiques et à d'autres publications.*

J'ai eu à ma disposition les précieux recueils que M. de La Sicotière avait fait lui-même de ses écrits. Plus prévoyant que beaucoup d'érudits, et donnant en cela un exemple à suivre, il indiquait par les mots : article de moi, ou de moi, ou l'initiale M, et souvent, en outre, il encadrait d'un trait de plume ou de crayon, les articles ou parties d'articles anonymes dont il était l'auteur. C'est grâce à ces indications positives que j'ai pu le désigner avec sûreté comme auteur de beaucoup d'entrefilets, de notices biographiques, de comptes-rendus de séances politiques, littéraires, artistiques, etc., où l'on pouvait sans doute reconnaître sa manière, mais qu'on saura désormais être de sa main. J'ai pu de la même façon déterminer sa collaboration à des recueils tels que le Magasin pittoresque, l'Intermédiaire des chercheurs et d'autres.

Une partie seulement de ces recueils a été reliée en volumes, le reste est demeuré en liasses. J'ai vérifié les uns et les autres pièce par pièce, et pour les très rares articles que j'indique sans les avoir vus, un astérisque placé en tête préviendra le lecteur.

Pour compléter l'idée que pouvait donner de M. de La Sicotière, cette bibliographie, j'ai ajouté la liste des notices qui lui ont été consacrées de son vivant et après sa mort.

Mon travail étant un complément de la notice biographique de M. Robert Triger, j'ai cru devoir être très sobre de notes qui, pour la plupart, auraient répété ce qui est dit par lui avec plus d'autorité.

Quelque soin, quelque conscience que j'aie pu apporter à la rédaction de cette bibliographie, je n'ignore pas que des erreurs et surtout des omissions ont pu s'y glisser ; les additions que j'ai eu l'occasion d'y faire (dont quelques-unes sont dues à l'obligeance de M. H. Tournoüer) alors que l'impression était presqu'achevée me dispensent d'insister sur ce point.

M.-Louis POLAIN.

Paris, 23 Mars 1900.

ABRÉVIATIONS ET SIGNES CONVENTIONNELS

Employés dans cette Bibliographie

bl.	blanc.
c.	abréviation de *circa* (vers).
chiffr.	chiffré.
col.	colonne.
couv. couvert.	couverture.
édit.	éditeur.
ex.	exemplaire.
f. ff.	feuillet, feuillets.
fasc.	fascicule.
facsim.	facsimilé.
ffc.	feuillets chiffrés.
ffnc. fnc.	feuillets non chiffrés ; feuillet non chiffré.
fig.	figure.
fleur.	fleuron.
gr.	grand.
grav.	gravure, gravé.
imp. ou impr.	imprimeur, imprimerie.
l, ll.	ligne, lignes.
libr.	libraire.
lith., lithogr.	lithographie, lithographié.
ms., mss.	manuscrit, manuscrits.
p., pp.	page, pages.
pet.	petit.
pl.	planche.
pnc. et pnch.	page non chiffrée.
portr.	portrait.
Q	question.
R	réponse.
s.	sans.
s. d.	sans indication de date.
s. ind. typ.	sans indication de lieu, de date, ni de typographe.
s. l.	sans indication de lieu d'impression.
s. typ.	sans indication d'imprimerie.
sép.	séparé.
t.	tome.
tit.	titre.
typ., typogr.	typographe, typographie, typographique *suivant les cas*.
vign.	vignette.
vol.	volume.
⁝	publié dans.
*	désigne les articles que je cite de seconde main.
. . . .	indique les suppressions dans un titre semblable à un titre précédemment donné.

( ) Les chiffres placés entre parenthèses dans l'indication de la pagination représentent les pages blanches, soit à la fin des pièces liminaires ou d'appendices, soit à la fin du texte principal.

[ ] Sont entre deux crochets : 1° les indications des fleurons ou vignettes qui se rencontrent dans un titre. Elles sont données en caractères italiques et à la place qu'elles occupent dans le libellé du titre ; 2° derrière un crochet, à la suite du titre, l'indication du lieu d'impression et du typographe avec l'endroit du volume où elle se trouve ; 3° les dates d'impression, les désignations de localités ou d'imprimeur non mentionnées dans les volumes, mais révélées par quelques autres indications ; 4° à la fin de chaque article, le numéro d'ordre de chaque article dans la bibliographie.

Les titres des livres ou articles sont rigoureusement donnés sans augmentations ni omissions, par conséquent avec l'orthographe, la ponctuation et les erreurs typographiques qui s'y rencontrent ; je n'ai pas voulu employer le mot *sic*, et j'ai lu les épreuves avec la plus grande attention.

Les titres des revues et recueils où des articles ont été publiés, sont donnés en abrégé, mais de façon que le lecteur puisse aisément les reconnaître.

Les chiffres placés en exposant du millésime d'une année désignent les divers tomes d'une revue pour cette année. Par exemple : *Intermédiaire des chercheurs*. 1894 [1], montre qu'il s'agit du premier volume de 1894.

BIBLIOGRAPHIE DES ÉCRITS

de M. Pierre-François-Léon Duchesne DE LA SICOTIÈRE

1832

A MM. les Rédacteurs du Momus. Air : *Amis, voici la riante semaine.* Publié : *Momus normand, recueil littéraire, revue de la Basse-Normandie* (Caen, imp. Chalopin, pet. 1832, in-8°). I, pp. 69-70.

Poésie signée : Un jeune abonné.
En voici le premier et le dernier vers :

> Momus renait.... pous fêter sa présence,
>
> . . . .
>
> Souffrez, souffrez que je chante avec vous !

Le *Momus normand* avait été fondé par A. de Berruyer, qui le dirigeait avec Léon d'Aurevilly. Ce journal parut de janvier 1832 au 17 avril 1833. Seules les couvertures imprimées portaient un titre. [1]

Régénération Morale et Religieuse, préparée par les grandes productions littéraires du dix-neuvième siècle : *Momus normand.* II, pp. 1-9. Signé B.....

Cet article est d'Alfred Bertauld, mais l'avant-dernière phrase de la p. 9, commençant : *Un ministre contre la volonté duquel tous les obstacles étaient venus se briser......* jusqu'aux mots : *...... la France silencieuse et attentive,* est de M. de La Sicotière. [2]

1833

Le Roi d'Erin. Chant gallique : *Momus normand.* II,
pp. 208-210.

Anonyme.

Voici le commencement et la fin de cette poésie :
　　　Le roi d'Erin dans un antre sauvage
　　　. . . . .
　　　« C'est aux vainqueurs que l'amour doit sourire....
　　　« Je suis vaincu ! »   [3]

Couplets A mon Ami Louis D. F., le jour de sa fête (25 août
1832). Air : *Amis, voici la riante semaine.*
： *Momus normand.* II, pp. 253-255.

Signé : Un jeune Abonné. Voici le premier et dernier vers de ces
couplets :
　　　Mon cher Louis, pour célébrer ta fête,
　　　. . . . .
　　　Tous les désirs seraient bientôt remplis !

Cette poésie a ensuite été publiée :

Chansonnier normand, pour 1833, publié par les Rédacteurs du *Momus normand.* 1ʳᵉ année. [*Epigraphe :*] Que
faire à cela ?...... Attendre et chanter. Brazier, 1833
(Cherbourg, imprimerie de Noblet, place de la Fontaine.)

In-18, 188 pp. Couvert. impr. avec encadr. typog., et
titre semblable à celui ci-dessus, excepté qu'on n'y trouve
pas l'indication : *Iʳᵉ année,* ni l'épigraphe.

La pièce ci-dessus se trouve aux pp. 156-159 avec ce titre : *Couplet à
mon ami Louis D. L.,* le jour de sa fête, 25 août 1832.

Je dois à l'obligeance de M. le comte G. de Contades, la connaissance
de cette seconde édition.   [4]

[Annonce de l'apparition de la : *Némésis incorruptible* de
Destigny de Caen]. ： *Momus normand.* II, pp. 270, sous la
rubrique : Revue.   [5]

Anonyme.

[Annonce de l'ouvrage : *Expédition sentimentale, par E. D.*
[Eugène Dumont], Caen, Manoury, 1833, in-32.] ： *Momus normand.* II, p. 272, sous la rubrique : Revue.   [6]

Anonyme.

[Parties de l'article intitulé :] Revue : *Momus normand.* III. 1833.

M. de La Sicotière est l'auteur : 1° de toute la première partie qui commence : *Décidément, la presse est libre, libre comme la pensée.....* pp. 46-50 ; 2° de l'annonce des *Nouvelles Mélodies françaises par Alphonse Leflaguais ;* Caen, Aimé Avonde. Pp. 50-51.

Anonyme.   [7]

(*Note du Directeur*) : *Momus normand.* III, p. 172, note 1.   [8]

Anonyme. Cette note est relative à un *Fragment* de Léon Masson.

[Notice nécrologique, sans titre, sur la mort d'Eugène Dumont] : *Momus normand.* III (1833), pp. 216-222, sous la rubrique : Nécrologie.   [9]

Anonyme. Eugène Dumont, né à Alençon, est l'auteur de l'*Expédition sentimentale,* que M. de la Sicotière avait annoncé aux Lecteurs du *Momus* (V. supra, n° 6).

18 et 19 mai 1823, ou procès de M. Léon d'Aurevilly, rédacteur en chef du *Momus normand ;* et compte-rendu du banquet qui lui a été offert par les jeunes gens de la ville de Caen. Par un Abonné. [*Epigraphe :*] Tout finit par les chansons. [*Fleuron typogr.*] Caen, imprimerie de T. Chalopin, rue Froide, n° 2, 1833.   [10]
      Pet. in-8° 45 (1) pp.

Anonyme

Les phrases suivantes dont nous donnons les premiers et les derniers mots, sont de M. de La Sicotière.

P. 18 : Il nous a semblé que M. de Préfeln........ ni dans les faits de la cause.

P. 25-30. M. Thomine a la parole........ un verdict d'acquittement a été prononcé.

Les strophes suivantes de la pièce anonyme intitulée : *Si j'étais Roi,* p. 42, sont également de M. de La Sicotière :

          Si j'étais roi, si j'étais roi de France,
          La loyauté ne m'caus'rait pas d'effroi
          Je voudrais voir, les talens, l'éloquence,
          Par leur concours affermir ma puissance,
                  Si j'étais roi,
                  Si j'étais roi.

> Si j'étais roi, sur le banc d'infamie
> On n'verrait point l'honneur et la bonn'foi
> Ma royauté saurait dire au génie
> Soyons amis, c'est moi qui l'en convie,
>   Si j'étais roi.
>   Si j'étais roi.

Le reste de cette pièce serait de M. Charles Hommey, d'après une note mise par M. de La Sicotière sur son exemplaire.

1835

Ecole chrétienne. — Distribution des prix. Alençon, 29 août 1835 : *L'Ami de la Vérité, journal de la Normandie* (Caen, impr. Lecrène. pet. in-fol.). 1835 (5ᵉ année), nᵒ 106 (mercredi 9 septembre), p. 1 col. 1 et 2 et p. 2 col. 1 et 2. Sous la rubrique: Nouvelles locales. [11]

Signé : Un avocat.

A propos de la distribution des prix de l'école des Frères de la doctrine chrétienne, faite à Alençon le 28 août 1835.

1837

[Communication faite à la société géologique de France, séance du 5 septembre 1837, d'un passage d'Odolant-Desnos, relatif aux moyens employés par les bijoutiers pour blanchir les cristaux, dits *Diamants d'Alençon*.] : *Bulletin de la soc. géolog. de France* (Paris, impr. Bourgogne et Martinet, in-8º). T. VIII, 1836 à 1837, pp. 234-235. Sans titre ; simple mention de cette communication dans le procès-verbal. [12]

M. de La Sicotière avait été proclamé membre de la Société géologique de France, le 3 septembre 1837. Ses parrains étaient MM. Michelin et Boblaye.

[Discours d'adieu à la société géologique, prononcé le 9 septembre 1837, pour la remercier d'avoir tenu son congrès du 3 au 10 septembre 1837, à Alençon.] : *Bulletin de la soc. géol. de France.* t. VIII, 1836 à 1837, pp. 368-371. S. titre. [13]

Voici le commencement de ce discours : Messieurs, Ce n'est pas seulement l'intérêt que peuvent offrir......

Matériaux pour servir à la statistique du département de l'Orne : *Annuaire Normand* (¹), 1837 (3ᵉ année, Caen, 1836), pp. 205-357.

Et à part :

> Matériaux pour servir à la statistique du département de l'Orne. [P. 133 : Caen, imprimerie de A. Le Roy. *S. d.*
>
> In-8°, 133 (1), pp. s. tit. sép.
>
> Compte-rendu de la session générale annuelle de l'Association Normande, tenue à Alençon du 2 au 6 septembre 1836. Voir pour la part prise à ces travaux par M. de La Sicotière, les pp. 8, 9, 47, 61, 88 et 90.   [14]

Sur M. Alexis Saussol, 77ᵉ évêque de Séez, par M. Léon De La Sicotière.

: *Annuaire Normand*. 1837, pp. 400-404.   [15]

Notice nécrologique sur M. Libert, médecin en chef des hospices d'Alençon, membre de la Chambre des députés, de l'académie ébroïcienne et de plusieurs autres sociétés savantes, par M. Léon De La Sicotière, Membre Correspondant. : *Bull. de l'Acad., Ebroïcienne* (Louviers, impr. Achaintre, in-8°). 1837 ¹, pp. 56-59.

Et à part :

> Notice nécrologique sur M. Libert, médecin en chef des hospices d'Alençon, membre de la Chambre des députés, membre de l'Académie Ebroïcienne et plusieurs autres sociétés savantes, par M. Léon De La Sicotière, Membre Correspondant de l'Académie Ebroïcienne. [*Fleuron typ.*] Louviers, M.DCCC.XXXVII.
>
> In-8°, 16 pp. Couvert. impr. avec encadrement romantique, gr. sur bois (Signé : Gabriel Falampin, membre correspondant, del. Chevauchet, sculp.), au milieu duquel se trouve le titre : Notice nécrologique sur M. Libert. Louviers, Ch. Achaintre, 1837.   [16]

(1) Nous désignons de cette façon l'*Annuaire des cinq départements de l'Ancienne Normandie*, publié par l'Association Normande. Caen, impr. Le Roy, in-8°, et qui a commencé à paraître en 1835.

1838

Notice sur l'arrondissement de Mortagne, Par M. de la Sicotière : *Annuaire Normand*. 1838, pp. 253-281.

Et à part :

Notice sur l'arrondissement de Mortagne, Par M. de la Sicotière. [P. 29 : Caen, imprimerie de A. Le Roy, 1837.] In-8°, 1 fnc., 29 (1) pp.

Le commencement de cet article fut republié en 1842 :

Notice statistique sur l'arrondissement de Mortagne, Par M. Léon de la Sicotière, avocat, inspecteur des monuments de l'Orne, etc. (*Extrait de l'Annuaire de l'association Normande*). : *Revue du Perche*, journal spécial du pays formant cette ancienne province, et des contrées limitrophes. (Mortagne, impr. de Glaçon, in-4°). 1842 (1re année), n° 2, 20 janvier) p. 2 col. 1 et 2. ;

On sait que la *Revue du Perche* fondée par l'abbé Fret, curé de Champs, n'eut que 2 numéros.   [17]

Notice sur le général de Valazé. : *Journal d'Alençon et du département de l'Orne* (Alençon, impr. Poulet-Malassis, in-4°). 1838, n° 15 (9 avril), pp. 7, col. — 1, 8, col. 2 ; sous la rubrique : Nécrologie.

Signé L.

Cet article a été également publié sous le titre :

Sur le général Valazé ; Par M. Léon De La Sicotière, Inspecteur de l'Association normande.

: *Annuaire Normand*. 1839, pp. 426-434, sous la rubrique: Notices biographiques.

Et à part :

Notice sur le général Valazé ; Par M. Léon De La Sicotière, Avocat. [P. 9 : Caen, imprimerie de A. Le Roy.] In-8°, 9 (1 pp. sans autre titre que : Notice biographique ; celui que nous donnons est le titre de départ.   [18]

[*Compte-rendu :*] Antiquités et chroniques Percheronnes ou recherches sur l'histoire civile, religieuse, monumentale, politique et littéraire de l'ancienne province de Perche et pays limitrophes. Par L. J. Fret, curé de Champs.... [livr. 1-3].

: *Le Mémorial du Calvados, de l'Orne et de la Manche* (Caen, impr. Pagny, in-fol.). 1838, sous la rubrique : Variétés ; n° 68 (dimanche 10 juin), p. 3 col. 2 et 3, n° 69 (mercredi 13 juin), p. 3 col. 2 et 3.

Le premier article est anonyme, le second est signé : Un membre de la Société des antiquaires de Normandie.   [19]

Rapport Sur les Monuments de Laval (Mayenne), adressé à M. de Caumont ; Par M. De La Sicotière, Inspecteur des Monuments historiques du département de l'Orne. : *Bulletin monumental* (de De Caumont). Tome 4, 1838, pp. 306-318.

Et à part :

Rapport sur les monuments de Laval (Mayenne) ; Par M. De La Sicotière, Inspecteur des Monuments historiques du département de l'Orne. [*Fleuron typogr.*] Caen, A. Hardel, succ. de T. Chalopin, imprimeur de l'Académie et des sociétés savantes. 1838.

In-8°, 15 (1) pp. Couvert. impr. avec le même titre dans un encadrement de filets typogr.

Reproduit textuellement, et avec le même titre : Extrait du procès-verbal des séances tenues par la société française pour la conservation et la description des monuments historiques, dans la ville de Tours (Indre-et-Loire), depuis le 25 jusqu'au 29 juin 1838.

Caen, chez A. Hardel, ... 1838.

In-8°, 157 (1) pp. (Cet *Extrait*, n'est qu'un tiré à part avec titre à part en plus, du *Bulletin Monumental*, t. 4, 1838, pp. 242-382).

Le rapport de M. de La Sicotière est aux pp. 66-78.   [20]

[Notice biographique, sans titre, sur Pierre-François Godard, graveur sur bois, né à Alençon, le 21 janvier 1786, mort à Saint-Denis-sur-Sarthon, le 22 juillet 1838.] : *Journal d'Alençon.* 1838, n° 31, (lundi 30 juillet), pp. 2, col. 1 et 2.

Signé : L.

Cette notice a paru ensuite sous le titre :

Pierre Godard, graveur sur bois. : *Magasin pittoresque.* 1838, p. 352, col. 1 et 2.

Anonyme.

Elle a été également publiée :

Sur M. Godard, graveur sur bois ; Par M. Léon De La Sicotière. : *Annuaire normand.* 1839, pp. 434-439 ; sous la rubrique : Notices biographiques.

Et à part :

Notice sur M. Godard, graveur sur bois ; Par M. Léon De La Sicotière, Avocat. P. 7 : Caen, imprimerie de A. Le Roy. In-8°, 7 (1) pp. Le titre séparé porte seulement : Notice biographique. .   [21]

Anonyme.

Notice sur M. Galeron. : *Le Mémorial du Calvados, de l'Orne et de la Manche.* Caen, impr. Pagny, in-fol.) 1838, n° 90, 1er août, p. 2, col 3 et p. 3 col. 1, sous la rubrique : Nécrologie.

Signé : Un antiquaire de l'Orne.

Et à part sous le titre :

Nécrologie. S.d.(P. 7 : Caen, imp. de Pagny, rue Froide, 25. In-8°, 7 (1) s. tit. sép.

Signé : Un antiquaire de l'Orne. Dans ce tiré à part, le texte est plus étendu : il comprend en plus les 31 dernières lignes depuis les mots :.... au bonheur d'avoir comme une gloire de pouvoir suivre même de loin.

Paru ensuite avec le titre :

Sur M. Galeron ; Par M. Léon De La Sicotière. : *Annuaire normand.* 1839, pp. 439-447.

Et à part :

Notice sur M. Galeron ; Par M. Léon De La Sicotière, Avocat. S.d. (P. 11 : Caen, imprimerie de A. Le Roy. In-8°, 11 (1) pp., sans autre tit. sép., que : Notice biographique ; Le titre ci-dessus est le titre de départ.

Cette rédaction est légèrement remaniée et un peu plus développée.

               [22]

[*Compte-rendu :*] Des villes et voies romaines en Basse-Normandie et de leur communication avec Le Mans et Rennes, Par M. de Gerville, membre de la société des antiquaires de Normandie et de plusieurs autres sociétés savantes. : *Mémorial du Calvados*. 1838, nº 105, (12 septembre), p. 2 col. 3, et p. 3 col. 1-3.   [23]

Anonyme.

[*Compte-rendu de :*] Cours d'antiquités monumentales, Par M. de Caumont, Correspondant de l'Institut. [P. 10 : Caen, Imp. et Lith. de Pagny, rue Froide, 23.

In-8º, 10 pp. s. tit. sép.

Signé : Léon De Lasicotière, Correspondant du ministère de l'instruction publique.   [24]

[*Compte rendu de :*] Cours d'antiquités monumentales, Par M. de Caumont, Correspondant de l'Institut. IIIᵉ partie. A Paris, chez Derache, libraire, rue du Bouloy, nº 7.

[P. 11 : Caen, Imp. et Lith. de Pagny, rue Froide, 23.

In-8º, 11 (1) pp. s. tit. sép.

Signé : Léon De La Sicotière, Correspondant du ministère de l'instruction publique, membre des Sociétés des Antiquaires de Normandie, et de l'Ouest. Nous ignorons où ces deux comptes-rendus ont d'abord parus.   [25]

1839

Une lettre inédite de Roland. : *Mémorial du Calvados*. 1839. nº 61 (31 mai), pp. 1 et 2, en feuilleton.

Signé : L. D. L., et daté : 12 mai 1839. M. de La Sicotière avait rencontré cette lettre dans les archives de l'hôtel-de-ville d'Alençon.   [26]

Session annuelle de l'association normande : *Mémorial du Calvados*. 1839, 5 juin, p. 2 col. 3 ; 14 juin, p. 2 col. 2 ; 16 juin, p. 2 col. 1 et 19 juin, p. 3 col. 1.

Compte-rendu anonyme de la session d'Avranches, de 1839, 20-25 mai.

Et à part sous le titre :

Session annuelle de l'association normande. [P. 42 : Caen, impr. et lith. de Pagny, rue Froide, 23.

In-8º, 42 pp., et 1 fnc. s. tit. sép.

Daté à la fin : juin 1839, et signé : Léon D. L., Inspecteur de l'association normande.

Reproduit partiellement sous le titre :

Session annuelle de l'association normande. 1839. : *L'Art en province* (Moulins, impr. Desroziers, in-4°). 1839 (4° année), pp. 217-219.

Anonyme. Contient, outre quelques lignes de préambule, toute la partie du texte relative à la visite faite au Mont-Saint-Michel le jeudi 22 mai 1839, et comprise entre les mots : *Le mont St-Michel, nom magique qui fait battre le cœur.....* et les mots : *..... des souvenirs historiques que réveille pour ainsi dire chaque partie de l'édifice?.....*

Reproduit intégralement, sans doute, d'après le *Mémorial du Calvados*, sous le titre :

Session annuelle de l'association normande. : *Annuaire du département de la Manche* (St-Lô, impr. Elie, fils, in-8°). 1840, pp. 328-355.

Signé : Léon D. L., Inspecteur de l'Association normande. Sans date.

Reproduit par partie :

Session générale annuelle tenue dans la ville d'Avranches en 1839 pour les cinq départements de l'ancienne Normandie. : *Annuaire normand*. 1840, pp. 280-299.   [27]

Le bourreau. : *Le Droit*, journal général des tribunaux (Paris, impr. Bruneau, in-fol.). 1839, n° 187 (4 août), p. 781 col 1 et 2, et p. 782, col. 1 et 2, sous la rubrique : Variétés.

Cette étude sur le nom et l'expression de *bourreau*, est signée : Léon S. L...
     [28]

Béranger. : *La Revue, Entr'acte et Vert-vert réunis*. Programme des Spectacles, Comptes rendus des pièces et des artistes ; journal de littérature, des arts et des nouvelles locales (Alençon, impr. Ralu-Malrot, in-4°). 1839, n° 14 (22 août), fnc. 1 v°, col. 1 et fnc. 2 r°, et v° col. 1 ; n° 15 (25 août), fnc. 2 r°, col. 1 et v°, col. 1 et 2 ; n° 16 (29 août), fnc. 2 r°, col. 1, et v° col. 1 et 2 ; n° 17 (1er septembre), fnc. 1 v°, col. 2 et fnc. 2 v°, col. 1 ; n° 19 (8 septembre), fnc. 2 r°, col. 1 et v°, col. 1 ; n° 21 (15 septembre), fnc. 1 v°, col. 2 et fnc. 2 v°, col. 1 et 2.

Signé à la fin du dernier article : Léon D. L.

Et à part :

> Béranger. [P. 32 : Imprimerie de Ralu-Matrot, à Alençon.
> In-8°, 32 pp.
>
> Signé et daté : Léon de La Sicotière. Septembre 1889.   [29]

[Observations à propos d'un mémoire de M. de la Pylaie, relatif aux murs vitrifiés de Ste Suzanne et de la Courbe (Orne).]
: *Congrès scientifique de France* (Paris, Derache, in-8°). 7ᵉ session tenue au Mans en septembre 1839. Tome Iᵉʳ, pp. 75-76. Sans titre.   [30]

[Observations et opinion sur la 10ᵉ question de la 2ᵉ section : *Quels avantages peut offrir l'emploi de l'armée aux grands travaux d'utilité publique ?*]
: *Ibidem.* Tome I, p. 198 (séance du 21 septembre) et tome II, pp. 144-145 (séance du 22 septembre). Sans titre.   [31]

Mémoire sur le roman historique (4ᵉ section.) Par M. De La Sicotière, membre de plusieurs sociétés savantes. : *Ibidem.* Tome I, pp. 435-487.

La discussion sur le roman historique se trouve aux pp. 331-334 (séance du 16 septembre).

Et à part :

> Mémoire sur le roman historique. Présenté au congrès scientifique de France, tenu au Mans, en septembre 1839, par M. De La Sicotière, membre de plusieurs sociétés savantes. [*Fleuron typogr.*] Au Mans, imprimerie-librairie de Ch. Richelet, Rue de la Paille, 10. 1839.
> In-8°, 55 (1) pp., chiffrées [5] 8-59.   [32]

[Opinion sur la 2ᵉ question soumise à la 5ᵉ section : *En admettant la décadence de la littérature actuelle, quelle en est la cause et quels sont les moyens d'y remédier ?*] : *Ibidem.* T. II, pp. 10-12 et 15-28 (séance des 15 et 16 septembre). Sans titre.   [33]

[M. de La Sicotière avait fait un rapport sur le mémoire de M. Hauréau, intitulé : *Critique des hypothèses métaphysiques de Manès et de Pélage* Voir : *Ibidem*, T. II, p. 33, mais sur l'observation de M. de La Sicotière, qu'il pourrait soulever une discussion sur des matières religieuses, il ne fut pas lu, et n'a, croyons-nous, jamais été imprimé.　　　　　　　　　　[34]

Excursion dans le Sonnois. : *Courrier de la Sarthe*, journal politique, industriel et littéraire.... (Le Mans, impr. Richelet, in-fol.). 1839, n° 1063 (22 novembre), p. 2 col. 3 et p. 3 col. 1-3; n° 1066 (29 novembre), p. 3 col. 1-3; n° 1070 (8 décembre), p. 3 col. 3 et p. 4 col. 2 et 3; et n° 1079 (29 décembre), p. 3 col. 3 et p. 4 col. 1 et 2. Sous la rubrique : Variétés.

Daté à la fin : Alençon, 15 novembre 1839 et signé L. D. L.

En tête du premier article, il est dit : (Nous devons la communication de ce travail plein d'intérêt à M. de La Sicotière, avocat distingué du barreau d'Alençon.

Et à part :

Excursion dans le Sonnois. (P. 28 : Au Mans, imprimerie de Ch. Richelet. — 1840.
In-8°, 28 pp. s. tit. sép.

Daté et signé à la fin comme dans la première impression.　　　[35]

Note sur l'Eglise de Mortain (Manche) et sur les stalles en bois qui s'y trouvent : Par M. De La Sicotière. : *Bulletin monumental* de De Caumont. T. V, 1839, pp. 369-381.

Et à part :

Note Sur l'Eglise de Mortain (Manche) et sur les stalles en bois qui s'y trouvent; Par M. De La Sicotière. S. *ind typ.* [Caen, impr. Hardel, 1839].
In-8°, 13-14, pp., 1 fnc. bl. S. tit. sép.　　　　　　　　[36]

Sur l'établissement d'un musée dans la ville d'Alençon; Par M. De La Sicotière, Inspecteur de l'Association normande. : *Annuaire normand.* 1839, pp. 363-372.

Et à part :

Sur l'établissement d'un musée dans la ville d'Alençon;

Par M. De La Sicotière, Inspecteur de l'Association normande. S. d. [P. 10 : Caen, imprimerie de A. Le Roy. In-8°, 10 pp., et 1 fnc. bl. S. tit. sép.

Cet écrit, sous forme de lettre, est adressé au maire et aux membres du conseil municipal d'Alençon.   [37]

1840

[Compte rendu de l'almanach de l'abbé Fret, intitulé :] Le Diseur de vérités, Almanach spécial du Perche et des départements de l'Orne et d'Eure-et-Loir pour l'année 1840. Alençon, Petiot-Fleury, libraire]

: Gazette d'Alençon et du département de l'Orne. Alençon, Ralu-Matrot, in-4°). 1840, n° 4 (26 janvier), pp 3 et 4, sous la rubrique : Variétés.

Signé L. D. L. Ce compte-rendu débute par la reproduction du Tableau de la vie des champs, poésie empruntée à l'almanach en question.   [38]

Santa-Rosa à Alençon.

: Gazette d'Alençon et du département de l'Orne (Alençon, impr. Ralu-Matrot, in-4°. 1840, n° 10 (8 mars), pp. 2 (col. 2) — 4 (col. 2).

Signé : L. D. L., et daté : Alençon, 4 mars 1840.

A propos du séjour que Santa-Rosa, chef de la révolution Piémontaise de 1821, fit dans l'été de 1822 à Alençon. Cet article est rédigé d'après celui que M. Cousin publia dans la Revue des deux mondes, 1840, 1er mars.   [39]

[Compte-rendu :] Annuaire normand pour 1840 (Sixième année).

: Gazette d'Alençon et du département de l'Orne. 1840. n° 11 (15 mars), pp. 2 col. 2 et p. 3 col. 1 et 2.

Signé : L. D. L.   [40]

[Notice biographique sans titre, sur M. Jacques-René Chorin, curé titulaire de Condé sur Sarthe, ancien vicaire de N. D. d'Alençon, chanoine honoraire de Séez] : Gazette d'Alençon et du département de l'Orne. 1840, n° 12 (22 mars), p. 3 col. 2, et p. 4 col 1 ; sous la rubrique : Nécrologie.

Signé L. D. L.   [41]

Cour d'assises de la Seine. Audience du 27 mars 1840. Un bon Gendarme. : *Gazette d'Alençon et du département de l'Orne.* 1840. n° 14 (5 avril), p. 3 col. 2, et p. 4 col. 1.

Signé L. D. L.

Il s'agit du gendarme Louis-Anselme Amesland, né à Mortagne, et qui, dans un moment de sensibilité inconsidérée, remit en liberté le marquis de Crouy-Chancel impliqué dans un complot bonapartiste. Le gendarme *sensible* fut acquitté. [42]

[*Compte-rendu :*] Bulletin monumental, ou collection de mémoires et de renseignements, pour servir à la confection d'une statistique des monuments de la France, classés chronologiquement, par les membres de la Société française, pour la conservation des monuments. Tomes 4ᵉ et 5ᵉ.

: *La Publicité,* journal des contredits politiques, industriels et littéraires (Caen, imp. Lesaulnier, in fol). 1840, n° 50 (20 avril), p. 2 col. 2 et p. 3 col. 2.

Signé : Léon de La Sicotière.

Et à part avec le même titre :

[P. 8 in fine : Caen, impr. de Lesaulnier, rue Ecuyère, 42. In-8°, 8 pp. s. tit. sép.

Signé : Léon de La Sicotière. [43]

[Article biographique sans titre, sur M. Raymond de Saint Lambert d'Alençon] : *Gazette d'Alençon et du département de l'Orne.* 1840, n° 19 (10 mai), p. 2. col. 1 et 2, et p. 3 col. 1, sous la rubrique : Nécrologie.

Signé L. D. L. [44]

[*Compte-rendu :*] Les Rayons et les Ombres, par Victor Hugo. : *L'art en province* (Moulins, typ. P.-A. Desrosiers, gr. in 4°). Tome 5, 1840-41, pp. 130 col 1 — 133 col. 1.

Signé Léon D. L. S., et daté : Alençon, 1ᵉʳ juin 1840. [45]

Publié également :

Les rayons et les ombres par Victor Hugo. : *La Publicité,*

Journal des contredits politiques, industriels et littéraires.
(Caen, imp. Lesaulnier, in fol.). 1840, (27 juillet), pp. 1 à 4
en feuilleton.

Signé : L. D. L.   [46]

Sur M. Vaugeois ; Par M. Léon De La Sicotière, Inspecteur
de l'Association normande. : *Annuaire normand.* 1840,
pp. 504-525.

Et à part :

Notice sur M. Vaugeois. [*Titre de départ :*] Notice sur
M. Vaugeois ; Par M. L. De La Sicotière, Avocat.
[P. 24 : Caen, imp. de A. Le Roy, rue Notre-Dame. 1840.
In-8°, 24 pp.   [47]

Poésie sur la mort de S. A. R. madame la duchesse de
Wurtemberg. : *La revue, entr'acte et vert-vert réunis* (Alençon,
imp. Ralu-Matrot, in-4°). 1840, n° 8 (4 juin), fnc. 1 v°, col. 2 et
fnc. 2 r°, col. 1 et 2.

Cette poésie, est d'une Alençonnaise : Adèle Faisse, se disant femme de
Valence, qui les composa en prison ou elle était détenue pour vol. M. de
La Sicotière les publia en les accompagnant de quelques mots. Cet
articulet est signé : L. D. L.

Reproduit d'après le journal ci-dessus :

Poésie. Sur la mort. . [*Le reste du titre, comme dans
l'article précédent*] : *Gazette d'Alençon et du département
de l'Orne.* 1840, n° 24 (14 juin), p. 5.   [48]

Rapport à M. le Préfet de l'Orne, sur l'abbaye et l'église de
Lonlay ; Par M. Léon De La Sicotière, Membre de plusieurs
Sociétés savantes. : *Mémoires de la Soc. des Antiquaires
de Normandie.* 1840-41 (t. XII de la collection, 2° série, t. 2),
pp. 264-299.

Daté à la fin : Alençon le 10 juin 1840.

Et à part :

Rapport à M. le Préfet de l'Orne, sur l'abbaye et l'église
de Lonlay ; Par M. Léon De La Sicotière, Membre de

plusieurs sociétés savantes. [*Fleuron typ.*] Caen, Chez A. Hardel, successeur de T. Chalopin, imprimeur de la société des antiquaires. 1841.

In-4°, 1 fnc., 37 (1) pp. couv. impr. avec le même titre dans un encadr. de filets typogr.   [49]

]Inauguration du Grand-Moulin-de-Sarthe, article sans titre, sous la rubrique : Nouvelles locales]

: *Gazette d'Alençon et du département de l'Orne.* 1840, n° 24 (14 juin), p. 1 col. 1 et 2, et p. 2 col. 1.

Signé L. D. L.

Reproduit :

* : *L'Hermine de Nantes.* 1840 (n° du 24 juin).

Et en partie, sans titre spécial :

: *Le Haro national normand.* (Caen, impr. Pagny, in-fol). 1840, n° 76 (jeudi 25 juin), p. 3 col. 1, l. 12.   [50]

Procès des Girondins. Détails sur la défense, de Dufriche-Valazé et sur le manuscrit autographe de cette défense. : *Le droit, journal général des tribunaux.* 1840, n° 148 (21 juin), p. 600 col. 2 et 3, et p. 601 col. 1 et 2, sous forme de lettre.

Signée : Léon de la Sicotière, avocat. Datée d'Alençon le 14 juin 1840.

M. De La Sicotière fut amené à écrire cette lettre après la lecture des articles relatifs au procès des Girondins que *Le Droit* avait publié dans ses n° des 24 mai et 7 juin 1840.   [51]

[*Compte-rendu de :*] Mémoires d'un sans-culotte bas-breton, par Émile Souvestre. (2 vol. in-8°. Paris. Hippolyte Souverain).

: *La Publicité.* 1840, n° 78 (24 juin), p. 3 col 1 à 3, sous la rubrique : Variétés.

Signé : L. D. L. et daté : 15 juin 1840.   [52]

Alençon. Tribunal de police correctionnelle d'Alençon. Présidence de M. Collas. Audience du 1er juillet Presse. — Matières politiques. — Question intéressante. : *Gazette d'Alençon et du département de l'Orne.* 1840, n° 28 (12 juillet), pp. 1 et 2.

Compte-rendu anonyme.

Il s'agit d'un procès fait au sieur Chauvin imprimeur à Vimoutiers et éditeur-propriétaire du journal : *Le Vimonastérien*, qui s'était occupé de politique dans ce journal, sans s'être conformé à la loi du 18 juillet 1828.

[53]

[Chronique judiciaire]

: *La Publicité.* 1840, n° 91 (22 juillet), p. 2 col. 3 et p. 3 col. 1, sous la rubrique : Cour d'assise de l'Orne. 3e Trimestre 1840.

Anonyme.

[54]

[*Compte Rendu de :*] Hier et demain, poésies par Charles Woincz (*)

(*) Un vol. in-8 ; Paris, Paulin, éditeur ; Caen, Pagny.

: *L'Echo de l'arrondissement de Morlaix.* (Morlaix, imp. V. Guilmer, pet. in fol.). 1840, n° 30 (samedi 25 juillet), fnc. 1 r°, col. 1-2, et verso, col. 1.

Signé : Léon D. L. S., et daté d'Alençon, juin 1840.

[55]

Compte-rendu de :] Dieu et famille, poésies par Céphas Rossignol (*).

* Paris, Chassamel ; Caen, Pagny. Un vol. in-8°.

: *L'Indicateur de Bayeux*, journal commercial, agricole, littéraire, d'annonces et affiches judiciaires de la ville et de l'arrondissement. (Bayeux, impr. L. Nicolle, in fol.). 1840, n° 126 (mercredi 23 septembre), p. 2 col. 1 et p. 3 col. 1-3, sous la rubrique : Variétés.

Signé : Léon D. L. S. Et daté : Alençon, août 1840.

[56]

Extrait D'un Rapport sur les monuments historiques du département de l'Orne ; Par M. Léon De La Sicotière, inspecteur des Monuments de ce département. (Nta. Ce Rapport a été adressé à M. le Ministre de l'Intérieur en novembre 1840.)

: *Bulletin monumental*, 1840 (T. VI), pp. 448-468.

Et à part :

> Extrait d'un rapport sur les monuments historiques du
> département de l'Orne ; Par M. Léon De La Sicotière,
> Inspecteur des Monuments de ce département. (Extrait du
> 6ᵉ volume du Bulletin monumental). Caen, Chez A. Hardel,
> succ. de T. Chalopin, imprimeur de l'académie et des
> sociétés savantes. A Paris, Derache, rue du Bouloy, 7. 1841.
>
> In-8°, 2 ffnc., 24 pp. ; couv. impr. avec le même titre dans
> un encadr. typogr.   [57]

Excursions dans le Maine. : *Courrier de la Sarthe, journal
politique, industriel et littéraire.* (Le Mans, imp. Richelet,
in-fol.). 1840, n° 128 (23 octobre), pp. 3 col. 1-3 et p. 4 col. 1 ;
n° 129 (25 octobre), p. 3 col. 2 et 3 et p. 4 col. 1 et 2 ; n° 132
(1ᵉʳ novembre), p. 3 col. 2 et 3 et p. 4 col. 1 ; n° 133 (4 novembre),
p. 3 col. 1-3 et p. 4 col 1 ; n° 137 (13 novembre), p. 3 col. 2-3 et
p. 4 col. 1 et 2 ; n° 138 (15 novembre), p. 3 col. 3 et p. 4 col.
1 et 2 ; n° 153 (20 décembre), p. 3 col. 3 et p. 4 col. 1 et 2 ;
n° 154 (23 décembre), p. 3 col. 3 et p. 4 col. 1-3 ; n° 155 (25 décembre), p. 3 col. 3 et p. 4 col. 1 et 2. 1841, n° 2 (3 janvier), p. 3
col. 2-3 et p. 4 col. 1-3 ; n° 4 (8 janvier), p. 3 col. 1-3 et p. 4
col. 1 et 2 ; n° 28 (5 mars), p. 3 col. 3 et p. 4 col. 1-3 ; n° 30
(10 mars), p. 4 col. 1-3 ; n° 35 (21 mars), p. 3 col. 1-3 ; n° 40
(2 avril) p. 3 col. 2 et 3 et p. 4 col. 1 et 2.

Signé à la fin du dernier article : Léon de la Sicotière, et daté : Alençon
août 1839, octobre 1840.

Le n° 42 (7 avril 1841) contient, p. 2, col. 1, une note, signée L. D. L.,
sans titre et qui contient quelques rectifications.

Et à part, avec des remaniements :

> Excursion dans le Maine. [P. 120 : Au Mans, imprimerie
> de Ch. Richelet. — 1841.
>
> In-8°, 120 pp. s. tit. sép.

Daté à la fin, et signé. Alençon, août 1839 — octobre 1840. Léon de
la Sicotière.   [58]

[*Compte-rendu :*] Les nationales, poésies de Charles Woinez (¹).
L'apothéose de Napoléon, Chants dithyrambiques, par A. The-
venot, (²) (de la Creuse.)

(1) Un vol. in-12 ; Paris, au bureau de l'Almanach Populaire ; prix 1 fr. 25 c.

(2) Brochure in-8° ; Caen, Léonce Haulard ; Paris, Jules Laisné et Delloye ; prix 1 fr.

⠆ *L'Art en province.* tome V, 1840-41, pp. 301 col 1 — 304 col 1.

Signé : Léon D. L. J. (pour D. L. S.) et daté : Alençon, septembre 1840.

Paru également avec le même titre : Revue de l'Orne, journal littéraire et artistique. Alençon, impr. Poulet-Malassis, gr. in-4°). 1841, n° 2 (7 février), p. 1 col. 1 et 2 et p. 2 col. 1 ; n° 3 (14 février), pp. 1 et 2.

Signé : L. D. L.   [59]

1841

Les ponts de Sarthe. ⠆ *Revue de l'Orne* (Alençon, impr. Poulet-Malassis, gr. in-4°). 1841, n° 1 (31 janvier), p. 2 col. 1 et 2 et 1 pl. en lithogr. : Vue prise du pont de Sarthe à Alençon. Dessinée par A. Oudinot. Lith. de Monnoyer au Mans.

Signé : L. D. L.   [60]

[Article nécrologique sans titre, sous la rubrique : Nécrologie, sur M. Pierre-Jacques Masson, notaire à Alençon.] ⠆ *Revue de l'Orne.* 1841, n° 3 (14 février), p. 3 col. 2 et p. 4 col. 1.

Signé : Léon de la Sicotière.   [61]

Ancienne porte du Maine, à Alençon. ⠆ *Ibidem.* 1841, n° 6 (7 mars), p. 1 col. 1.

Anonyme. Cet article est accompagné d'une planche lith. par M. Eugène D. M. (Le Mans, lith. Monnoyer.)   [62]

Eglise d'Ecouché ⠆ *Ibidem.* 1841, n° 6 (7 mars), p. 1 col. 2, et planche lith. par Alphonse, 1841. (Le Mans, lith. Monnoyer).

Anonyme.   [63]

[Article sans titre (entrefilet) sur la destitution de M. Léon

Masson, sous-préfet de Sancerre] : *Revue de l'Orne.* 1841, n° 7
(14 mars), p. 3 col. 2.

Anonyme. *Incipit :* Quelques journaux annoncent la destitution de M. Léon
Masson..... [64]

[*Compte-rendu-annonce,* sans titre : du *Cortège des vivants,*
poésie de A. Thevenot] : *Ibidem.* 1841, n° 8 (21 mars), p. 2
col. 1.

Anonyme. [65]

Littérature. [Article sous cette rubrique, relatif au succès de la
Revue de l'Orne] : *Ibidem.* 1841, n° 9 (28 mars), p. 2 col. 1 et 2.

Anonyme. [66]

Associations charitables. II. Société pour le patronage des
jeunes condamnés libérés du département de l'Orne. : *Ibidem.*
1841, n° 11 (11 avril), p. 1 col. 1 et 2 et p. 2 col. 1.

Signé : L. D. L. [67]

Idées Saint-Simoniennes. : *Ibidem.* 1841, n° 11 (11 avril),
p. 2 col. 1.

Anonyme. [68]

Nouvelles d'Alençon. [Suicide de M. Beucher, greffier du
tribunal d'Alençon. (entrefilet)] : *Ibidem.* 1841, n° 11 (11 avril),
p. 3 col. 2 et p. 4 col. 1.

Anonyme.

Voir sur le même sujet : *Ibidem,* n° 12 (18 avril), entrefilet anonyme,
sans titre sous la rubrique : Nouvelles d'Alençon et du département,
p. 3, col. 1.
Et aussi : *Ibidem,* n° 13 (25 avril), p. 3 col. 2. Article anonyme
[par Curial, de Vilette et L. de La Sicotière.] [69]

Assises du 2ᵉ trimestre de 1841, Présidence de M. Lainé-
Deshayes, conseiller à la cour royale de Caen. [*Compte-rendu*].
: *Ibidem.* 1841, n° 13 (25 avril), p. 3 col. 1, audiences des
19 et 20 avril ; n° 14 (2 mai), p. 2 col 1 et 2, p. 3 col. 1,
audiences des 21, 22, 23 et 24 avril.

Anonyme. [70]

Le *Salve regina* de la Trappe : *Revue de l'Orne*. 1841, n° 17 (23 mai), p. 3 col. 1 et 2.

Anonyme. [71]

D'un projet d'exposition départementale à Alençon. : *Revue de l'Orne*. 1841, n° 18 (30 mai), pp. 1 et 2 col. 1 ; n° 19 (6 juin), pp. 1 et 2.

Signé L. D. L.

Et à part :

D'un projet d'exposition départementale à Alençon. [P. 7 : Impr. de Poulet-Malassis.
In-8°, 7 (1) pp. s. tit. sép. [72]

Château de Nonant : *Ibidem*. 1841, n° 19 (6 juin), p. 1 col. 1 et planche lith. par Xavier de Blavel. (Lith. Levavasseur à Falaise).

Anonyme. [73]

Nouvelles d'Alençon et du Département. : *Revue de l'Orne*. 1841.

Sous cette rubrique figurent une série d'entrefilets sans titre, et anonymes, dont plusieurs sont de M. de La Sicotière ; en voici l'indication :

N° 19 (6 juin 1841), p. 4, col. 1 : Installation de M. Vaulogé en qualité de procureur du roi à Alençon ; Compte-rendu de l'assemblée du patronage des condamnés libérés du 9 mai. Col. 2 : Ouverture des bains de Bagnoles ; Annonce d'un concert de M. de Santa Pau.

N° 20 (13 juin), p. 4 col. 1 : Annonce de la réunion de l'Association normande, à Alençon pour le 15 juin.

N° 22 (27 juin), p. 4 col. 1 : Banque paternelle ; Compte rendu de la réunion de l'Association normande à Alençon ; Note relative à un ouvrage de M. Ferdinand de Lasteyrie sur les vitraux peints.

N° 40 (31 octobre), p. 3 col. 2 : Note relative à la date de la naissance de Jacques Hébert, *le Père Duchesne*. [74]

Rapport de M. de la Sicotière [sur une promenade archéologique faite à la cathédrale d'Angers et à Lesvière] : *Séances générales tenues en 1841 par la société française pour la conservation des monuments historiques*. (Caen, Hardel, 1841, in-8°). Pp. 86-92, et aussi : *Bulletin monumental*, t. VII, 1841, pp. 454-460. [75]

Rapport de M. de la Sicotière [sur l'église S. Serge d'Angers.] : *Séances générales tenues en 1841 par la soc. franç. pour la cons. des monum. historiques.* (Caen, Hardel, 1841, in-8°). Pp. 111-115, et aussi : *Bulletin monumental,* t. VII, 1841. Pp. 479-483.   [76]

[Mémoire sur les singularités nombreuses de la liturgie catholique.]

Ce travail dont la première partie avait été composée d'après les proses, fut lu à la séance du 31 juillet 1841 de la société des Antiquaires de Normandie. Il n'a pas été publié.   [77]

Histoire du théâtre alençonnais. : *Revue de l'Orne.* 1841, n° 21 (20 juin), p. 2 col. 2 et p. 3 col 1 ; n° 27 (1er août), p. 2 col. 1 et 2, p. 3 col. 1.

Ce travail se compose d'un préambule anonyme, mais dont l'auteur est M. de Vilette, et de deux lettres signées : Le Vieil Amateur. Ce pseudonyme cache M. de La Sicotière.   [78]

Ruines du château de Ballon (Sarthe). : *Revue de l'Orne.* 1841, n° 33 (12 septembre), p. 1 col. 1.

Anonyme. Sert d'explication à la pl. lith., accompagnant ce n°, et dessinée par A [chille] O [udinot]. Lith. de Monnoyer au Mans.   [79]

[*Compte-rendu du :*] Rapport sur l'Histoire du Château de Blois, de M. De La Saussaye, Par M. Léon de la Sicotière, membre correspondant. : *Bulletin de la Soc. des Antiquaires de l'Ouest,* (Poitiers, Fradet et Barbier, 1841, in 8°). Année 1841-43 (Tome 3), pp. 1-13.

Et à part :

Rapport sur l'histoire du château de Blois, de M. de la Saussaye, Présenté à la Société des Antiquaires de l'Ouest, Par M. Léon de la Sicotière, inspecteur des monuments historiques du département de l'Orne, membre de plusieurs sociétés savantes. Poitiers, de l'imprimerie de Saurin frères. 1841.

In-8°, 15 (1) pp.   [80]

Réponse pour 1° la dame Anne Gahino, épouse dûment assistée et autorisée du sieur Nicolas-Napoléon Manavit ; 2° la demoiselle Françoise Gahino, toutes deux demeurant à Alençon, légataires de feu M. Jean-Hyacinthe Dumellenger ;

Mᵉ Gouais-Lanos, avoué ; Aux conclusions De M. Marie-Pierre Dumellenger, héritier bénéficiaire de M. Jean-Hyacinthe Dumellenger, son frère ; Mᵉ Hommey-Margautier, Avoué.

[P. 36 : Poulet-Malassis, Imp. S. l. [Alençon], s. d. [1841].
In-4°, 36 pp.

Le nom de M. de la Sicotière, l'un des avocats, se lit au bas.   [81]

1842

Histoire du collége d'Alençon ; Par M. Léon De La Sicotière, inspecteur divisionnaire de l'Association normande. : *Annuaire normand*. 1842, pp. 366-442.

Et à part :

> Histoire du collége d'Alençon ; par M. Léon de La Sicotière, Avocat. [P. 78 : Caen, imp. de H. Le Roy. S. d.
> In-8°, 78 pp., et 1 fnc. (errata), s. tit. sép.   [82]

Notice Sur les Vitraux de l'église de N.-D. d'Alençon, Par M. Léon De La Sicotière, Inspecteur des Monuments historiques de l'Orne. : *Bulletin monumental* (de De Caumont). Tome VIII, 1842, pp. 105-115.

Et à part :

> Notice sur les vitraux de l'église Notre-Dame d'Alençon, par M. Léon De La Sicotière, Inspecteur des monuments historiques de l'Orne. [*Fleuron typ*.] Caen, imprimerie de A. Hardel, Rue Froide, n° 2. 1842.
> In-8°, 15 (1) pp.

Publié aussi sous le titre :

> Notice sur les vitraux De l'Eglise Notre-Dame d'Alençon.

: *L'art en province.* Tome VI, 1842, pp. 270 col. 1 — 273 col 1.

Signé : Léon de la Sicotière, Correspondant du ministère de l'instruction publique pour les travaux historiques. Et daté : Alençon, 1842.

[83]

[Note sans titre et s. ind. typ. [Alençon 1842], relative à M. Quesnel peintre].

In-12 1 f. imprimé au rᵒ seulement, sans nom d'auteur.

Cette note semble être un tiré à part d'un article publié dans un journal. En voici l'*incipit :* M. Quesnel, dont les jolis tableaux ‖ étaient un des principaux ornements de ‖ notre Exposition de 1842......   [84]

1843

Antiquités. Monuments historiques. — Edifices publics ˙ [*En note.*] ˙ Notes de Mʳ L. D. L. : *Annuaire de l'Orne* pour 1843. (Session de 1842) sous la rubrique : Statistique des cantons d'Alençon est et ouest. Pp. 482-519.   [85]

Exposition des produits de l'industrie et des arts à Alençon, en 1842. Compte-rendu. Alençon, typographie de Poulet-Malassis, place d'Armes. 1843.

In-8°, 45 (1) pp., et 1 fnc. bl. La couvert. impr. sert de titre.

Contient pp. 6-39, l'extrait analytique, présenté à la Commission par M. de La Sicotière, l'un de secrétaires, des rapports de chaque section. La 4ᵉ section : Beaux-arts, avait pour rapporteur M. de La Sicotière.

Reproduit :

Exposition des produits de l'industrie et des arts, à Alençon, en 1842. : *Annuaire de l'Orne* pour 1843, pp. 521-566   [86]

Visite faite au monastère de la Trappe, Le 17 juillet 1843. : *Annuaire normand.* 1843, pp. 246-254.

Contient pp. 247-254 le procès-verbal de cette visite faite par l'Association normande, rédigé sous forme de rapport par M. de La Sicotière.

Et à part :

> Visite Faite par l'Association normande au monastère de
> la Trappe, Le 17 juillet 1843. Rapport de M. Léon De La
> Sicotière, Inspecteur divisionnaire de l'Association.
> [P. 8 : Caen, Imp. de H. Le Roy.
> In-8°, 8 pp., s. tit. sép.   [87]

Notice sur les annuaires du Département de l'Orne ; Par
M. Léon De La Sicotière, inspecteur divisionnaire de l'Association normande. : *Annuaire normand.* 1843, pp. 479-496.

Et à part :

> Notice.... [*même titre que celui ci-dessus. S. ind. typ.*]
> In-8°, 18 pp., 1 fnc. bl. s. tit. sép.   [88]

Rapport sur la collection de Mme de la Sayette, par M. de la
Sicotière. : *Journal de la Vienne,* politique, littéraire, agricole
et administratif. (Poitiers, Saurin frères, impr. pet. in-fol). 1843,
n° 67 (6 juin), p. 284 col. 1 et 2, dans le Compte rendu du
Congrès archéologique de Poitiers, séance du 3 juin 1843.

Et à part :

> Rapport Fait au Congrès archéologique de Poitiers, sur
> le cabinet d'antiquités de Mme De La Sayette, dans la séance
> du samedi 3 juin 1843, Par M. de la Sicotière. [P. 3 :
> Poitiers. — Imp. de F.-A. Saurin.
> In-16, 3 (1) pp., s. tit. sép.
>
> Reproduit sous le même titre :
>
> : *Séances générales tenues en 1843, par la soc. franç.
> pour la conservation des monuments histor.,* pp. 194-196 ;
> ainsi que : *Bulletin monumental,* t. IX, pp. 554-556 ;
> et : *Mémoires de la Soc. des Antiqu. de l'Ouest* (Poitiers,
> Fradet et Oudin, impr., in-8°). 1843, (tome X), pp. 502-504.
>
> Cette collection a été mise en vente en avril 1860.   [89]

[M. de La Sicotière a signé en qualité d'inspecteur divisionnaire de l'Orne la circulaire de convocation lancée par l'Associa-

tion normande (fondée à Caen en 1832), pour la session générale annuelle de 1843, tenue à Mortagne le 15 juillet et jour suivant.

Cette circulaire qui forme 1 fnc. in-8° imprimé au r°., *s. ind. typ.* est datée de Mortagne, le 25 juin 1843 et signée par MM. A. de Caumont, Ed. de Blanpré et Léon de la Sicotière.   [90]

Les Rois et les Princes à Alençon. ⁝ *Journal d'Alençon.* 1843, n° 32 (dimanche 6 août), p. 1 col. 1-3, et p. 2 col. 1 et 2.

Anonyme. Cet article, écrit à l'occasion de la visite du duc et de la duchesse de Nemours, est relatif aux visites et séjours faits à Alençon depuis le XII° siècle, par les rois de France et les princes du sang.   [91]

[Discours prononcé par M. de La Sicotière, à la séance publique annuelle du 16 août 1843 de la Société des Antiquaires de Normandie, en qualité de directeur de cette Société. ⁝ *Mémoires de la Soc. des Antiquaires de Normandie.* 1842-43, (t. XIII de la collection ; 2° série, t 3), pp. XXIX-LI.

Dans ce discours il a essayé de retracé le tableau de la cour de Marguerite de Navarre à Alençon et de donner une esquisse de la littérature française de cette époque.

Et à part :

La cour de la reine de Navarre, à Alençon. Discours lu par M. Léon De La Sicotière, président de la Société des Antiquaires de Normandie, le 16 août 1843, dans la séance publique annuelle de cette Société. Caen, A. Hardel, imprimeur-libraire, rue Froide, n° 2. 1844.

In-4°, 35 (1) pp. ; la couvert. impr. porte en plus du titre ci-dessus : Extrait des Mémoires de la Société des Antiquaires de Normandie. Tome III, in-4°. 2° série.

Reproduit fragmentairement :

⁝ *Le National du Calvados,* journal de la stabilité constitutionnelle et des progrès sociaux. (Caen, imp. Lesaulnier, in fol.). 1843, n° 11 (18 août), p. 2 col. 1-3.

Comptes rendus de la séance de la société des antiquaires :

Anonyme. ⁝ *Le Haro* national normand (Caen, imp. Pagny, in fol.). 1843, n° 96 (17 août), p. 3 col. 2.

Anonyme. ⁝ *Le Pilote du Calvados,* (Caen, imp. Poisson, in fol.). 1843, n° 99 (19 août), fnc. 2 r°, col. 1.   [92]

Congrès scientifique d'Angers. : *Courrier de la Sarthe, de l'Orne et de la Mayenne,* journal politique, industriel et littéraire (Le Mans, impr. Ch. Richelet, in fol.). 1843, n⁰ˢ 280 (mercredi 18 octobre), p. 3 col. 1 et 2 et p. 4 col. 1 et 2 ; *Suite :* n° 281 (vendredi 20 octobre), pp. 3 col. 1, — 4 col. 2.

Signés : L..... et L. C'est le compte-rendu de la onzième session du Congrès scientifique de France, tenue à Angers du 1ᵉʳ au 12 septembre 1843.

Publié également avec le titre :

: *Le National du Calvados* (Caen, impr. Lesaulnier, pet. in fol.). 1843, n° 39 (23 octobre), p. 4 col. 2 et 3 ; et n° 40 (mercredi 25 octobre), p. 4 (suite et fin) col. 1 et 3.

Signé : L. D. L.

Sur la part prise à ce congrès par M. de La Sicotière, voir : *Congrès scientifique de France.* Onzième session, tenue à Angers, en septembre 1843. Tome I (Procès-verbaux des séances, pp. 91 et 92, 142 et 143, 147, 148, 298; 299, 323, 326, 331, 346, 388, 395, 397, 399, 401, 405, 406, 411, 412, 414, 415 et 418.   [93]

[Discours prononcé à Angers à la cérémonie d'inauguration de la statue du Roi René, le jeudi 7 septembre 1843. : *Congrès scientifique de France.* 11ᵉ session tenue à Angers, en septembre 1843. Tome I (Procès-verbaux des séances), pp. 86-87. Et reproduit : *Journal de Maine et Loire et de la Mayenne.* (Angers, impr. de Cosnier et Lachèse, in fol.). 1843, n° 211 (samedi 9 septembre), fnc. 2 r°, col. 3.

M. de Quatrebarbes répondit par un discours qui se trouve à la suite de celui de M. de La Sicotière.   [94]

Rapport sur le mémoire de M. Ménard-Bournichon, relatif à la huitième question de linguistique, Par M. De La Sicotière, d'Alençon. : *Congrès scientifique de France.* 11ᵉ session tenue à Angers en septembre 1843. Tome II (Mémoires), pp. 378-380.
      [95]

[*Compte-rendu :* Jeanne d'Arc, Poésie en 6 chants, Par M. F. Amand De Gournay (1).

(1) Un vol. in-12 ; Paris, chez Gosselin ; Caen, chez Rupalley. Prix : 3 fr. 50.

: *Journal d'Alençon.* 1843, n° 44 (dimanche 29 octobre), p. 1 col. 2, 3 et p. 2, col. 1 à 3.

Signé : Léon D. L.   [96]

1844

Statistique du canton de Sées : *Annuaire de l'Orne* pour 1844.
Pp. 431-463.

Parmi les diverses parties dont se compose ce travail, on trouve une
Notice sur la cathédrale de Séez (pages 443-463), signée L. D. L., et qui est
de M. de La Sicotière.

Cette notice a été publiée à part :

Notice sur la cathédrale de Séez, par M. Léon De La
Sicotière, inspecteur des monuments historiques du dépar-
tement de l'Orne. [*Fleuron typ.*] Alençon, typographie de
Bonnet, ancienne maison Malassis, rue des Filles-Notre-
Dame, près le théâtre. 1844.

In-8°, 24 pp. sans la gravure.

La couverture imprimée porte le même titre imprimé avec d'autres
caractères et entouré d'une bordure formée de filets et fleurons typographiques.

Ce travail a également été publié :

La cathédrale de Séez. : *La Mosaïque de l'Ouest.* 1845-
1846 (2ᵉ année), pp. 308 col. 1. — 311 col. 2; pp. 323-328
col 1. avec gravures : vue de la cathédral de Séez p. 323,
signée : A. Jourdain, sans nom de dessinateur.

Il est dit en note : « Cette notice est due à la plume distinguée de
M. de la Sicotière. » Cet article reproduit le précédent, du moins pour
tout ce qui concerne la cathédrale. Le commencement et la fin ont été
ajouté.

Réimprimé sans presque de changements dans l'*Orne pittoresque*
(Voir infra n° 111). Une partie de cet article a été insérée : *Guide du
voyageur dans la France monumentale*, par RICHARD et HOCQUART.
Paris, Maison, *s. d.* (c. 1846), in 12, pp. 79 et 80.   [97]

L. A. Piel, architecte et dominicain. [*Epigraphe :*] « Tel en
en aimant Dieu de tout son cœur, a appris des choses toutes
divines, et en a parlé d'une manière merveilleuse. Et a fait plus
de progrès en renonçant à tout, qu'il n'en aurait fait en étudiant
ce qu'il y aurait de plus subtil. » *Imitation de J.-C.*, liv. III,
ch. 43. : *Revue de Caen*, bulletin de l'instruction publique et des
sociétés savantes de l'Académie de Caen. (Caen, impr. A. Hardel,

in 8°). 4e année, 1844, (2e volume), pp. 73-90, sous la rubrique : Mélanges.

Signé Léon D. L. S.

Le nom est dévoilé à la table p. 156.

Et à part :

Notice sur L. A. Piel, architecte et Dominicain ; Par M. Léon De La Sicotière, Membre de plusieurs sociétés savantes. [*Epigraphe pareille à celle ci-dessus.*] Caen, Imprimerie de A. Hardel, rue Froide, n° 2. 1844.

In-8°, 18 pp.

Cette notice est une analyse de la *Notice sur Louis-Alexandre Piel,* faite par M. Amédée Teyssier.

Il existe un autre tirage de cette notice dont je n'ai vu que les 8 premières pages, cotées 37-41. Est-ce un tiré à part ? je n'ai pu le découvrir. Le texte est le même que dans le précédent, mais l'imposition est différente.

Compte rendu : [LALMAND (l'abbé] : *Journal de l'arrondissement de Valognes.* (Valognes, impr. Carette-Bondessein, in fol.). 1844, n° 40 (4 octobre), p. 3 col. 2 et 3 (Eloges).

Anonyme.   [98]

Observations sur le symbolisme religieux, Par M. Léon de la Sicotière, Membre correspondant. : *Mémoires de la soc. des antiquaires de l'Ouest* (Poitiers, Létang et Oudin, libr., in-8°). 1844 (tome XI), pp. 121-146.

Et à part :

(Extrait des Mémoires de la Société des Antiquaires de l'Ouest. Observations sur le symbolisme religieux. Par M. Léon de la Sicotière, Membre correspondant.

[P. 26 : Poitiers. — Imp. de F.-A. Saurin. S. d.

In-8°, 26 pp. 1 fnc. bl., s. tit. sép.   [99]

[Notes sur des antiquités romaines découvertes à Mont-Saint-Jean (Sarthe), près de Fresnay, dans un pré dépendant de la ferme de Roullée et appartenant à M. le vicomte de Dreux-Brézé] : *Journal des savants de Normandie* (Caen, impr. Manoury, in-8°). 1844, pp. 316-319 ; Bulletin. S. titre.

Signé : Léon de La Sicotière.

Publié aussi sous le titre de :

Antiquités romaines de Mont-S*-Jean (Sarthe). : *Le Nouvelliste Alençonnais*, journal du département de l'Orne, feuille non politique (Alençon, impr. Bonnet, in fol.). 1844, n° 45 (dimanche 10 novembre), pp. 1 col. 1-3 et p. 2 col 1.

Signé : L. D. L.

[100]

Conseil municipal d'Alençon. Séance du 23 novembre 1844. Subvention pour l'établissement du chemin de fer de Caen à Alençon, avec embranchement sur la ligne de Paris à Rennes. Rapport. Alençon, Imprimerie de Bonnet, rue des Filles-Notre-Dame, 1844.

In-8°, 12 pp.; la couvert. imprimée sert de titre.

Anonyme.

[101]

Julien Riqueur, poète français du XVIᵉ siècle. : *Journal des savants de Normandie*. 1844, pp. 906-948.

Signé : Léon de La Sicotière.

Et à part :

Julien Riqueur, poète français du XVIᵉ siècle, par M. Léon De La Sicotière, ancien directeur de la société des antiquaires de Normandie.

[P. 44 : Caen, imp. de Pagny, rue Froide, 29. S. *d.*

In-8°, 44 pp., s. tit. sép.

[102]

Carrouges : *La Mosaïque de l'Ouest* publiée sous la direction de M. Émile Souvestre (Angers, Cosnier et Lachèse, Charles Lebossé, libr.-édit., gr. in 8°). 1844-1845 (1ʳᵉ année), pp. 29-31, avec gravure p. 29 : Pavillon du château de Carrouges, signée : A. Oudinot del. Godard sc. ; pp. 41-42 avec gravure p. 41 : Intérieur du château de Carrouges, signée : Roland sc., et A. (Oudinot ?) ; pp. 77-81.

Signé : L. de la S.

Et à part :

Le château de Carrouges.
Angers, imprimerie de Cosnier et Lachèse. 1844.

In-16, 21 (1) pp., 1 fnc. bl. et 2 pl. gr. sur bois, se dépliant.

Reproduit en partie dans un article sur Bagnolles de Mme de Renneville publié dans le *Courrier de l'Ouest*, 1869, n° 98 (21 août), fnc. 2 r°, col. 1 et 2.

Cet article a été reproduit presqu'entièrement dans l'*Orne pittoresque*, p. 30, et depuis dans le *Magasin pittoresque*. De plus, Woinez le réimprima à Caen sous le même titre et sans indication d'auteur : *Le Petit Poucet*, journal littéraire et commercial. (Caen, impr. Woinez, in 4°). 1845, n° 35 (3 novembre), p. 3 col. 3 et p. 4 ; n° 36 (5 nov.), p. 3 col. 2 et 3 ; n° 37 (12 nov.), p. 3 col. 3 ; n° 39 (15 nov.), p. 3. col. 2 et 3 ; n° 40 (19 nov.), p. 3 col. 1 et 2 ; et n° 41 (22 nov.), p. 3 col. 2 et 3.   [103]

Les Genettes. Valazé (conventionnel). — Des Genettes. — Général Valazé. : *La Mosaïque de l'Ouest*. 1844-1845 (1re année), pp. 138 col. 2 — 142 col. 1 avec portrait de Valazé p. 140 col. 2, et vue de : Les Genettes, p. 141 ; pp. 210 col. 1 — 218 col. 1 ; pp. 325 col. 1. — 332 col. 1., portrait de Desgenettes gr. par Godard (?) p. 325 col. 2. Ces gravures portent le monogramme du dessinateur Oudinot.

Signé : L. de la S. Une suite à une prochaine livraison est annoncée à la p. 332 col. 1. Elle n'a jamais paru croyons-nous. Cette notice sur les Genettes a été reproduite par M. de La Sicotière, dans l'*Orne pittoresque*.   [104]

Château de Rânes : *La Mosaïque de l'Ouest*. 1844-1845 (1re année), pp. 377 col. 1 et 2, et p. 378 col. 1 avec, gravure : vue du château, p. 377, signée : A. Oudinot, del. A. Jourdain.

Signé : L. de la S. Reproduit dans l'*Orne pittoresque*.   [105]

1845

Courtes observations sur un mémoire concernant les avantages du passage par Le Mans du chemin de fer de Paris à Rennes. [*Armes d'Alençon*] Alençon, Imprimerie de Bonnet, rue des Filles-Notre-Dame, près le théâtre. S. d. [*la couverture impr. porte la date 1845.*

Pet. in-8°, 8 pp.. La couvert. impr. porte le même titre

avec la date en plus) imprimé avec des caractères et une imposition différente.

Ces observations datées *in fine :* Alençon le 12 mars 1845, sont signés des délégués du Conseil municipal d'Alençon auprès de la commission centrale : Cte Curial. — Pihan. - Léon de La Sicotière.   [106]

De l'enquête sur le chemin de fer de Caen à Alençon : *Nouvelliste Alençonnais.* 1845, n° 13 (30 mars), p. 1-3.

In-8°, 11 (1) pp., s. tit. sép.

Et à part :

[*Même titre.*] [P. 11 : Alençon. — Imp. de Bonnet. S. *d.*

Anonyme.   [107]

Conseil municipal d'Alençon. Séance du 3 avril 1845. Chemin de fer de Caen à Alençon.

[P. 4. Alençon. — Imp. de Bonnet. S. *d.*

In-8°, 4 pp. s. tit. sép.

Anonyme.

Reproduit :

[Sous la rubrique : Alençon.] : Nouvelliste Alençonnais. 1845, n° 15 (13 avril), p. 1 col. 1 et 2.

Anonyme.   [108]

Conseil municipal d'Alençon. Séance du 22 avril 1845. Chemin de fer de Paris à Rennes par Alençon. [*Armes d'Alençon*].
Alençon, imprimerie de Bonnet, rue des Filles-Notre-Dame.
In-8°, 8 pp.

Reproduit :

[Sous la rubrique: Conseil municipal d'Alençon.] : *Nouvelliste Alençonnais.* 1845, n° 17 (27 avril), p. 1 et 2.   [109]

Note sur les projets de chemins de fer de Paris à Rennes et de Paris à Caen et Cherbourg par le département de l'Orne. : *Annuaire de l'Orne,* pour 1845. pp. 203-219.

Anonyme. Il est dit en note : « Nous n'avons pas oublié l'engagement que nous prenions en 1843 de donner chaque année, dans l'Annuaire de l'Orne, la statistique de deux cantons du département ; nous avions même rédigé, pour remplir cet engagement, une statistique du canton de Laigle ; mais nous avons dû en ajourner la publication en présence de documents d'un intérêt plus actuel et plus pressant que le peu d'étendue du cadre de l'Annuaire ne nous eût pas permis d'y insérer en même temps. »   [110]

Le département de l'Orne archéologique et pittoresque, par MM. Léon de la Sicotière et Auguste Poulet-Malassis, et par une société d'antiquaires et d'archéologues. [*Vignette gr. sur bois : Armes d'Alençon*]. Laigle, J.-F. Beuzelin, libraire-éditeur. 1845. [*Au v° du faux-titre :* Alençon, Imprimerie de Poulet-Malassis, place d'Armes. *A la p. 304 :* Paris. — Imprimerie d'Adrien Le Clere et Cᵉ, Rue Cassette, 29, près Saint-Sulpice.

In-folio, 3 ffnc., (faux-titre et titre), xxii pp. (introduction), 306 pp. chiffrées 304 ; il y a un encart d'un feuillet chiffré 98 *bis* et 98 *ter*, (Texte, pp. 1-299 ; liste des planches, p. 300 ; table analytique sur 3 col., pp. 301-304), et 1 fnc., (table des articles avec l'indication des auteurs) ; plus 107 planches lithographiées en noir et en couleur (exécutées à L'Aigle par Dupuis), et une carte (se dépliant), intitulée : Carte communale du département de l'Orne dessinée par J.-F. Beuzelin ancien géomètre du cadastre. 1849. Echelle 1 : 160.000. [Au bas : Gravé par Gratia et Schwaerzlé à Paris.

La première idée de ce travail appartient à MM. V. Dupuis imprimeur-lithographe à L'Aigle et J.-F. Beuzelin, géomètre et libraire à L'Aigle. La publication qu'ils avaient faite d'un dessin de l'église S. Martin de L'Aigle, leur donna la pensée d'explorer l'Orne et de consacrer à ses monuments un ouvrage archéologique et pittoresque, à l'imitation de ce qui avait été fait pour d'autres départements.

Voici de quelle façon ils concevaient le plan de ce livre :

« ..... Une livraison tous les quinze jours, du prix de 75 centimes,
« composée de deux dessins au crayon ou au trait, selon la nature de
« l'objet à représenter, et un certain nombre de pages de texte.... Nos
« dessins au crayon seront : les églises, vues intérieures et extérieures : les
« châteaux et de grands détails dont la richesse se perd dans les dessins
« d'ensemble ; tels que : cheminées, tableaux, bas-reliefs et chapiteaux.
« Les vitraux, meubles, armes, et les ornements d'églises, le dessin au
« trait nous les reproduira fidèlement. Voilà pour le côté artistique. Quant
« au texte dont le fond et la forme doivent être traités sérieusement,
« il nous servira à faire connaître au point de vue historique, les actions
« dont le département a été le théâtre ; forcé quelquefois de s'en éloigner
« pour suivre l'histoire, notre ouvrage n'en aura que plus d'importance.
« L'érection des abbayes des églises ; les donations de vitraux, etc., n'étant
« que le résultat de vœux et d'actions de grâce de nos pieux ancêtres, la
« réunion de la partie archéologique à la partie historique est toute

« naturelle....... Notre but est de donner à notre pays un livre qui plaira
« non seulement aux archéologues, mais encore aux personnes que l'aridité
« ordinairement répandue dans ce genre d'ouvrage empêche d'en devenir
« acquéreurs........ » (*Extrait d'une lettre adressée à M. de La Sicotière*,
1844, 6 octobre).

Dupuis et Beuzelin confièrent aux dessinateurs Dieudonné Lancelot et
E. Thérond la partie artistique de leur publication. Pour le texte ils
s'adressèrent à divers écrivains et érudits, mais surtout à M. de La Sicotière qui en rédigea la plus grande partie. En effet, des 73 articles qui
composent l'*Orne pittoresque*, 53 sont de lui. Vers la fin de 1847, il prit la
direction définitive de l'ouvrage dont l'achèvement était très compromis par
suite du mauvais état des affaires de Beuzelin. Celui-ci ruiné, quitta
bientôt le pays, et ce fut la persévérance tant matérielle qu'intellectuelle
de M. de La Sicotière qui permit d'achever cet ouvrage. La publication
dura de 1845 à 1852 (juin). L'impression commencée par Poulet-Malassis,
fut continuée à partir de 1847 (mars) chez Bonnet à Alençon ; enfin tout le
reste (feuilles 61 à 76) fut imprimée à Paris chez Adrien Le Clère et Cⁱᵉ.

D'après nos recherches, il semble que le tirage a été de 650 à 700 exemplaires, pour la partie imprimée chez Poulet-Malassis et chez Bonnet ; les
feuilles 63 à 75 furent tirées à 675 exemplaires, et la feuille 76 à 500 exemplaires seulement, le papier ayant manqué pour en faire davantage. Les
exemplaires bien complets de l'*Orne pittoresque* sont rares ; la carte
manque à plusieurs et cela provient peut-être de ce que Beuzelin l'a
vendue à part, comme le prouve un prospectus-affiche que nous avons vu.

M. de La Sicotière a utilisé dans cet ouvrage plusieurs de ses travaux
antérieurs : de même divers articles ou parties d'articles de l'*Orne
pittoresque* ont été réimprimés plus ou moins intégralement dans d'autres
publications. Voici quelques indications, à titre d'exemples. Des parties de
l'introduction (pp. VIII, IX, X, XII, XV) ont été reproduites, sans indication
de sources, dans l'article intitulé : Histoire de l'ancien duché d'Alençon,
jusqu'à l'époque de l'occupation normande : *Almanach de l'Orne* pour 1858,
pp. 99-106, (Voir surtout les pp. 99, 100 et 101). La notice sur Séez
(p. 1) n'est guère que la reproduction de celle que M. de la Sicotière
avait publié en 1844 (V. supra n° 97). L'article sur Ranes p. 14 est
emprunté presque textuellement à celui qui figure dans la *Mosaïque de
l'ouest*, (n° 105 ci-dessus). La notice sur Carrouge p. 30 est presqu'en
totalité et avec de très légers changements celle publiée en 1844-45
(n° 103, et 138) ; l'article sur Domfront (p. 121) a été reproduit en partie dans
le *Magasin pittoresque* (V. infra n° 139), et pour le début dans le *Monde
illustré*, 1865, n° du 9 décembre, avec une réduction des vues. Les notices
sur les Genettes (p. 167) et sur Charlotte Corday (p. 177) sont empruntées
à celles publiées dans la *Mosaïque de l'Ouest*. (Voir supra, n° 104 et 113).

La fin de l'article sur le château d'O (p. 369) et la planche n° 1, ont été
reproduits : *Magasin pittoresque*, 1846, pp. 369¹-370¹. Un abrégé de la
notice sur St Evroult (p. 79) a été donné avec la planche n° 5, : *Magasin
pittoresque*, 1849, p. 273¹-274¹. L'article sur Courjeon (p. 29) a été réimprimé,
accompagné d'une gravure sur bois, : *Mosaïque de l'Ouest*, III, 1846-47, p. 127.

Voici l'indication des prospectus que nous connaissons de l'*Orne
pittoresque* :

Le département de l'Orne, archéologique et pittoresque,
par MM. Léon de la Sicotière et Auguste Poulet-Malassis,

et par une société d'antiquaires et d'archéologues. [*Armes d'Alençon.*]

[Fnc. 2, v° : Alençon, de l'Impr. de Poulet-Malassis. S. d.

In-8°, 2 ffnc., s. tit. sép.

Premier prospectus donnant les conditions de souscription et l'annonce de la publication de la 1ʳᵉ livraison pour le 15 mars 1845.

L'Orne pittoresque et monumentale. Prospectus-spécimen. [P. 4 : Alençon, Poulet-Malassis, imp.

In-4°, 4 pp., s. tit. sép. Au dessus du titre, se trouve une vignette (trophée d'armes) gravée sur bois, signée des monogrammes d'Achille Oudinot et de Godard.

Dans ce prospectus, l'ouvrage est annoncé comme devant paraître par livraison du prix de 1 f. 50 chacune pour les souscripteurs et de 2 f. pour les non-souscripteurs. Un très petit nombre d'exemplaires devait contenir les gravures et vignettes tirées sur papier de Chine, au prix de 2 f. 50 la livraison. Ce tirage n'a jamais été fait. A la fin du prospectus se trouve la liste des libraires chez qui l'on pouvait souscrire.

Le département de l'Orne archéologique et pittoresque, par MM. Léon De La Sicotière, Aug. Poulet-Malassis, et une société d'antiquaires et d'archéologues. Un beau volume in folio, orné de environ 100 dessins teintés, tirés à part.

[Au bas : Imprimerie de P.-E. Brédif, à L'Aigle (Orne).
S. d.

In 4° 1 fnc. impr. au rᵒ.

Ce prospectus est signé J.-F. Beuzelin, Éditeur. Il commence : Afin de satisfaire à la demande de plusieurs souscripteurs.....

[Affiche-réclame, destinée à l'affichage, impr. au rᵒ seulement :] Le département de l'Orne archéologique et pittoresque. [*Lithographie représentant de vues de divers monuments de l'Orne, au bas de laquelle on lit :* Lith. Dupuis à l'Aigle *Au dessous :* 75 ᶜ la livraison, une tous les quinze jours On souscrit ici.

In-plano atl.   [111]

Touvois (Orne). : *La Mosaïque de l'Ouest.* (Blois, Félix Jahyer, impr., in-8°). 1845-1846, (2ᵉ année), pp. 290 col. 1 — 292 col. 1 et 2. A la p. 291, gravure : Vue du château de Touvois Signée : A. Oudinot del. A.

Signé : L. de L.   [112]

Charlotte Corday. : *La Mosaïque de l'Ouest*. 1845-1846, (2ᵉ année) pp. 286, col. 1. — 289, col. 2 avec portr. de Charlotte Corday, signé J. de J. A. Jourdain sc.. à la p. 287 ; pp. 328 col. 1 — 333 col. 2 ; et pp. 358 col. 2 — 365 col. 2.

Signé P. D. Ces initiales désignent Paul Delasalle, mais l'article est en réalité de M. de La Sicotière, ainsi qu'il le dit lui-même dans un autre article intitulé : Charlotte Corday. Nouveaux détails. : *La Mosaïque de l'Ouest*, 1846-1847, (3ᵉ année), pp. 135, col. 2. — 138 col. 1. avec gravures : Vues du château de Glatigny, signée Bertrand, sc., p. 156 et de la Maison du Ronceray, où est née Charlotte Corday, p. 187 signée : Bertrand et D. Lancelot.

Signé : Léon D. L. S. Cette notice a été reproduite pour parties dans l'*Orne pittoresque* p. 177.   [113]

1846

Conseil municipal d'Alençon. Rapport sur la question de savoir où devra se faire la jonction des deux chemins de fer de Caen au Mans et de Chartres à Alençon.

Alençon, Imprimerie de Bonnet, ancienne maison Malassis, rue des Filles-Notre-Dame. 1846.

In-8°, 15 (1) pp. la couv. impr., sert de titre.

Anonyme.   [114]

[*Compte-rendu :*] Statistique monumentale du Calvados, par M. de Caumont. — Un volume in-8 de 432 pages ; Paris Derache. : *Revue de Rouen et de la Normandie*, publiée sous la direction de MM. A. Cheruel (Histoire) ; J. Girardin. (Sciences et industrie);... (Rouen, Nicétas Périaux, propriétaire gérant, 8°). 1846, (14ᵉ année), nᵒ 7, juillet. pp. 55 et 56.

Signé : L. D. L. S. (Alençon).   [115]

Inauguration du collège royal d'Alençon par M. le Ministre de l'instruction publique, Le Lundi 12 octobre 1846.

[P. 15 : Poulet-Malassis, imp. S. l. [Alençon].

In-8°, 15 (1) pp.

Tiré à 10 exemplaires sur papier fort de format in-8°.

Comprend deux parties, la première (pp. 3-11) signée : A. Poulet-Malassis ; la seconde rendant compte du banquet (pp. 12-14) signée : L. De La Sicotière.

Cette pièce est très rare.   [116]

1847

Sur M. le Général Cavalier, Membre du Conseil d'administration de l'Association normande ; Par M. Léon de la Sicotière,
inspecteur divisionnaire de l'Association. : *Annuaire normand.*
1847, pp. 659-664.   [117]

Sur M. Amédée Vallet ; Par M. Léon de la Sicotière, inspecteur divisionnaire de l'Association normande. : *Annuaire normand.* 1847, pp. 665-669.   [118]

Société d'horticulture de l'Orne. M. de La Sicotière a
rempli les fonctions de vice-secrétaire puis de secrétaire de la Société
d'horticulture de l'Orne, depuis l'année 1847, date de la fondation de
cette société, jusqu'en 1869.

En ces qualités il a signé les procès-verbaux des séances, les circulaires
relatives à des convocations aux séances, et celles contenant le programme
des expositions horticoles organisées à Alençon par la Société pendant
cette période (1). Il a de plus été pour chacune de ces expositions, le
rapporteur du jury. On trouvera ci-après, à leur ordre chronologique
l'indication de ces rapports.

Enfin, et toujours en qualité de secrétaire, il a signé les règlements de la
société d'horticulture dont voici l'indication :

Reglement général de la société d'horticulture de l'Orne. (P. 11 :
Alençon. — Bonnet, imprimeur de la Société d'horticulture.)

In-8° 11 (1) pp. s. tit. sép. Contient le texte arrêté le 29 août 1847.

Réglement général de la société d'horticulture de l'Orne. [*Armes
d'Alençon*] Alençon, Bonnet, imprimeur de la société d'horticulture, Rue
des Filles-Notre-Dame. 1854.

In-8°, 12 pp. Texte du 7 mai 1854.

Reglement. *S. ind. typ.* In-8°, 8 pp. Contient le texte du 21 août 1859.

Réglement de la société d'horticulture de l'Orne. [*Vignette : fleurs et
fruits*] Alençon E. De Broise, imprimeur Place d'Armes. 1867.

In-8°, 8 pp. la couvert. impr. sert de titre. Texte du 1er décembre 1866.

[119]

Un atelier de fausse monnaie au XVᵉ siècle. : *Revue de
numismatique* (publiée par E. Cartier et L. de La Saussaye,
Blois, Dézairs, impr. in-8°). 1847, pp. 281-298.

Signé : L. de la Sicotière.

(1) Nous ne donnons pas l'énumération de ces circulaires dont l'intérêt
est médiocre.

Et à part :

Un atelier de fausse monnaie au XV⁰ siècle Par M. L. de la Sicotière.

P. 18 : E. Dézairs, imp. à Blois.

In-8°, 18 pp., 1 fnc. blanc. s. tit. sép.

Tiré à 50 exemplaires.

[120]

Notice sur Salomon de Caus, lue le 27 juillet 1847, à la séance publ. de la société des antiquaires de Normandie. Voir un compte rendu de cette séance. : *Journal de Caen, des départements du Calvados, de l'Orne et de la Manche.* (Caen, imp. Laporte, in fol. 1847, n° 90 30 juillet , p. 3, col. 1.

Cette notice a paru partiellement sous le titre :

Salomon de Caus. Il n'a jamais été fou. : *Magasin pittoresque.* 1850, pp. 193 col. 1 — 195 col. 1. A la p. 193 se trouve une gravure sur bois, signée : Pontenier sc., et intitulée : Portrait de Salomon de Caus, dans la galerie d'antiquités d'Heidelberg. 1619.

Anonyme. Il est dit (note p. 195 col. 1) que les *Mémoires de la Société des antiquaires de Normandie* pour 1850 contiendront sur la vie et les ouvrages de Salomon de Caen, un travail étendu dont cette note n'est qu'un fragment. Ce mémoire n'a jamais paru.

M. de La Sicotière était entré en pourparlers à la fin de 1849 avec Beuzelin, imprimeur-lithographe à L'Aigle pour l'impression d'un travail sur Salomon de Caus.

Rien n'a été imprimé, si ce n'est un portrait en lithographie, (tiré à 200 exemplaires, dont 25 teintés). Voici ce que disait à ce sujet M. de La Sicotière dans l'*Intermédiaire des chercheurs et des curieux.* 1864, p. 181 col. 2 :

« Le portrait publié dans le *Magasin Pittoresque* de juin 1850, lui
« avait été communiqué par M. Aug. Poulet-Malassis à qui j'avais
« communiqué moi-même la lithographie, exécutée à l'Aigle, format
« in-4°, d'une copie du portrait à l'huile qui se trouvait dans la galerie
« formée à Heidelberg par un vieil artiste français, M. de Graimberg.
« Je devais cette copie à l'obligeance de ce dernier. »

[121]

Société d'horticulture du Département de l'Orne. Séance du dimanche 27 juin 1847.

In-8°, 8 pp. s. tit. sép.

Le procès-verbal est signé : Léon de La Sicotière, vice-secrétaire.

De plus, d'après une note ms., mise par M. de La Sicotière sur son exemplaire, le Discours prononcé par M. Roger Desgenettes, pp. 2-4, est de M. de La Sicotière, qui ne l'a pas signé il est vrai.

[122]

Procès-verbaux des séances du Conseil d'arrondissement d'Alençon (Orne). Session de 1847. — Première partie. [*Armes d'Alençon*] Alençon, Imprimerie de Bonnet, rue des Filles-Notre-Dame, près le Théâtre.

In-8°, 8 pp.

Contient le procès verbal de la séance du 26 juillet. Ce procès-verbal est de M. de La Sicotière l'un des deux secrétaires.   [123]

La Trappe, par Léon De La Sicotière, membre des comités historiques et ancien directeur de la société des antiquaires de Normandie, illustrée de douze dessins, par Dieudonné Lancelot.

L'Aigle, J.-F. Beuzelin, libraire-éditeur. 1847.

Je ne connais de ce travail que l'INTRODUCTION, in-4°, 3 (1) pp. signée ***.

[P. 3 au bas : Imprimerie de P.-E. Brédif, à l'Aigle (Orne).

Elle est accompagnée d'une planche en lithographie : Père. Costume de travail. Chez J. F. Beuzelin édit. à l'Aigle. Imp. Lemercier à Paris.

La couv. impr. (de couleur ocre jaune) sert de titre. Au vᵉ de la couverture se lisent les conditions de publications.

Cet ouvrage devait former 1 vol. in-4° avec 12 planches tirées sur Chine et avec teintes représentant les principales scènes de la vie des Trappistes, plusieurs vues intérieures et extérieures du monastère, une vue générale, un portrait de l'abbé de Rancé, d'après Rigaud, et un frontispice représentant l'arrivée du Roi à la Trappe. Le prix était fixé à 6 f. et à 6 f. 50 par la poste. Ces conditions étant suivies de cet avis : *Nota*. Cet ouvrage est sous presse et sera complet très prochainement.

Les pourparlers entre M. de La Sicotière et Beuzelin commencèrent en février 1847 et se poursuivirent jusqu'en février 1849. Il semble résulter de la correspondance qu'ils échangèrent, que les circonstances politiques firent différer, puis abandonner la publication de cet ouvrage. Le mauvais état des affaires de Beuzelin a dû cependant y avoir une très grande part. Quoiqu'il en soit il n'a jamais paru rien d'autre, croyons-nous, que ce fragment dont nous ne connaissons qu'un seul exemplaire.   [124]

Chasuble de Carrouges : *Magasin pittoresque*, (Paris, in 8°). 1847, pp. 116 col. 1 et 2 ; avec figure dans la col 1, représentant la Chasuble, et gravée par Godard d'Alençon.

Anonyme. Cet article est extrait de l'*Orne pittoresque*.   [125]

[Article anonyme relatif au symbolisme religieux, sous le

titre : Congrès scientifique de France. xve session. Séance générale du 5 septembre. : *Journal politique et littéraire d'Eure-et-Loir*. Tours, impr. Lecesne et Laurent, in fol. 1847, (n° 122, 7 septembre), p. 1 col. 3.   [126]

Lit de justice d'Argentelles (Orne) : *Magasin pittoresque*. 1847, pp. 284 col. 2 à 286 col. 1 avec gravure intitulée : Le lit de justice d'Argentelles restauré. – Gravure par Godard d'Alençon ; Elle est signée : D. Lancelot del., Godard sc.

Anonyme. Reproduit dans l'*Orne pittoresque*.   [127]

1848

[Article anonyme sur les événements politiques, sous forme de correspondance, écrite d'Alençon le 6 mars 1848]. : *L'Intérêt public, journal des droits et des devoirs nationaux*. (Caen, imp. Woinez, in fol). 1848, (n° 92, 8 mars), p. 4, col. 1-3, sous la rubrique : Orne.

Anonyme.   [128]

République française. Aux électeurs du département de l'Orne.
[Fnc. 2 v°, in fine : Alençon, de l'imprimerie de Poulet-Malassis, place d'Armes.
In 4°, 2 ffnc. s. tit. sép. S. d. [1848].

Cette circulaire qui est anonyme, débute ainsi :

Citoyens,

Dans quelques jours vous aller nommer vos Représentants à l'Assemblée nationale....   [129]

Aux habitants d'Alençon.
[P. 4 in fine : Alençon. — Imp. de Bonnet. *Daté à la fin* : Alençon, le 2 août 1848.
In-8°, 2 ffnc. s. tit. sép.

Cette circulaire est signée : Chambay, Desprovôtières, Laveille (Th), Hommey (Alphonse), Guillemot, D'Escures, Collet, Véron, Pion, Collas, Verrier, Pihan, De La Sicotière (Léon), Baudry, Mercier, Foucqueron et De Launay. En voici le début : Citoyens, nous avons été, nous sommes encore pour la plupart vos mandataires......   [130]

[Discours prononcés au Congrès scientifique de Tours en septembre 1847, dans la discussion sur cette question : *Quelles sont les causes, les développements successifs et les lois du symbolisme dans l'art chrétien ?*] : *Congrès scientifique de France.* Quinzième session tenue à Tours en septembre 1847. (Paris, Derache, août-octobre 1848, in-8°). T. I, pp. 83-84, et pp. 109-110 ; T. II, p. 87.   [131]

Jubé de Villemaure, Département de l'Aube. : *Magasin pittoresque.* 1848, pp. 60 col. 2 — 62 col. 1, avec une gravure signée : D. Lancelot. Godard., s., et intitulée : Jubé de Villemaure, sculpté en bois, vu du coté de la nef. — Dessin inédit. — Gravure par Godard d'Alençon.

Anonyme.   [132]

[*Compte rendu :*] Normandie. Calvados. Institut des provinces. : *L'ordre et la liberté*, journal politique, religieux, commercial et littéraire. (Caen, imp. Delos, in fol). 1848, n° 57 (14 octobre), p. 3 col. 1 à 3.

Contient le compte-rendu anonyme de la séance de l'Institut des Provinces et le rapport de M. de La Sicotière sur l'exposition de peinture et d'objets d'art (col. 1 et 2) ainsi que le discours prononcé par lui à l'occasion de l'apposition dans la Cour de la Monnaie, d'une plaque commémorative à la mémoire de Duval de Moudrainville de Caen (1507-1578).   [133]

Chambois (Département de l'Orne) : *Magasin pittoresque.* 1848, pp. 371 col. 2 et 372 col. 1., avec une gravure signée : Richard del., Godard sc., et intitulée : Ruines du château de Chambois, dans le département de l'Orne.

Anonyme. Extrait de l'*Orne pittoresque.*   [134]

[Circulaire aux électeurs à l'occasion de la nomination du Président de la République en 1848]

In-4°, 2 ffnc. s. titre [Au bas du fnc. 1 : Alençon chez Poulet-Malassis, imprimeur, place d'Armes.

Le texte occupe le premier f. : le second f. est formé de 8 bulletins de vote au nom du général Cavaignac. En voici le commencement :

Citoyens,

La Nation est appelée à nommer le Président de la République ; nous avons à....

Daté à la fin : Alençon, le 30 novembre 1848. *et signé :* Chevreuil, avoué à Alençon ; Léon de la Sicotière, avocat à Alençon ; Grollier, négociant à Alençon ; Eug. Hubert, notaire à Alençon ; Th. Le Roy, avocat, à Alençon ; J. Rattier, propriétaire à Vervennes ; Véron, propriétaire à Alençon. [135]

Verneuil (Département de l'Eure). : *Magasin pittoresque.* 1848, pp. 361-362 col. 2, avec gravure signée : D. Lancelot del. Godard sc. et intitulée : La Tour de la Madeleine, à Verneuil.

Anonyme. [136]

Rapport de M. de La Sicotière sur l'exposition de peinture et d'objets d'art, à Caen, en 1848. : *Annuaire normand.* 1848, pp. 368-374. [137]

1849

Société d'horticulture du département de l'Orne [*Procès verbal, s. ind. typ.*] In-8°, 36 pp. s. tit. sép., contenant les procès-verbaux des séances des 27 juin et 29 août.

On y trouve aux pp. 24-36 le rapport prononcé par M. de La Sicotière le 25 mars 1849, au nom du jury de l'exposition d'horticulture ouverte au mois de septembre 1848 à Alençon. [138]

Combat de Jean de Carrouges et de Jacques le Gris. : *Magasin pittoresque.* 1849, pp. 101 col. 1 à 102 col. 1, avec gravure, p. 101 col. 2 : Donjon de Carrouges, dans le département de l'Orne. Signée : D. Lancelot.

Anonyme. Cet article est extrait de l'*Orne pittoresque.* [139]

Château de Domfront (Département de l'Orne). : *Magasin pittoresque.* 1849, pp. 313 col. 1 — 314 col. 1 ; avec gravure signée : D. Lancelot. Smyth. et intitulée : Ruines du château de Domfront.

Anonyme. Cet article est emprunté en partie à l'*Orne pittoresque.* [140]

Procès de l'*Indépendant de l'Ouest.* I. Cour d'assises de l'Orne. Présidence de M. Leferon de Loncamp (Audience du

9 juillet 1819. : *L'Indépendant de l'Ouest*, (Laval, imp.
Godbert, in fol.). 1849, nᵒ 515, (11 juillet), pp. 1-2 col. 2.

Contient un résumé des plaidoiries de M. de La Sicotière, défenseur du
journal. [141]

Rapport, par M. Léon de la Sicotière, sur quelques collections
de tableaux et d'objets d'art à Rennes. : *Congrès scientifique de
France*. XVIᵉ session tenue à Rennes en septembre 1849.
(Paris, Derache, septembre 1850, in 8ᵒ). Tome II, pp. 393-402.
Supplément à la séance générale du 8 septembre. [142]

Société d'horticulture de l'Orne. Séance publique du 2 juillet
1850. [*Procès verbal*]. [P. 11 : Alençon, imp. de Bonnet.

In-8ᵒ, 11 (1) pp. s. tit. sép.

Contient le discours prononcé par M. de La Sicotière, secrétaire de la
Société au nom du jury de l'exposition horticole de juin 1850. [143]

1850

[*Préface à :*] Œuvres poétiques complètes de Alph. Le Flaguais
conservateur de la bibliothèque de Caen,... Paris, A. Derache,
libraire-éditeur [*puis avec* E. Le Gost Clérisse, libr.-édit., à
Caen (Caen, impr. E. Poisson), 1850-1856.

In-8ᵒ 4 vol.

La préface de cette édition, signée : Léon de La Sicotière, occupe les
pages I à XXI du tome Iᵉʳ. Elle est datée du 5 septembre 1850.
Le Flaguais a dédié à M. de La Sicotière sa ballade intitulée : Marie
Anson (Tome IV, pp. 374-383 de cette édition). [144]

1851

Cour d'assises de la Sarthe. Audience du 6 septembre 1851.
Présidence de M. Bourcier, Conseiller à la Cour d'Appel d'Angers. Accusation de faux en écriture privée.

[P. 16. Le Mans. — Imp. de Julien, Lanier et Cᵉ.

In-4ᵒ, 16 pp. s. tit. sép.

Il s'agit de l'affaire de Jean-Joseph Rose, ancien huissier à Mamers,
inculpé, défendu par M. de La Sicotière. [145]

Société d'horticulture de l'Orne. Séance publique du 30 septembre 1851 [Procès-verbal]. [P. 19.] Alençon, imp. de Bonnet.

In-8°, 19 [1] pp. s. tit. sép.

Aux pp. 3-19 se trouve le rapport fait au nom du jury de l'exposition horticole de 1851, par M. de La Sicotière secrétaire de la société.   [146]

1852

Société d'horticulture de l'Orne. Séance publique du 30 mars 1852. [Procès-verbal] [P. 18] Alençon, imp. de Bonnet.

In-8°, 18 pp., 1 fnc. bl., s. tit. sép.

Contient, pp. 4-13, le rapport fait par M. de La Sicotière au nom du jury de l'exposition horticole d'Alençon, de 1852.   [147]

La Normandie illustrée Monuments, sites et costumes de la Seine-Inférieure, de l'Eure, du Calvados, de l'Orne et de la Manche, dessinés d'après nature par F^x Benoist, et lithographiés par les premiers artistes de Paris ; les costumes dessinés et lithographiés par H^{te} Lalaisse, maître de dessin à l'école polytechnique ; Texte par M. Raymond Bordeaux et Mlle Amélie Bosquet, sous la direction de M. André Pottier, conservateur de la bibliothèque de Rouen, pour la Haute-Normandie, et de MM. Charma, Le Héricher, De La Sicotière et Travers, sous la direction de M. Georges Mancel, conservateur de la bibliothèque de Caen, pour la Basse-Normandie. Premier volume. Seine-Inférieure, — Eure, — Costumes normands. [*Vignettes: Armes de Normandie et des villes de Rouen, Caen, Evreux, Alençon et S^t-Lô*]. Publié par Charpentier père, fils et Cie, imprimeurs-éditeurs à Nantes. M. DCCC. LII.

In-fol.

La Normandie illustrée...... Deuxième volume. Calvados, — Orne. — Manche........ [*Le titre est semblable pour le reste à celui du tome Ier*].

Collaboration de M. de La Sicotière.
Tome II. Cinquième partie. Orne. 1 fnc. 48 pp. et 20 pl.

Orne. Aperçu général de ce département. Pp. 1-4.
Alençon. Pp. 5-8.

Planches : Alençon. (Château et palais de justice.) (Orne). *Dessin*, F° Benoist, *lith.:* V°° Petit, fig. J. Gaildrau.

Eglise Notre-Dame à Alençon (Orne). *Dessin :* F° Benoist,. *lith.:* Bachelier lith. *fig.:* J. Gaildrau.

Arrondissement d'Alençon. Pp. 9-14.

Pl.: Château de Carrouges (Orne). *Dessin :* F° Benoist. *lith.:* Ph. Benoist et Eugène Cicéri.

Cathédrale de Sées (Orne). *Dessin :* F° Benoist. *lith.:* Tirpenne et Bachelier.

Argentan. Pp. 15-18.

Pl.: Eglise St-Germain à Argentan (Orne). *Dessin et lith.:* F° Benoist del. et lith., fig. J. Gaildrau.

Arrondissement d'Argentan. Pp. 18-24.

Pl.: Eglise d'Ecouché (Orne). *Dessin :* F° Benoist. *lith.:* Bachelier et J. Gaildrau.

Château d'O, près de Mortrée (Orne). F° Benoist; *lith.:* Deroy.

Château de la Forêt-Auvray (Orne). F° Benoist ; *lith.:* Eug. Cicéri et Ph. Benoist.

Castel du Repas près de Putanges (Orne). F° Benoist ; *lith.:* Bachelier et Tirpenne et Gaildrau.

Donjon de Chambois (Orne). F° Benoist ; J. Jacottet, et Bayot.

Château d'Aubry près Chambois (Orne). F° Benoist ; Eug. Cicéri, Ph. Benoist et Gaildrau.

Mortagne. Pp. 37-40.

Pl.: Portail septentrional de l'Eglise Notre-Dame [St-Denis *par erreur*] à Mortagne (Orne). *Dessin :* F° Benoist ; *lith.:* Bachelier et Gaildrau.

Arrondissement de Mortagne. Pp. 40-46.

Planches : Monastère de N.-D. de la Grande Trappe près de Mortagne, (Orne). Vue à vol d'oiseau. *lith.:* Ph. Benoist et Eug. Cicéri.

Eglise St-Martin de Laigle (Orne). *lith.:* Monthelier et Gaildrau.

Chapelle du cimetière de Longny (Orne). *lith.:* Tirpenne, Bachelier et Gaildrau.

Prieuré de Ste Gauburge près de Bellême (Orne). *lith.:* V°° Petit et J. Gaildrau.

Château de Courboyer près de Nocé (Orne). *lith.:* Monthelier et J. Gaildrau. [148]

Robert Lefèvre. Extraits de ses lettres, communiqués et annotés par M. Léon de la Sicotière. : *Archives de l'art français* (publié par Phil. de Chennevières. Paris, Dumoulin, in-8°). Tome II, 1852-1853, pp. 172-175.

Ces lettres sont adressées à l'une de ses élèves, Mlle Fanny Def..... par Robert Lefèvre. [149]

[Note sans titre, de M. de La Sicotière relative à un mémoire manuscrit conservé aux Archives de l'Orne, présenté au roi en 1757 par Louis Lacoste, dit Alexandre, dessinateur et graveur,

et contenant des détails relatifs à l'histoire de la gravure et du point d'Alençon.] : *Archives de l'art français*, II, pp. 175-176.
[150]

Ch.-P. Landon et J. Goujon. Documents communiqués et annotés par M. Léon de la Sicotière. : *Archives de l'art français* Tome II, 1852-1853, pp. 348-352.

Cet article sous forme de lettre, datée d'Alençon, 14 juin 1853, et adressée à M. de Chennevières, contient l'acte de naissance (inédit) de Charles Paul Landon né à Nonant (Orne) le 12 octobre 1760, et des renseignements sur Jean Goujon à qui on a attribué les bas-reliefs (4 évangélistes) qui se trouvent aujourd'hui à la bibliothèque d'Alençon.   [151]

1853

Société d'horticulture de l'Orne. Séance publique du 28 juin 1853. [*Procès-verbal*]. [P. 24 : Alençon.—Imprimerie de Bonnet. In-8°., 24 pp. s. tit. sép.

Aux pp. 6-24 se trouve le rapport fait par M. de La Sicotière au nom du jury de l'exposition horticole d'Alençon de 1853.

Reproduit sous le même titre : *Le Nouvelliste Alençonnais*. 1853, n° 28 (10 juillet), p. 2, col. 1-3 ; et n° 32 (7 août), p. 1—3 col. 1. [152]

Cour d'assises de l'Orne (Alençon) Présidence de M. Bouffey. Audience du 26 janvier (Corresp. partic. du *Droit, journal des Tribunaux*). Un drame intime.—Jalousie. — Coup de poignard. — Acquittement. : *Le Droit*. 1853, n° 25, (30 janvier), p. 98 col. 3 — 99 col. 1.

Anonyme. Contient le compte-rendu de l'affaire de Léon-Alfred Elie, inculpé, et la plaidoirie de M. de La Sicotière son défenseur.
Voir aussi *Gazette des tribunaux*, 1853, 30 janvier.   [153]

1854

Le Maine et l'Anjou, historiques, archéologiques et pittoresques, par le B°ⁿ de Wismes, correspondant du ministère de l'instruction publique. Auteur de *La Vendée historique, pittoresque et monumentale*. Recueil des sites et des monuments les plus remarquables sous le rapport de l'art et de l'histoire, des départements de la Sarthe, de la Mayenne et de Maine-et-Loire, dessinés par le B⁰ⁿ de Wismes, lithographiés par les meilleurs artistes de Paris, et accompagnés d'un texte historique, archéologique et descriptif, par le B⁰ⁿ de Wismes, et par MM. La Beauluère, P. Belleuvre, E. Berger, le cᵗᵉ A. de Blois, de Bodard de la Jacopière, É. Bonneserre de Saint-Denis, J. Clère, Godard-Faultrier, E. de la Gournerie, A. Guéraud, L. Lacour, l'abbé Launay, É. Lachèse, G. de Lestang, M. de Livonnière, l'abbé Lochet, P. Marchegay, le cᵗᵉ A. de Montesquiou, V. Pavie, le docteur le Pelletier (de la Sarthe), dom Piolin, C. Port, le cᵗᵉ T. de Quatrebarbes, A. de Soland. L. de la Sicotière, L. Tavernier, etc. Tome Iᵉʳ. — Maine. [*Epigraphe :*]

> Oui, certes tout cela, nature, art et passé :
> J'aime ces grands objets ; mon cœur souvent lassé
> Se sent repris vers eux de tristesse secrète.
>
> SAINTE-BEUVE.

Nantes, typographie de Vincent Forest & Emile Grimaud, Place du commerce, nᵒ 1. — Paris, imprimerie lithographique d'Auguste Bry, rue du Bac, nᵒ 114. *S. d. au titre* (1854-1862).
In-folio.

Tome II, *même titre, sauf les mots :* Tome IIᵐᵉ. — Anjou. [*Et l'épigraphe :*]

> J'entre en nos vieux manoirs ; il est sous leurs décombres
> Bien des fleurs à cueillir ou brillantes ou sombres.
>
> A. BRIZEUX.

Collaboration de M. de La Sicotière, au Tome Iᵉʳ seulement.

12. Mamers. (Sarthe). 4 pp. Signé : Léon De La Sicotière.
   Planche : Eglise de N. D. à Mamers (Sarthe). Dessiné par le baron de Wismes ; lithogr. Bachelier ; imprimerie Aug. Bry.

13. La Tournerie (Sarthe). 2 pp. Signé : Léon de La Sicotière.
   Planche : Salon de La Tournerie. Commune de Louze. Arrondᵗ de Mamers. (Sarthe). Dessiné par le baron de Wismes ; lith. A. Mouilleron ; impr. Aug. Bry.

17-18. La Ferté-Bernard. (Sarthe). 8 pp. Signé : Léon De La Sicotière.
   Planches : Eglise de Notre-Dame, à La Ferté-Bernard. Arrondissement de Mamers (Sarthe). Dessiné par le baron de Wismes ; lith. Aug. Mathieu et Bachelier ; imp. Bry.
   Porte de La Ferté-Bernard. Arrondissement de Mamers. (Sarthe). Dessin : Baron de Wismes ; lith. A. Mouilleron ; imp. Bry.

19. Montmirail (Sarthe). 4 pp. Signé : Léon De La Sicotière.
   Planche : Château de Montmirail. Arrondissement de Saint-Calais
   (Sarthe). Dessin, De Wismes ; lith., Eug. Cicéri et Bachelier.
37. Évron (Mayenne). 44 pp. Signé : L. de la Sicotière.
   Planches : Notre-Dame d'Évron. Arrondissement de Laval
   (Mayenne). Dessin De Wismes ; lith., Rouargue.
      Chapelle de Saint Crespin à Évron. Arrond‍t de Laval (Mayenne).
   Dessin, De Wismes ; lith. A. Dauzats.
41. Sainte-Suzanne (Mayenne). 6 pp. Signé : L. De La Sicotière.
   Planche : Sainte-Suzanne. Arrond‍t de Laval (Mayenne). Dessin,
   De Wismes ; lith., E. Deshayes et Bachelier.   [154]

Société d'horticulture de l'Orne. Séance publique du 2 octobre
1854 [*Procès-verbal*]. [P. 28 : Alençon. — Imprimerie de Bonnet.
In-8°, 28 pp. s. tit. sép.

Aux pp. 7-21, se trouve le rapport sur l'exposition horticole d'Alençon
de 1854, présenté par M. de La Sicotière au nom du jury.

Reproduit sous le même titre : *Le Nouvelliste alençonnais*. 1854, n° 43 (29 octobre), pp. 1-3 ; n° 44 (5 novembre),
pp. 1-3.   [155]

1855

Société d'horticulture de l'Orne. Séance publique du 17 avril
1855. [*Procès-verbal*]. [P. 20) : Alençon. — Imprimerie de
Bonnet.
In-8°, 20 pp. s. tit. sép.

Contient pp. 4-14, le rapport fait au nom du jury de l'exposition horticole
d'Alençon 1855, par M. de La Sicotière.   [156]

[*Compte-rendu :*] Histoire de Flers, Ses Seigneurs, son Industrie, Par M‍r le C‍te Hector De La Ferrière, membre de la Société
des Antiquaires de Normandie. : *Journal d'Alençon*. 1855,
n° 24 (17 juin), p. 1 col. 1-3.

Signé : Léon de La Sicotière.

Et à part avec le même intitulé :

In-8°, 6 pp., 1 fnc. bl. s. tit. sép. S. *ind. typ.*   [157]

1857

Sur M. Louis Fleury, ancien député de l'Orne ; Par M. Léon
de La Sicotière. : *Annuaire normand*. 1857, pp. 531-536.

Et à part :

＊ Notice nécrologique sur M. Louis Fleury, député de
l'Orne. Caen, A. Hardel, 1857.

In-8°, 8 pp.   [158]

[*Compte-rendu :*] Les La Boderie, Étude sur une famille
normande, par M. le Cte de La Ferrière-Percy. Paris, Aubry...
Alençon, Poulet-Malassis et De Broise. 1857. In-8°, 1 vol.
: *Journal d'Alençon.* 1857, n° 45 (4 juin), pp. 1 et 2, en
feuilleton.

Signé : L. D. L. S.

Et à part avec le même intitulé, en 1 fnc. impr. au r°.   [159]

[Discours prononcé à la séance du 15 juillet 1857 du 25° congrès
de l'Association normande pour les progrès de l'agriculture et de
l'industrie. Session de 1857 tenue à Alençon. : *Annuaire
normand.* 1858, pp. 131-140.   [160]

Société d'horticulture de l'Orne. Séance publique du 21 juillet
1857. [*Procès-verbal*]. [P. 16 : Alençon, Imp. Marguerith-Dupré.
In-8°, 16 pp. s. tit. sép.

Contient, pp. 2-12, le rapport sur l'exposition horticole d'Alençon, 1857,
lu au nom du jury par M. de La Sicotière.   [161]

Alençon. : *Le Nouvelliste Alençonnais.* 1857, n° 30 (26 juillet).
P. 1 col. 1 à 3.

Signé : L. C'est un compte-rendu de la session de l'Association normande,
tenue à Alençon, du 15 au 19 juillet 1857.
Il y est dit que M. De La Sicotière a lu à cette session, un travail sur les
fresques découvertes à St Cénéry le Géré.   [162]

[Extrait du procès-verbal de la séance de la commission du
Musée d'Alençon, sur la question de l'organisation d'une exposition d'objets d'art et d'industrie à Alençon, pendant le Concours
régional du mois de mai 1858]. : *Journal d'Alençon.* 1857, n° 59
(15 novembre), p. 2, col. 2 et 3.

Signée par M. Léon de la Sicotière, secrétaire de la Commission du
Musée.

Et à part avec ce titre :

Extrait du *Journal d'Alençon* du 15 novembre 1857, n° 59.
[*In fine :* Alençon. — Imp. de Poulet-Malassis et De Broise.
In-8°, 2 ffnc., s. tit. sép.

Ce tiré à part contient en plus, le texte d'une pétition à adresser au maire et aux membres du Conseil municipal, ainsi qu'une formule d'adhésion à remplir.
[163]

Cour impériale d'Angers. Note pour M. Hébert-Dilette.
[P. 6 : Alençon, imp. Poulet-Malassis et De Broise. *s. d.* [1857].
Anonyme.

M. Hébert-Dilette, notaire à Neufchatel (arrondissement de Mamers) était poursuivi sous la prévention double : 1° d'infraction à la résidence notariale ; 2° d'instrumentation hors de son ressort, et avait de ce chef été condamné à 3 mois de suspension par le tribunal de Mamers.
[164]

1858

[Discours prononcé le 19 juillet à la 25ᵉ session (1857) de l'Association normande. : *Annuaire normand.* 1858, pp 424-426.
[165]

Horticulture. Exposition organisée par la société d'horticulture de l'Orne. Juillet 1858. Rapport de M. Léon de La Sicotière, secrétaire de la Société. [P. 8 : Alençon. — Imp. de Poulet-Malassis et De Broise.
In-8°, 8 pp. s. tit. sép.

Ce rapport a été également imprimé dans le rapport général du concours régional, (voir le n° suivant), et : *Journal d'Alençon.* 1858, n° 120 (10 octobre), p. 1, col. 1-3 et p. 2, col. 1 ; n° 126 (24 octobre), p. 2 col. 4, et p. 3 col. 1.
[166]

Exposition industrielle agricole, horticole et artistique. Concours régional d'animaux reproducteurs. Alençon 1858. [*Fleuron typ.: Armes d'Alençon*]. Alençon, Poulet-Malassis et de Broise imprimeurs-libraires-éditeurs. 1859.
In-8°, 2 ffnc., 96 et 7 (1) pp., 2 ffnc., (table) et 1 pl. se dépliant, (Plan du concours régional).

M. de La Sicotière était secrétaire de l'exposition et rapporteur général du Jury. Son rapport général occupe les pp. 7-73.

Aux pp. 66-74 se trouve le rapport spécial à l'horticulture fait par M. de La Sicotière (Voir le n° précédent).

Ce rapport général de M. de La Sicotière a été reproduit

: *Journal d'Alençon*. 1858, n° 84 (18 juillet), pp. 1 col. 4, et p. 2 col. 1-4 ; n° 85 (20 juillet), p. 1 col. 2-4, et p. 2 col. 1 ; n° 87 (25 juillet), p. 2 col. 1-4 ; n° 88 (27 juillet), p. 2 col. 2 à 4 et p. 3 col. 1 ; n° 89 (29 juillet), p. 3, col. 1 et 2 ; n° 90 (1er août), p. 2 col. 1-4 ; n° 91 (3 août), p. 2 col. 1 ; n° 92 (5 août), p. 2 col. 3-4 ; n° 93 (8 août), p. 3 col. 1-3 ; n° 94 (10 août), p. 2 col. 4 et p. 3 col. 1 ; n° 96 (15 août), p. 3 col. 1 et 2 ; n° 97 (17 août), p. 3, col. 1 et 2 ; n° 99 (22 août), p. 2 col. 1 et 2 ; n° 101 (26 août), p. 1 col. 3 et 4 et p. 2 col. 1 ; n° 103 (30 août), p. 2 col. 2 et 3 ; n° 104 (2 septembre), p. 1 col. 3 et 4 et p. 2 col. 1 ; n° 106 (7 septembre), p. 1 col. 4 et p. 2 col. 1 et 2.   [167]

Mémoires historiques sur la ville d'Alençon et sur ses seigneurs précédés d'une dissertation sur les peuples qui ont habité anciennement le duché d'Alençon et le comté du Perche et sur l'état ancien de ces pays par Odolant-Desnos. Seconde édition publiée d'après les corrections et les additions manuscrites de l'auteur et annotée par M. Léon De La Sicotière Avocat, ancien directeur de la Société des Antiquaires de Normandie suivie d'une bibliographie alençonnaise de la recherche de la noblesse de la généralité d'Alençon et d'autres pièces justificatives [*Epigraphe* :] Turpe est in patria peregrinari et hospitem esse in rebus quae ad patriam pertinent. Manutius. Tome premier [*Marque au caducée, de Poulet-Malassis.*] Poulet-Malassis et de Broise, Libraires-éditeurs à Alençon, place d'Armes et à Paris, 4, rue de Buci. 1858. [Au v° du faux-titre. Alençon. — Impr. de Poulet-Malassis et De Broise.

In-8°, 2 ffnc., 445 (1) pp., et 1 fnc. (avec la même marque qu'au titre).

Ce tome premier a paru en deux livraisons ayant chacune une couverture (grise) imprimée, avec le même titre, excepté que la tomaison est remplacée par les mots : Première livraison. Deuxième livraison, et que la date de la seconde est : 1861. La première livraison comprend les 2 ffnc., et les 240 premières pages. La 2e livraison contient la fin du tome. Tiré à 400 exemplaires.

Il y a des exemplaires en papier vergé (de la 1re livraison du moins).
L'ouvrage complet devait comprendre 6 livraisons : Ce tome premier est
tout ce qui a paru.

[168]

Exposition d'Alençon. : *Journal d'Alençon*. 1858. [Lettres
publiées en feuilleton.]

1re lettre : n° 67, (8 juin), pp. 1-3 ; datée d'Alençon, 5 juin 1858. Elle
est adressée au Rédacteur du *Journal d'Alençon*.

Deuxième lettre : n° 68, (10 juin), pp. 1-3 ; *s. d.*

Troisième lettre. Les Artistes de l'Orne à l'Exposition. : n° 69
(13 juin), pp. 1-2 ; n° 70 (15 juin), pp. 1-2 ; n° 71 (17 juin), pp. 1-2. Cette
lettre est adressée à M. Philippe de Chennevières ; elle est datée du
11 juin 1858.

Quatrième lettre. Objets d'art ancien. — Curiosités : n° 72 (20 juin),
pp. 1-2 ; n° 73 (23 juin), pp. 1-3 col. 1. Cette lettre est adressée à
M. Gustave Le Vavasseur.

Cinquième lettre : n° 76 (29 juin), pp. 1-2 ; et n° 79 (6 juillet), pp. 1-3
col. 1 à 4. Cette lettre est adressée à M. de Chennevière.

Toutes ces lettres sont signées : Léon de La Sicotière.

Et à part :

Lettres sur l'exposition d'Alençon. S. *ind. typ.*
In-16, 72 pp., s. tit. sép.

Signé à la fin : Léon de La Sicotière, et daté : Alençon, 24 juin 1858.

[169]

1859

Société d'horticulture de l'Orne. Séance publique du 2 octobre
1859. [P. 19 : Alençon, imp Marguerith-Dupré.
In-8°, 19 (1) pp., s. tit. sép.

Contient, pp. 5-16, le rapport présenté au nom du jury de l'exposition
horticole d'Alençon 1859, par M. de La Sicotière.

[170]

1860

Notice historique [sur *la Société d'horticulture de l'Orne*]
: *Bulletin de la soc. d'horticulture de l'Orne*. Tome Ier,
1860-1869, pp. 1-4.

Signé : Léon de La Sicotière, secrétaire-général.

[171]

Rapport sur l'exposition de 1860, fait à la société d'horticulture de l'Orne par M. Léon De La Sicotière Secrétaire général. : *Bulletin de la soc. d'horticulture de l'Orne.* Tome Ier, 1860, 1er semestre n° 1, pp. 16-25.

Ce rapport fut lu le 1er juillet 1860.   [172]

Rapport sur l'exposition de Caen : *Bulletin de la soc. d'horticulture de l'Orne.* Tome I, n° 1er, 1er semestre 1860, pp. 26-28.

M. de La Sicotière avait été chargé de représenter la société d'horticulture de l'Orne, auprès de celle de Caen, à l'occasion de l'exposition horticole ouverte en cette ville pendant le concours régional du 22 au 27 mai 1860. [173]

L'exposition d'horticulture à Valognes en septembre 1860, et l'horticulture à Cherbourg. Rapport par M. Léon De La Sicotière. : *Bulletin de la soc. d'horticulture de l'Orne.* Tome Ier, 1860, (2e semestre), pp. 53-56.   [174]

Observations de M. de La Sicotière sur le cimetière mérovingien de St-Germain de Martigny. [Arrondissement de Mortagne.] : *Congrès archéologique de France,* séances générales tenues à Dunkerques, au Mans et à Cherbourg, en 1860 par la soc. franç. d'archéol., pour la conservation des monum. histor. XXVIIe session (Paris, Derache 1861, in-8°). P. 318 (séance générale tenue au Mans le 15 février 1860). Sans titre ; Le titre ci-dessus est emprunté à la table des matières du volume. [175]

Compte-rendu par M. Léon de la Sicotière de l'excursion faite aux Pieux et au Rozel par quelques membres du Congrès. : *Congrès scientifique de France.* 27e session, tenue à Cherbourg au mois de septembre 1860, (Paris, Derache, 1861, in-8°). Tome Ier, (7e séance générale, 8 septembre), pp. 147-157). Sans titre ; le titre ci-dessus est emprunté à la table.

Et à part :

Visite au Rozel. 8 septembre 1860. (Extrait des procès-verbaux du Congrès scientifique de France, 1860).
[P. 13 : Cherbourg. Imp. d'Auguste Mouchel.
In-8°, 13 (1) pp., et 1 fnc., sans tit. sép. (faux-titre seule-

ment : Visite au Rozel ; le titre ci-dessus est le titre de
départ.)

Anonyme.

Un résumé de cette excursion a été publié sous le titre :

Excursion du Congrès au Rosel. : *Bulletin monumental.*
1860, pp. 727-729. Avec gravure sur bois (p. 727), signée :
V. Petit, del.

Signé : L. de La Sicotière.

M. de La Sicotière a signé en qualité de secrétaire le procès-verbal du
4 septembre 1860, de la séance de la société française d'archéologie, tenue
à Cherbourg pendant la session du Congrès scientifique de France. Voir :
Congrès scientifique de France, 27ᵉ session. Tome 24 p. 323-339.   [176]

A propos de l'Annuaire de la Sarthe. : *La Chronique de
l'Ouest*, journal politique, religieux, commercial et littéraire.
(Le Mans, impr. Monnoyer, in-fol.) 1860, nᵒ 120 (mercredi
10 octobre), fnc. 1, rᵒ col. 4 et vᵒ, col. 1-3.

Cet article contient une lettre signée: Léon de la Sicotière et datée
d'Alençon 21 septembre 1860. Elle est adressée à M. Anjubault, et publiée
par lui. M. Anjubault avait publié dans la *Chronique de l'Ouest* un article relatif
aux Almanachs manceaux et il priait les bibliophiles de lui signaler ceux
qui lui avaient échappé. La lettre de M. de La Sicotière est une réponse à
cette demande; il y donne la description bibliographique de 4 almanachs
manceaux ou se rapportant au Maine.   [177]

1861

Rapport sur l'exposition d'horticulture de 1861 fait par
M. Léon De La Sicotière Dans la séance publique du 26 juin
1861. : *Bulletin de la soc. d'horticulture de l'Orne.* Tome Iᵉʳ,
nᵒ 3, 1ᵉʳ semestre 1861, pp. 93-107.

Reproduit :

Rapport Sur l'Exposition d'Horticulture : *Journal
d'Alençon.* 1861, nᵒ 78 (4 juillet), fnc. 1 vᵒ, col. 1-3 ; nᵒ 80
(9 juillet), fnc. 1 vᵒ, col. 1-3 et fnc. 2, col. 1.   [178]

Notes pour servir à l'histoire des jardins et de l'arboriculture
dans le département de l'Orne. : *Bulletin de la soc. d'horti-*

culture de l'Orne. Tome Ier, (n°s 4 et 5. — 2e semestre 1861 et 1er semestre 1862) pp. 148-184 ; (n°s 6 à 11. — 2e semestre 1862 — 1er semestre 1865) pp. 185-199 ; (n°s 13 et 14) pp. 273-283 ; (n°s 15 et 16) pp. 289-300.

Et à part :

Notes pour servir à l'histoire des jardins et de l'arboriculture dans le département de l'Orne par M. Léon de La Sicotière secrétaire de la société d'horticulture de l'Orne, membre de plusieurs sociétés savantes [*Vignette typ. gr. sur bois : fleurs et fruits*] Alençon E. De Broise, imprimeur-éditeur Place d'Armes. 1865.

In-8°, 95 (1) pp. et couv. impr. avec le même titre sauf la date qui est 1867. Ce titre est entouré d'un filet typ. avec fleurons typogr.   [179]

Notes statistiques sur le département de l'Orne par M. Léon De La Sicotière. [*Marque au caducée, de Poulet-Malassis.*] Paris, Poulet-Malassis et De Broise libraires-éditeurs 97, rue Richelieu et passage Mirès, 36. 1861.

[P. 2 : Alençon. — Typographie Poulet-Malassis et De Broise. In-8°, 91 (1) pp. ; couv. impr. avec le même titre.   [180]

L'agriculture et les écrivains agricoles dans le département de l'Orne. : *Journal d'Alençon.* 1861, n° 61 (samedi 25 mai), fnc. 2 r°, col. 2 à 4 sous la rubrique : Variétés.

Signé L. de la Sicotière.

Reproduit avec le même titre, signature, et indication de provenance :

: *Journal de l'Orne,* feuille d'annonces légales de l'arrondissement d'Argentan, (in fol.) 1861, n° 24 (jeudi 6 juin), ffnc. 1 et 2, en feuilleton.

Ce travail contient l'appréciation des ouvrages suivants : *Bouchard (Louis).* Traité des constructions rurales. Paris, Vve Bouchard-Huzard, 3 vol. gr. in-8. *Vigneral (Cte de).* Manuel populaire d'agriculture. Argentan, 1848. 8° 1 vol. *Du même :* Procès-verbaux des Séances du Comice agricole de Putanges, t. I, 1849-52 ; t. II, 1853-1859. Argentan, in 18. *Angleville (Alfred d').* Traité pratique du drainage. Argentan, 1854. 8°. *Dumesnil (L.-P.).* Amélioration foncière. Alençon, 1881, 8°.
                [181]

Charlotte Corday et Fualdès. : *Le Droit*, journal des tribunaux (Paris, imp. Dubuisson, in-fol. 1861, n° 148 (23 juin), p. 606 col. 2, et p. 607, col. 2.

Signé : L. De La Sicotière Bâtonnier de l'ordre des avocats à Alençon (Orne).

Dans cet article qui est une lettre datée du 5 juin 1861, M. de la Sicotière entreprend de rétablir la vérité à propos de certains détails inexacts relatifs à Charlotte Corday, rapportés dans l'écrit intitulé : *Dick Moon en France, journal d'un anglais à Paris*, publié par Francis Wey dans la *Revue européenne*, 1861, n° du 15 février.

M. de La Sicotière a remanié ce travail en 1867. Voyez ci-après, n° 258.

Nous ne connaissons pas le tirage à part indiqué par M. de Contades (p. 45 de son travail) et qui aurait paru à Paris, en 1867, in-8°, 12 pp.

[182]

[Rapport fait au Conseil général de l'Orne, dans la séance du 28 août 1861, par M. de La Sicotière au nom de la 2ᵉ commission (instruction publique et bienfaisance), sur la maison de refuge fondée à Alençon, par l'abbé Lindet, pour les prisonnières libérées] : *Conseil général de l'Orne, session de 1861, rapport du préfet et procès-verbaux des délibérations*. (Alençon, impr. Marguerith-Dupré, in-8°). Pp. 72-73. Sans titre.   [183]

[Rapport fait au Conseil général de l'Orne, dans la séance du 29 août 1861, par M. de La Sicotière au nom de la 2ᵉ commission, sur l'asile d'aliénés d'Alençon] : *Ibidem*, pp. 94-95, sans titre.   [184]

[Rapport fait au Conseil général de l'Orne, dans la séance du 30 août 1861, par M. de La Sicotière, au nom de la 2ᵉ Commission, sur les écoles des sourds-muets et des aveugles, établies à Alençon par l'abbé Lebecq] : *Ibidem*, pp. 143-148.

Et à part :

Conseil général de l'Orne. Session de 1861. — Séance du 30 août. Rapport de M. Léon de la Sicotière sur les Ecoles établies pour les sourds-muets et les jeunes aveugles, sous la direction de M. l'Abbé Lebecq, dans la Maison de la Providence à Alençon.

P. 6 : Alençon, Marguerith-Dupré, imp.

In-8°, 6 pp. et 1 fnc. bl., s. tit. sép.

Des parties de ce rapport ont été reproduites dans un article relatif
aux écoles de l'abbé Lebecq, publié : *Chronique de l'Ouest*. 1862.
n° 94 (8 août), fnc. 2 r°, col. 2.   [185]

1862

Mémoires de Louvet avec une introduction par M. E. Maron.
Mémoires de Dulaure avec une introduction par M. L. De La
Sicotière [*Marque au caducée, de Poulet-Malassis*.] Paris,
Poulet-Malassis, libraire-éditeur 97, rue de Richelieu, 97. 1862.

[Au v° du faux-titre : Paris. — Imprimerie Poupart-Davyl
et Cⁱᵉ, Rue du Bac. 30.

In-12, 2 ffnc., (faux-titre et titre), xxxv (1) pp., (Notice sur
Louvet, signée : Eugène Maron) et 452 pp. Couvert. impr. avec
le même titre encadré d'un filet typ. et portant de plus, en tête :
Mémoires et documents sur la Révolution française.

P. 225, titre de départ des Mémoires de Dulaure : Mémoires de Dulaure
fragment publié Dans le tome XX de la première Revue Retrospective de
M. Taschereau.

Pp. 257 nc. — 279 : Notice historique et littéraire sur Dulaure. Elle est
signée : Léon de la Sicotière et datée d'Alençon, 18 mars 1862.

Cette introduction a été tirée à part :

Notice historique et littéraire sur Dulaure [P. 23 : Paris.
— Imprimerie Poupart-Davyl et Cᵉ, rue du Bac, 30.
In 12, 23 (1) pp., s. tit. sép.   [186]

Archéologie. : *Journal d'Alençon*. 1862, n° 48 (24 avril),
fnc. 2 r°, col. 3.

Et à part :

Archéologie. [Fnc. 2 r° : Alençon. — E. De Broise, imp.
et lith.
In-8°, 2 ffnc., s. tit. sép.

Cet article, signé : Léon de la Sicotière est relatif à la découverte
faite en avril 1862, à la Monnerie, commune de St Germain-du-
Corbéis près d'Alençon, d'un marteau celtique en serpentine. Cet
objet trouvé dans la propriété de M. de la Billardière fut offert par ce
dernier au musée d'Alençon.   [187]

[Rapport fait au Conseil général de l'Orne, à la séance du

28 août 1862, au nom de la 2ᵉ Commission, par M. de La Sicotière, sur la demande d'une subvention faite par M. Hippeau
pour la publication des : *Documents sur le Gouvernement de
Normandie au XVIIᵉ et au XVIIIᵉ siècles, d'après la correspondance inédite des marquis de Beuvron et des ducs d'Harcourt,
gouverneurs et lieutenants généraux de cette province.*]
: *Conseil général de l'Orne.* Session de 1862 ; rapport du
Préfet et procès-verbaux des délibérations. Pp. 144-149, sans
titre.

Reproduit : *Journal d'Alençon.* 1862. nᵒ 105 (6 septembre), fnc. 2, rᵒ,
col. 2 et 3.
[188]

[Rapport fait au Conseil général de l'Orne, à la séance du
29 août 1862, au nom de la 2ᵉ Commission, par M. de La
Sicotière, sur la publication des inventaires-sommaires des
archives départementales antérieures à 1789.] : *Conseil général
de l'Orne.* Session de 1862 ; Rapport du Préfet et procès-
verbaux des délibérations. Pp. 167-169, sans titre.   [189]

[Rapport fait au Conseil général de l'Orne, à la séance du
30 août 1862, au nom de la 2ᵉ Commission, par M. de La
Sicotière, sur l'instruction primaire dans l'Orne] : *Ibidem*,
pp. 193-200, sans titre.   [190]

Beaurepaire. : *L'Amateur d'autographe*, paraissant le 1ᵉʳ et
16 de chaque mois, (Directeur-propriétaire : Gabriel-Charavay.
Paris, in-8ᵒ). 1862, (1ʳᵉ année), nᵒ 21 (1ᵉʳ novembre), pp. 321-324.

Cet article sous forme de lettre adressée à M. Charavay est signé : Léon
de la Sicotière et daté d'Alençon, 9 septembre 1862.
Il est relatif à Nicolas-Joseph Beaurepaire qui commandait à Verdun
en 1792, lors de la prise de cette ville par les Prussiens. M. de La Sicotière
conclut que Beaurepaire ne se suicida point ; mais fut assassiné.   [191]

[Compte-rendu :] *Nouveau dictionnaire* des ouvrages
anonymes et pseudonymes..... par E.-Dˢ De Manne ...
2ᵉ *édition*. Lyon, Scheuring ; Paris, Aubry. in-8ᵒ, 1 vol. 8ᵒ, VII
et 407 pp.] : *Journal d'Alençon.* 1862, nᵒ 122 (jeudi 16 octobre),
fnc. 2, rᵒ, col. 3, sous la rubrique : Bibliographie.

Signé : Léon de La Sicotière.   [192]

1863

Bio-bibliographie de Marie-Antoinette.

Ce travail a été écrit pour être joint à l'ouvrage de M. de Lescure dont voici le titre :

La vraie Marie-Antoinette. Étude historique, politique et morale suivie du recueil réuni pour la première fois de toutes les lettres de la reine connues jusqu'à ce jour dont plusieurs inédites, et de divers documents par M. De Lescure.

Paris librairie parisienne Dupray De La Mahérie, éditeur 14, rue d'Enghien, 14. 1863. Droits de traduction et de reproduction réservés.

[P. 2, et p. 256 : Paris. — Imprimerie Parisienne. — Dupray De La Mahérie Boulevart Bonne-Nouvelle, 26 (Impasse des Filles-Dieu, 5).

In-8°, 256 pp., et 1 portrait de Marie-Antoinette gr. sur acier, par Adrien Nargeot d'après un dessin tiré du cabinet de l'abbé Caron, et la gravure de Prieur Paris, impr. Ch. Chardon aîné, 30, rue Hautefeuille) Couvert. impr. (verte) avec le même titre dans un encadr. de filets typogr.

Un certain nombre d'exemplaires ont été remis dans le commerce en 1867 comme étant une troisième édition. En réalité il n'y a de nouveau que le titre et la préface. Voici ce nouveau titre : La vraie Marie-Antoinette..... (semblable au précédent jusqu'aux mots : par M. De Lescure.) Troisième édition augmentée d'une préface de l'auteur [Marque de Henri Plon] Paris Henri Plon, imprimeur-éditeur rue Garancière, 10. 1867 Tous droits réservés [P. II : Paris. Typographie de Henri Plon, imprimeur de l'empereur, 8, rue Garancière. A la suite de ce titre se trouve une Préface signée : M. de Lescure. Toute cette partie nouvelle comprend xxxii pp.; la préface commence à la p. v. Ce livre est fort rare. Le travail de M. de La Sicotière se trouve aux pp. 179-240, avec ce titre : Documents. IV Bio-bibliographie de Marie-Antoinette.

Il a été tiré à part :

Bio-bibliographie de la reine Marie-Antoinette

[P. 2 et fnc. final : Paris. — Imprimerie Parisienne. — Dupray De La Mahérie Boulevart Bonne-Nouvelle, 26 (Impasse des Filles Dieu, 5).

In-8°, 62 pp., et 1 fnc.

Cette bibliographie ne comprend qu'un choix d'écrits relatifs à Marie-Antoinette. Il se compose d'une sorte d'avant-propos de M. de Lescure (pp. 181-185 ou 3-7), dans lequel celui-ci expose le plan qu'il a adopté. Ce plan est tout arbitraire et n'a de bibliographique que le nom. La phrase que voici en donnera une idée : « Le devoir du « bibliographe, comme celui de l'historien, consiste à choisir, à « réserver tout ce qui n'offense ni la vérité, ni le bon sens, ni la « pudeur, et à jeter le reste aux pourceaux ».

En présence d'une volonté aussi arrêtée, M. de La Sicotière a dû écarter bien des écrits et notamment les ouvrages généraux où il est question de Marie-Antoinette, les articles qui lui sont consacrés dans les dictionnaires et recueils biographiques, les articles des journaux contemporains et autres, les pamphlets de tous genre, les romances, chansons et poésies en son honneur, ou dirigés contre elle. Cependant il n'a pas voulu faire qu'une liste de témoignages bienveillants, comme le désirait sans doute M. de Lescure. Les plus importants parmi les autres ont trouvé place dans son travail, et il y a fait figurer quelques articles de journaux. Cette bio-bibliographie comprend 248 nᵒˢ, et les notes jointes à la plupart d'entre eux rendent ce travail fort utile. Malheureusement, l'impression en a été faite loin de M. de La Sicotière et en dehors de tout contrôle de sa part. Aussi y trouve-t-on beaucoup de fautes qui le défigurent, mais dont la responsabilité doit être laissée à M. de Lescure.

A la suite de l'avant-propos de celui-ci, se trouve une lettre de M. de La Sicotière, datée d'Alençon, le 25 novembre 1862, et adressée à M. de Lescure (pp. 187-189 ou 9-11), dans laquelle il expose sommairement le plan qu'il suivra. Le texte même de la bio-bibliographie se trouve aux pp. 189-240 ou 11-62.

[193]

Cour d'assises de l'Orne. Session extraordinaire. Affaire Bassière. Assassinat, vol et faux. Compte rendu des débats (seul récit complet) six accusés. — Gibory, fille Quériot, Houlette, femmes Potel, Monnier et Gibory Deuxième édition. Prix : 1 fr. 25 c.

Avril 1863 E. De Broise, imprimeur-libraire Alençon.

In-4°, 60 pp., et couv. impr., servant de titre.

M. de La Sicotière était le défenseur des inculpés.

[194]

Musée d'Alençon. Antiquités provenant du musée Campana. : *Journal d'Alençon.* 1863, n° 47 (21 avril), fnc. 2, col. 2 et 3, sous la rubrique : Variétés.

Signé : Léon de La Sicotière.

[195]

[*Compte-rendu :*] Journal de droit administratif ou le droit administratif mis à la portée de tout le monde ;...... par Chauveau (Adolphe)..... (1).

(1) Paris, Marescq aîné, 2 vol. in-8° ; prix *(franco)* 15 fr.

: *Journal d'Alençon.* 1863, n° 58 (16 mai), fnc. 2 r°, col. 3 et 4.

Signé : Léon de La Sicotière.

[196]

[Rapport sur les édifices départementaux, présenté au Conseil général de l'Orne, à la séance du 29 août 1863, par M. Léon de La Sicotière, au nom de la première Commission (finances).] : *Conseil général de l'Orne*. Session de 1863. (2e partie). Procès-verbal des séances. Pp. 133-143 sans titre.

Et à part :

Conseil général de l'Orne. Session de 1863. Rapport sur les édifices départementaux Par L. de la Sicotière.

Alençon Marguerith-Dupré, imp. de la Préfecture, rue du Collège, 8. 1863.

In-8°, 12 pp.   [197]

[Lettre sans titre relative à la ligne du chemin de fer de Laigle à Conches et de S¹ Cyr à Surdon]. : *Journal d'Alençon*. 1863, n° 111 (mardi 22 septembre), fnc. 1, v°, col. 2 et 3.

Signée : L. de La Sicotière, Membre du Conseil général, et datée d'Alençon 19 septembre 1863.   [198]

Musée d'Alençon : *Journal d'Alençon*. 1863, n° 111 (mardi 22 septembre), fnc. 1 v°, col. 3 et 4.

Signé : Un membre de la commission du musée.

Cet article est de M. de La Sicotière ; il signale en faveur de l'installation du Musée dans la maison à la Dinde, l'opinion de M. de Chennevières-Pointel, conservateur du Musée du Luxembourg, et conclut à l'adoption du local en question.   [199]

[*Compte-rendu :*] Commentaire de la loi des 18 avril-13 mai 1863 Par Albert Pellerin Docteur en droit, substitut du procureur impérial à Alençon (1).

(1) Un volume in-8°. — Alençon, imp. de E. De Broise — Paris, Auguste Durand, libraire, rue des Grès, 7. Prix, 5 fr.

: *Journal d'Alençon*. 1863, n° 132 (10 novembre), fnc. 2 r°, col. 2-4.

Daté à la fin : Alençon, 9 novembre 1853, et signé : Léon de la Sicotière, Ancien bâtonnier, membre du conseil général de l'Orne.

Et à part avec le même titre :

[P. 8 : Alençon — E. De Broise, imp. et lith.

In-8°, 8 pp., s. tit. sép.   [200]

Lettre de M. De La Sicotière. : *L'Amateur d'autographes.* (de Charavay). 1863, (2e année), n° 46 (16 novembre), pp. 337-338.

Dans cette lettre, datée d'Alençon 13 novembre 1863, M. de La Sicotière, fait remarquer que c'est à tort que M. Charavay avait (voir *Ibidem*, p. 307) considéré comme la première tentative en ce genre, l'exposition d'autographes faite par M. de Costa de Beauregard, à l'exposition de Chambéry en 1813. Pareille chose avait déjà été faite au Mans en 1842, puis à Alençon également ment en 1842 et en 1858.   [201]

Une vente en province. : *L'Amateur d'autographes* (de Charavay). 1864, (3e année), n° 49 (1er janvier), pp. 8-11.

Daté in fine : Alençon, 31 décembre 1863 et signé : Léon de la Sicotière.
Il s'agit de la vente de la collection des livres et des autographes réunis par M. Abel Vautier, de Caen, député au Corps législatif.
M. de La Sicotière publie au cours de cette lettre à Charavay, le billet de Charlotte Corday qui figure dans sa collection, et qu'il acheta depuis cette vente. M. de La Sicotière avait déjà publié cette lettre dans la *Mosaïque de l'ouest*, (3e année) 1846-1847, p. 138 (ch. par erreur 158). Voyez ci-dessus, n° [111].   [202]

[*Compte-rendu* de l'ouvrage de M. de Chennevières :] Contes de Saint-Santin (Première série, 1862 ; 2e série, 1863 (*).

(*) Argentan, imp. de Barbier. 2 v. in-8°.

: *Journal de l'Orne*, feuille d'annonces légales de l'arrondissement d'Argentan (Argentan, impr. de Barbier, in-fol.). 1864, n° 2 (14 janvier), fnc. 1 en feuilleton ; sous la rubrique : Bibliographie.

Signé : L. D. L. S. En tête se trouve quelques mots signés : M., c'est à dire Philippe Moisson.

Et à part :

Bibliographie. Contes de Saint-Santin (Première série 1862 ; 2e série, 1863. (*).

(*) Argentan, imp. de Barbier. 2 v. in-8°.

[P. 8 : Argentan. — Imprimerie de Barbier. *s. d.*
In-8°, 8 pp. s. tit. sép. tiré sur papier bleu, et couv. orné de fleuron sur bois (papier jaune).

Signé : Léon de la Sicotière.   [203]

1864

[*Compte-rendu :*] Les coutumes de Normandie réglementées par l'édit de 1751, mises au courant de la jurisprudence actuelle. — Manuel du propriétaire, du cultivateur, de l'expert, pour les plantations, bornages, servitudes, haies, fossés, bois, chemins, rivières, etc. (1) par Léon de Vilade, juge à Bayeux.

(1) Paris Durand ; — Alençon, Argentan tous les libraires ; — Vimoutiers Desvaux, etc. — 1 vol. in-12 ; prix : 8 fr.

: *Journal d'Alençon*. 1864, n° 77 (2 juillet), fnc. 2 r°, col. 3-4.

Signé : L. De la Sicotière, et daté d'Alençon 29 juin 1864.   [204]

A propos d'autographes. Marie-Antoinette. — Madame Roland. — Charlotte Corday. : *Revue de la Normandie* (Rouen, impr. Cagniard, 8°). Tome IV, 1864 deuxième semestre, pp. 1-14 ; 78-91 ; 161-179 et 295-307.

Signé : De la Sicotière. Ancien Directeur de la Société des Antiquaires de Normandie, Correspondant du ministère de l'instruction publique pour les travaux historiques.

Et à part :

A propos d'autographes. Marie-Antoinette. — Madame Roland. — Charlotte Corday. Par M. de la Sicotière, Ancien Directeur de la Société des Antiquaires de Normandie, Correspondant du ministère de l'instruction publique pour les travaux historiques. [*Fleuron typogr.*]

Rouen. Imprimerie de E. Cagniard, Rues de l'Impératrice, 66, et des Basnage, 5. 1864.

In-8°, 2 ffnc, 60 pp. Couv. impr. avec encadr. en filets typ.

Le titre de départ porte : Extrait de la *Revue de la Normandie*, juillet 1864.   [205]

Exposition de Falaise. Tableaux et objets d'art ancien et moderne. : *Journal d'Alençon*. 1864, n° 85 (21 juillet), fnc. 1 v°, col. 1 à 4 et fnc. 2 r°, col. 1-3.

Et à part :

Exposition de Falaise — juillet 1864 — Tableaux et objets d'art ancien et moderne. [*Fleuron typogr.*] Alençon Typographie de E. De Broise imprimeur et lithographe. S. d.

In-8°, 19 (1) pp. La couv. impr., sert de titre.

Signé : Léon De La Sicotière.

Reproduit :

Rapport de M. de La Sicotière sur l'exposition artistique. : *Annuaire normand*. 1865, pp. 259-278. s. tit. ; le titre ci-dessus est emprunté à la table.

Cette exposition avait eu lieu à Falaise à l'occasion du 32ᵉ Congrès de l'Association Normande, session de 1864, tenue à Falaise, les 14, 15, 16 et 17 juillet. Le rapport de M. de La Sicotière ne fut pas lu à ce congrès, par suite d'un malentendu.   [206]

[Rapport sur l'assistance et l'extinction de la mendicité, présenté par M. de La Sicotière, au nom de la Commission des Finances à la séance du 26 août 1864 du Conseil général de l'Orne] : *Conseil général de l'Orne*. Session de 1864, (2ᵉ partie :) Procès-verbal des séances. Pp. 135-153, sous la rubrique : Assistance et mendicité.

Et à part :

Conseil général de l'Orne. Session de 1864. Rapport fait par M. Léon De La Sicotière sur l'assistance et l'extinction de la mendicité. [*Armes de l'Empire*]. Alençon Ch. Thomas, imprimeur de la Préfecture, rue du Collége, nᵒ 8. 1864.

In-8ᵒ, 23 (1) pp. Couv. imp. portant le même titre composé avec d'autres car., et entouré d'un filet avec fleurons typogr.
[207]

Fonds de subvention pour chemins de fer, demeurés improductifs. Réclamation des intérêts. : *Conseil général de l'Orne*. Session de 1864. 2ᵉ partie :) Procès-verbal des séances. Pp. 193-199.

Et à part :

Fonds de subvention pour chemins de fer demeurés improductifs. Réclamation des intérêts.

Alençon Ch. Thomas, imprimeur de la préfecture Rue du Collége, nᵒ 8. 1864.

In-8ᵒ, 8 pp., s. couv.

Ce travail qui concerne les lignes de Paris à Granville, et de Laigle à Conches, est le rapport présenté par M. de La Sicotière, au nom de la première commission, à la séance du Conseil général de l'Orne, du 27 août 1864.

Reproduit :

Rapport de M. Léon de La Sicotière sur les intérêts des subventions fournies par le département pour les chemins de fer : *Journal d'Alençon*. 1864, n° 112 (24 septembre), fnc. 1 v°, col. 2-4, sous la rubrique : Nouvelles du département et des départements voisins. Conseil général.   [208]

Portrait de Salomon de Caus : *Intermédiaire des chercheurs et des curieux*, (Paris, in-8°). 1864, (31 août), p. 181 col. 2. R (¹).
Signé : Léon de La Sicotière.   [209]

Ecrits d'aliénés : *Ibidem*, p. 181 col. 2 et 182 col. 1. R.
Signé : Léon de L. S.   [210]

A-t-on calomnié l'Histoire de France du père Loriquet ? : *Ibidem*, p. 184 col. 1 et 2. R.
Signé : Léon de la Sicotière.   [211]

Desiderata bibliogr. : Pr.-Mérimée : *Ibidem*, p. 184 col. 2. R.
Signé : Léon de L. S.   [212]

Thèse de Mathématiques imprimée à Angers en 1694. : *Ibidem*, p. 184 col. 2 et 185 col. 1. R.
Signée : Léon de L. S.   [213]

Œuvres de George Sand. : *Ibidem*, p. 187 col. 2. R.
Signé : Léon de L. S.   [214]

Une médaille caricaturale. : *Ibidem*, p. 189, col. 2. R.
Signé : Léon de L. S.   [215]

Compagnie de Jéhu : *Ibidem*, 1864, (10 septembre), p. 198 col. 1 et 2, et 1865 (10 mars), col. 155-156. Q.
Signée : Léon de L. S.   [216]

(1) Nous indiquons par R, les *réponses* et par Q les *questions*.

Le Gouverneur de Verdun, Beaurepaire. : *Ibidem*, p. 206 col. 1. R.

Signé : L. de la Sicotière.   [217]

Traduttori, traditori. : *Ibidem*, p. 208 col. 1 et 2. R.

Signé : Léon de L. S.   [218]

1865

Sainte-Opportune. : *Intermédiaire des chercheurs et des curieux*. 1865, (10 février), col. 75. Q.

Signé : L. de la Sicotière.   [219]

Compagnie de Jéhu. : *Ibidem*, 1865, (10 mars), col. 155-156. Q.

Signé : L. de L. S.   Voir supra n° 216.   [220]

Bonchamp a-t-il sauvé la vie des prisonniers républicains à Saint-Florent-le-Viel. : *Ibidem*, 1865 (25 mars), col. 173. R.

Signé : L. de La S.   [221]

Philippe-Egalité et son jockey. : *Ibidem*, col. 177 178. R.

Signé : L. de La Sicotière.   [222]

Ladvocat et le livre des Cent-et-un. : *Ibidem*, col. 179. R.

Signé : L. de L. S.   [223]

Le mystère de Saint-Lin. : *Ibidem*, 1865, (10 avril), col. 198. Q.

Signé : Léon de L. S.   [224]

Nicolas de Bonneville. : *Ibidem*, col. 205. R.

Signé : L. de La S.   [225]

Musée d'Alençon. : *Journal d'Alençon*. 1865, n° 52 (jeudi 4 mai), fnc. 2 r°, col. 1 et 2.

Signé : L. D. L. S.

A propos des legs faits par M. His de la Salle de 20 gravures, et de Mᵐᵉ Godard de portefeuilles et de livres de son mari et de son fils.

[226]

Rapport de M. Léon de La Sicotière Sur les Objets d'Industrie exposés à Alençon. : *Bulletin de la soc. d'horticulture de l'Orne*. Tome 1ᵉʳ, 1860-1869, pp. 211-212

Ce rapport a trait à l'Exposition d'horticulture ouverte à Alençon du 23 au 28 mai 1865 à l'occasion du concours régional.   [227]

Rapport de M. Léon de La Sicotière Secrétaire Général de la Société d'Horticulture sur les récompenses à décerner aux instituteurs. : *Bulletin de la soc. d'horticulture de l'Orne*. Tome Iᵉʳ ; 1860-1869, pp. 213-219.

Reproduit avec le même titre :

: *Journal d'Alençon*, 1865, nᵒ 68 (10 juin), fnc. 1 rᵒ, col. 1-4.   [228]

[Toast prononcé par M. de La Sicotière, au banquet du concours régional d'Alençon, le 28 mai 1865] : *Journal d'Alençon*. 1865, nᵒ 63 (30 mai), fnc. 2 rᵒ, col. 3 et 4. S. titre spécial.

Et à part :

Toast de M. De La Sicotière au banquet du concours régional d'Alençon (28 mai 1865).
[P. 4 : Alençon. — E. De Broise, impr. et lith.
In-8ᵒ, 4 pp. s. tit. sép.   [229]

[Toast prononcé par M. de La Sicotière le 25 juin 1865, après la distribution des récompenses de l'exposition de 1865] : *Journal d'Alençon*. nᵒ 75 (27 juin), fnc. 2 rᵒ, col. 3 et 4. S. titre spécial.   [230]

[Rapport de M. de La Sicotière sur l'ensemble des deux expositions artistique et industrielle d'Alençon, 1865] : *Journal d'Alençon*. 1865, nᵒ 76 (29 juin), fnc. 1, vᵒ, col. 1-4. Sans titre, sous la rubrique : Distribution des prix Aux Exposants de l'Industrie et des Beaux-Arts.

Et à part :

Exposition d'Alençon 1865. Rapports de M. Léon de La Sicotière et de M. Gustave Le Vavasseur [*Vignette gr. sur bois*].

Alençon E. De Broise, imprimeur-éditeur place d'Armes, 1865.

Pet. in-8°, 30 pp., 1 fnc. blanc. Couv. impr. avec le même titre entouré de fil. et fleurons typ.

Le rapport de M. de La Sicotière se trouve aux pp. 3-17.　　[231]

[Lettre de M. de La Sicotière au rédacteur du *Journal d'Alençon* relative aux dons faits par MM. Gevens et Hedin de dessins et peintures au Musée d'Alençon] : *Journal d'Alençon.* 1865, n° 78 (4 juillet), fnc. 2 r°, col. 2, s. titre.

Signée : L. de La Sicotière.　　[232]

[Lettre sans titre se rapportant aux élections municipales d'Alençon] : *Journal d'Alençon.* 1865, n° 81 (11 juillet), fnc. 1 v°, col. 2 et 3.

Signée : L. de La Sicotière, Membre du Conseil général de l'Orne, et datée d'Alençon le 10 juillet 1865.

M. De La Sicotière y déclare n'être pas l'auteur de plusieurs listes de candidats, dont on lui avait attribué la rédaction.　　[233]

Discours prononcés à la distribution des prix Faits aux Elèves du Lycée impérial d'Alençon sous la présidence de M. Léon de La Sicotière membre du conseil général Le 8 août 1865. [*Fleuron typ.*]

Alençon E. De Broise, imprimeur-éditeur Place d'Armes 1865.

In-8°, 32 pp. et couv. impr. avec le même titre dans un encadr., avec fil. et fleurons typ.

Le Discours de M. de La Sicotière se trouve aux pp. 17-32.

Et à part :

Distribution des prix du lycée impérial d'Alençon. 8 août 1865. Sous la présidence de M. Léon de La Sicotière membre du Conseil général de l'Orne. Discours. [*Fleuron typ.*]. Alençon E. De Broise, imprimeur-éditeur Place d'Armes. 1865.

In-8°, 16 pp. La couvert. impr. sert de titre.

Reproduit sans titre spécial :

: *Journal d'Alençon.* 1865, n° 94 (10 août), Fnc. 1 v°, col. 1-4 et fnc 2 r°, col. 1, dans l'article intitulé : Distribution des prix au lycée impérial d'Alençon.   [234]

Fonds d'abonnement de la préfecture et des sous-préfectures : *Conseil général de l'Orne.* Session de 1865 (2° partie :) Procès-verbal des séances. Pp. 160-161.

Rapport lu à la séance du 26 août 1865 au nom de la première Commission (finances), par M. de La Sicotière.   [235]

Exposition universelle. Somme mise à la disposition du comité départemental. : *Ibidem*, pp. 162-166.

Ce rapport présenté à la séance du 26 août 1865, au nom de la première commission par M. de La Sicotière a été reproduit : *Journal d'Alençon.* 1865, n° 108 (12 septembre), fnc. 2 r°, col. 1 et 2, sans titre spécial, dans le compte-rendu du Conseil général.   [236]

Monanteuil, dessinateur et peintre, Par M. Léon De La Sicotière, membre de la Société. : *Bulletin de la société des beaux-arts de Caen.* (Caen, typ. Le Blanc-Hardel, 1867, in-8°). 3° volume, 1865, pp. 261-283.

Et à part :

Monanteuil dessinateur et peintre par M. Léon De La Sicotière membre de la Société des beaux-arts de Caen et de plusieurs autres sociétés savantes. [*Fleuron typogr.*]

Caen Typ. F. Le Blanc-Hardel, imprimeur-libraire Rue Froide, 2   1865.

In-8°, 34 pp. Couv. imp. avec le même titre dans un encadr. typogr.

Cette notice est dédiée à M. Philippe de Chennevières-Pointel.   [237]

Talmeliers, Gindres, Nyeules : *Intermédiaire des chercheurs et des curieux.* 1865, (25 septembre), col. 558-559. R.

Signé : Léon D. L. S.   [238]

Extrait du procès-verbal des délibérations du conseil municipal d'Alençon. Séance du 7 novembre 1865.

[P. 8. Alençon. — De Broise, imp. et lith.

In-8°, 8 pp. s. tit. sép.

Contient le rapport fait par M. de La Sicotière, rapporteur de la
commission des travaux publics, relatif aux améliorations et aux embellissements de la ville d'Alençon.   [239]

Sur M. Paul Dagoury, membre de l'Association ; Par M. De
La Sicotière. : *Annuaire normand.* 1865, pp. 621-622.   [240]

1866

L. De La Sicotière. Documents pour servir à l'histoire des
élections aux États-Généraux de 1789 dans la généralité
d'Alençon. [*Fleuron typ.*] Alençon E. De Broise, imprimeur-
éditeur Place d'Armes 1865.

In-8°, 150 pp., 1 fnc. Couv. impr. avec titre un peu différent
et daté : 1866, dans un encadrement de filets avec fleurons typ.

Compte-rendu signé :

E. Boxy : *Journal d'Alençon.* 1866, n° 137 (20 novembre),
fnc. 2, 1°, col. 2-4 ; n° 138 (22 novembre), fnc. 2 r°, col. 2-4 ;
et n° 139 (24 novembre), fnc. 2 r° col. 1-4. (Éloges).   [241]

Croix de Dieu ou Croix de par Dieu : *Intermédiaire des
chercheurs.* 1866, (10 mars), col. 154. R.

Signé : L. de la Sicotière.   [242]

Félix Bonnaire, fondateur de la « Revue des Deux-Mondes »
: *Ibidem*, col. 156. R.

Signé L. de L. S.   [243]

Subventions spéciales pour les chemins vicinaux. — Commerce
des grains. — Agriculture. : *Journal d'Alençon.* 1866, n° 32
(15 mars) fnc. 1, v°, col. 1-4.

Signé (col. 3) : L. de La Sicotière.   [244]

Rapports des Conventionnels. : *Intermédiaire des chercheurs* 1866, (10 mai), col. 284. R.

Signé : L. D. L. S.   [245]

Sens d'une épitaphe : *Ibidem*, (25 mai), col. 304 et 305. R.

Signé : L. de La Sicotière.   [246]

La Mort de Marat. : *Ibidem*, col. 308-309. R.

Signé : L. de La Sicotière.   [247]

Hoche a-t-il été empoisonné ? : *Ibidem*, col. 309-310. R.

Signé : L. de La Sicotière.   [248]

La vie de Sainte Opportune abbesse d'Almenêches au diocèse de Séez en Normandie Poème légendaire du moyen-âge publié pour la première fois avec une introduction et des notes par Léon De La Sicotière. [*Fleuron-marque de la Soc. des bibliophiles normands*] Rouen Imprimerie de Henry Boissel M.DCCC.LXVI.

Pet. in-4°, 4 ffnc., (le premier blanc.) XII pp., 6 ffnc., IV et VIII pp., et 1 fnc. blanc ; titre rouge et noir.

Ce volume fait partie de la collection publiée par la Société des Bibliophiles Normands.   [249]

Cour impériale de Caen. Etude de M⁰ Le Cerf, avoué. Copie des Conclusions motivées signifiées en 1ʳᵉ instance.

[P. 23 : Caen, typ. Goussiaume de Laporte. S. *d.*

In-4°, 23 (1) pp., s. tit. sép.

Daté *in fine :* Alençon le 1ᵉʳ juin 1866, et signées par M. L. De La Sicotière. Il s'agit de l'affaire d'Ernest Lemarié à pourvoir d'un conseil judiciaire. Ces conclusions sont destinées à la Cour et aux Conseils des parties.   [250]

Bossuet caricaturé et marié : *Intermédiaire des chercheurs.* 1866, (10 juin), col. 345. R.

Signé : L. de La Sicotière.   [251]

« Catalogue Soleinne. » : *Ibidem*, col. 362. Q.

Signé : L. D. L. S.   [252]

Un continuateur de Scarron. : *Ibidem*, (10 juillet), col. 391-392. Q.

Signé : L. de La Sicotière. Il s'agit de A. Offray, l'un des continuateurs du *Roman comique*.   [253]

Œuvres littéraires et scientifiques des rois. : *Ibidem*, (25 juillet), col. 426-429. R.

Signé : L. de la Sicotière. Cet article contient l'indication des écrits composés par les divers membres de la famille Bonaparte.   [254]

Sur les Commandements de l'Eglise. : *Ibidem*, col. 429-430 R

Signé : L. de La Sicotière.   [255]

Répartement des contributions directes. Demandes en degrèvement de contingent mobilier : *Conseil général de l'Orne*. Session de 1866. Pp. 538-553.

Et à part :

Conseil général de l'Orne. Session de 1866. Séance du 1er septembre. Répartement des contributions directes. Demandes en dégrèvement du contingent mobilier. S. *ind. typ*. [Alençon, typ. Ch. Thomas, 1866].
In-8°, 16 pp. s. tit. sép.   [256]

Rapport de M. Léon de La Sicotière sur les expositions. : *Bulletin de la Société d'horticulture de l'Orne*, Tome 1er, n° 12. 1866. Pp. 252-263.

Ce rapport fut lu le 30 septembre 1866.

Reproduit :

: *Journal d'Alençon*. 1866, n° 116 (2 octobre), fnc. 1 v°, col. 2 et 3.   [257]

Charpentes en chêne ou en châtaignier : *Intermédiaire des chercheurs*. 1866, (25 octobre), col. 624. R.

Signé : L. de L. S.   [258]

1867

Charlotte Corday et Fualdès. : *Revue des questions histori-ques* (Paris, Palmé, in-8°). 1867 [1]. (Tome 2 de la collection), pp. 218-247.

Signé : L. de la Sicotière.

Ce travail est le remaniement complet et fort augmenté de l'article sur le même sujet publié en 1861 par M. de La Sicotière. (Voir supra n° 182.) Il y a eu, paraît-il, un tirage à part : Paris, Palmé, in-8°, 32 pp. Nous ne l'avons pas rencontré. Ce travail de M. de La Sicotière a donné lieu à l'article suivant :

Louis XVII et Fualdès d'après M. De La Sicotière. : *La Légitimité*, journal contre révolutionnaire et anti-maçonnique (Bordeaux, impr. Bellier, in-fol.). 1891, n° 51 (20 décembre), fnc. 2 r°, col. 1 et 2 ; n° 52 (27 décembre), fnc. 1 v° col. 1-3. Signé : Un lecteur de la *Légitimité*.   [259]

Motifs de l'exil d'Ovide. : *Intermédiaire des chercheurs*. 1867, (10 février), col. 84. R.

Signé : L. de L. S.   [260]

Gui de chêne. : *Ibidem*, col. 91-92. R.

Signé : L. de L. S.   [261]

Conférences d'Alençon. : *Journal d'Alençon*. 1867, n° 47 (18 avril), fnc. 1 v°, col. 3 et 4 et *Ibidem*. 1868, n° 10 (23 janvier), fnc. 2 r°, col. 1 et 2.

Signé : L. D. L. S. Il s'agit des conférences littéraires faites par M. Dreux, professeur de rhétorique au Collège d'Alençon.   [262]

Lettre de M. L. de La Sicotière, membre correspondant sur des empreintes nombreuses visibles à la surface d'un rocher de grès de Bagnoles (Orne). Post-scriptum du même membre, sur des empreintes annulaires visibles sur un rocher situé entre S¹ Cénéri-le-Géré (Orne) et S¹ Léonard-des-Bois (Sarthe). : *Bulletin de la société Linnéenne de Normandie* (Caen, Le Blanc-Hardel, in-8°. 1868 (2ᵉ série, t. 1), pp. 83-91, dans le compte rendu de la séance du 5 février 1866. S. tit. sép. Le titre ci-dessus est emprunté à la table des matières.

La *Lettre* occupe les pp. 83-88 et le *Post scriptum* est à la p. 89. Cette lettre, datée d'Alençon 31 janvier 1866, est adressée à M. Eudes Deslongchamps dont la réponse se trouve aux pp. 89-91.

Et à part :

Note sur de curieuses empreintes observées à la surface de grès quartzites à Bagnoles (Orne) adressée a M. Eudes-Deslongchamps par M. Léon De La Sicotière membre de la Société Linnéenne de Normandie et de la société géologique de France.

Caen F. Le Blanc-Hardel, imprimeur-libraire rue Froide, 2. 1867.

In-8°, 8 pp. [263]

Conspiration de l'épingle noire. : *Intermédiaire des chercheurs*. 1867, (10 mai), col. 220. R.

Signé : L.-D.-L.-S. [264]

Essai sur la littérature romantique. : *Ibidem*, (25 mai), col. 236. Q.

Signé : L. de la S. [265]

La Muse française. : *Ibidem*, col. 249-250. R.

Signé : L. de la Sicotière. [266]

Bibliographie de la Presse périodique française : Le journal des gens du monde. : *Ibidem*, col. 252. R.

Signé : L.-D.-L.-S. [267]

Taconnage. : *Ibidem*, (juin-juillet), col. 260. Q.

Signé : L. D. L. S. [268]

Contributions directes. Répartement et demande en réduction ; Almenêches et Rabodanges. : *Conseil général de l'Orne*. Session de 1867 (2e partie :) Procès-verbaux. Pp. 131-136.

Ce rapport sur l'assiette des contributions directes et le répartement pour 1868, fut lu par M. de La Sicotière à la séance du 30 août 1867. [269]

Assassinat suivi de vol sur une grande route ; le père et le fils accusés. : *Journal d'Alençon*. 1867, n° 127 (26 octobre), fnc. 1 v°, col. 4, et fnc. 2 r°, col. 1-3 ; n° 128 (29 octobre), fnc. 1 v°, col. 1-4, et fnc. 2 r°, col. 1-3 ; n° 129 (31 octobre), fnc. 1 v°, col. 3-4, et fnc. 2 r°, col. 1-4. Dans le Compte rendu des audiences des 26 et 27 octobre 1868 de la Cour d'Assises de l'Orne.

M. de La Sicotière présentait la défense du sieur Crestot fils, l'un des accusés. Un résumé de sa plaidoirie se trouve dans le n° 139, fnc. 2 col. 1-3.

Et à part :

Cour d'assises de l'Orne. Affaire Crestot père et fils. Assassinat de Fresnel clerc d'huissier à Paris. Acte d'accusation. — Témoins. — Réquisitoire. — Plaidoyer. — Condamnation à mort. [P. 15 : Alençon. — E. De Broise, imp. et lith. S. d.

In-4° 15 (1) pp., s. tit. sép.   [270]

Vaudevires d'Olivier Basselin : *Intermédiaire des chercheurs et des curieux* (25 décembre), col. 393-394. R.

Signé : L. D. L. S.   [271]

Procès de Gesvres. : *Ibidem*, col. 395. R.

Signé : L. de La Sicotière.   [272]

Le P. Loriquet : *Ibidem*, col. 396. R.

Signé : L. de La Sicotière. Voir ci-dessus n° 211.   [273]

1868

[Article nécrologique sans titre sur M. Jacques-Mathieu-Louis Druet des Vaux, représentant de l'Orne à l'Assemblée Constituante et à l'Assemblée législative, né à Alençon le 21 septembre 1793, mort en cette ville le 5 février 1868]. : *Journal d'Alençon*. 1868, n° 16 (6 février), fnc. 1 v°, col. 4 et fnc. 2 r°, col. 1.

Signé : L. de La Sicotière.   [274]

Discours de M. de La Sicotière. [Prononcé aux obsèques
de M. Druet des Vaux.] : *Journal d'Alençon*. 1868, n° 17
(8 février), fnc. 1 v°, col. 3 et 4 et fnc. 2 r°, col. 1.   [275]

Notice littéraire et biographique sur l'abbé Fret Curé de
Champs (Orne), chanoine honoraire, auteur des *Antiquités* et
Chroniques Percheronnes. : *L'Echo de l'Orne*, feuille d'annonces légales de l'arrondissement de Mortagne. (Mortagne,
impr. Daupeley, in fol.). 1868, n° 20 (14 mai), p. 2 col. 1 et 2 ;
n° 21 (21 mai), p. 2 col. 1-3 ; n° 23 (4 juin), p. 2 col. 1-3 ; n° 25
(18 juin), p. 3 col. 1-3 ; n° 27 (2 juillet), p. 2 col. 1-3 et p. 3
col. 1 ; et n° 28 (9 juillet), p. 2 col. 2 et 3, et p. 3 col 1.

Et à part :

Notice littéraire et biographique sur l'abbé Fret curé de
Champs, Orne, chanoine honoraire, Auteur des Antiquités
et Chroniques Percheronnes par M. L. De La Sicotière
ancien directeur de la société des antiquaires de Normandie
membre de plusieurs sociétés savantes.
Mortagne Typographie et librairie Daupeley frères Place
d'Armes 1868.
In-8°, 36 pp., et couv. impr. avec le même titre.   [276]

[Toast porté par M. de La Sicotière à M. de Brébisson à
l'excursion faite les 3 et 4 juillet 1868, par la Société Linnéenne
de Normandie à St Léonard des Bois] : *Journal d'Alençon*.
1868, n° 79 (10 juillet), fnc. 1. v°, col. 4, et fnc. 2 r°, col. 1, sous
la rubrique Société Linnéenne de Normandie.   [277]

[Toast porté au banquet de Flers du 13 juillet 1868, à l'occasion de la réunion en cette ville de l'Association normande
(Concours et exposition)] : *Journal d'Alençon*. 1868, n° 84
(18 juillet), fnc. 1 v°, col. 4 et fnc. 2 r°, col. 1.

Reproduit *d'après l'article ci-dessus* : *Journal de Flers*. 1868, n° 16
(5 août), fnc. 1 r°, col. 4 et v° col. 1.   [278]

Chemin de fer d'intérêt local d'Alençon à Condé : *Conseil
général de l'Orne*. Session de 1868. (2° partie :) Procès verbaux
des séances. Pp. 131-143.

Et à part :

Conseil général de l'Orne. Séance du 29 août 1868. Rapport de M. L. De La Sicotière sur les chemins de fer du département.

[P. 12 : Alençon. — E. De Broise, imp. et lith.

In-8°, 12 pp. s. tit. sép.

Reproduit : *Journal d'Alençon.* 1868, n° 106 (10 septembre), fnc. 1 v°, col. 2-4 et fnc. 2 r°, col. 1, dans le compte-rendu du Conseil général.
[279]

Contributions directes. — Répartement. : *Conseil général de l'Orne,* session de 1868 (2ᵉ partie) :) Procès-verbaux des séances. Pp. 159-162.

Rapport fait à la séance du 29 août 1869, au nom de la première commission (finances), par M. de La Sicotière. A la suite se trouve (p. 162) une proposition sur les fonds de non-valeur de 1867.   [280]

[Toast porté par M. de La Sicotière au banquet donné à l'occasion du Concours agricole du Mesle-sur-Sarthe. : *Journal d'Alençon.* 1868, n° 111, (mardi 22 septembre), fnc. 2 r°, col. 1, dans le compte rendu du concours.   [281]

[Toast prononcé le 27 septembre 1868 par M. de La Sicotière au banquet du Comice agricole de Pervenchère au Pin-la-Garenne] : *Journal d'Alençon.* 1868, n° 115 (1ᵉʳ octobre), fnc. 2 r°, col. 3.   [282]

Antiquaire de la ville d'Alençon ou factum historique pour l'église de Sᵗ-Léonard d'Alençon par Lorphelin-Chanfailly — MVCLXXXV — Réimpression publiée et annotée par L. de La Sicotière. 1868. S. *ind. typ.*

Pet. in-8°, 46 pp. 1 fnc. bl.

Une notice biographique et bibliographique occupe les pp. 3-11. La réimpression est aux pp. 13-39 et les pp. 41-46 contiennent les notes. [283]

1869

L'antitabac vers les premières années de ce siècle. : *L'inter-*

médiaire des chercheurs et des curieux. 1869, (25 janvier),
col. 37-38. R.

> Signé : L. de La Sicotière.   [284]

Le P... : *Ibidem*, col. 44. R.

> Signé : L. D. L. S.   [285]

[Notice nécrologique sur M. Pierre-Charles-Hippolyte Charpentier, professeur de mathématiques au collége d'Alençon]
: *Journal d'Alençon*. 1869, n° 21 (18 février), fnc. 2 r°, col. 3 et 4,
sous la rubrique : Nécrologie.

> Signé : L.   [286]

Origine du Dindon : *Intermédiaire des chercheurs*. 1869,
(10 mars), col. 129-130. R.

> Signé : L. de la Sicotière.   [287]

La petite oie : *Ibidem*, col. 130. R.

> Signé : L. D. L. S.   [288]

Erudition de Mathurin Régnier. : *Ibidem*, col. 130 et
col. 130-131. R. (2 articles).

> Signés : L. de La Sicotière, et L. D. L. S.   [289]

La Révolution française écrite par les auteurs latins. : *Ibidem.*,
col. 136. R.

> Signé : L. de La Sicotière.   [290]

Guillotin et guillotine. : *Ibidem.*, col. 140. R.

> Signé : L. D. L. S.   [291]

La Société, « Aide-toi, le ciel t'aidera. » : *Ibidem* (25 mars),
col. 154-155. R.

> Signé : L. de La S.   [292]

Les délassements du père Gérard, ou la Poule de Henri IV
au pot en 1792. : *Ibidem*, (25 mars), col. 160-161. R.

Signé : L. de la Sicotière.   [293]

Cartes et Médailles des Conventionnels. : *Ibidem*, (10 avril),
col. 190. R.

Signé : L. D. L. S.   [294]

Portrait ancien de Salomon de Caus : *Ibidem*, (25 avril),
col. 219-220. R.

Signé : L. de la Sicotière. Voir supra n° 209.   [295]

[Discours prononcé aux obsèques de M. Lefrou, avoué à
Alençon.] : *Journal d'Alençon*. 1869, n° 30 (11 mars), fnc. 1 v°,
col. 4, et fnc. 2 r° col. 1, s. titre.   [296]

A MM. les Electeurs De la 1re Circonscription de l'Orne.
[*Au bas :* Alençon. — E. De Broise, imp].
In-4°, 1 fnc. imprimé au r°.

Circulaire électorale signée : L. De La Sicotière Avocat, — Membre du
Conseil municipal d'Alençon et du Conseil général de l'Orne.
Datée à la fin : Alençon, le 30 avril 1869. Voici le commencement : Mes
chers Concitoyens, Vous me connaissez. J'ai constamment vécu au milieu
de vous.....   [297]

Mot attribué au peintre David : *Intermédiaire des chercheurs*.
1869, (25 avril), col. 230. R.

Signé : L. de La Sicotière.   [298]

Sainte-Geneviève : *Ibidem*, (25 mai), col. 287. R.

Signé : L. de La Sicotière.   [299]

M. Trolley. : *Journal d'Alençon*. 1869, n° 71 (22 juin),
fnc. 1 v°, col. 4.

Article nécrologique, signé : L.   [300]

M. le comte de Charencey. : *Journal d'Alençon.* 1869, nº 81
(15 juillet), fnc. 2 rº, col. 3 et 4.

Article nécrologique signé : L. de La Sicotière, Membre du Conseil
général de l'Orne. Daté du 14 juillet.   [301]

Répartement des contributions directes de 1870. : *Conseil
général de l'Orne,* session de 1869. (2e partie :) Procès-verbaux
des séances. Pp. 17-22.

Ce rapport a été présenté à la séance du 25 août 1869, par M. de La
Sicotière au nom de la 1re commission (finances).   [302]

Centimes extraordinaires communaux. [Rapport fait au nom
de la 1re commission (finances) par M. de La Sicotière, à la
séance du 27 août 1869, sur la fixation du maximum des centimes
extraordinaires que les Communes pourront s'imposer en 1869.]
: *Conseil général de l'Orne.* Session de 1869. (2e partie :)
Procès-verbaux des séances. Pp. 149-153.   [303]

Une nouvelle édition du « Dictionnaire » de Barbier. : *Intermédiaire des chercheurs.* 1869, (10 novembre), col. 631-632. R.

Signé : L. D. L. S.   [304]

Quelques-uns des jeux de nos ancêtres : *Ibidem,* col. 643. R.

Signé : L. de La Sicotière.   [305]

Femme du monde : *Ibidem,* (25 novembre), col. 679. R.

Signé : L. D. L. S.   [306]

Georges Mancel, conservateur de la bibliothèque publique de
Caen, Membre de la société des Antiquaires de Normandie et de
plusieurs autres sociétés savantes. Notice biographique et littéraire, lue à la séance publique des antiquaires de Normandie,
Le 21 décembre 1869 ; Par M. Léon De La Sicotière, Ancien
Directeur de la Société. : *Mémoires de la société des antiquaires de Normandie.* Tome XXVIII de la collection, (3e série,
tome 8 — Caen, Le Blanc-Hardel Mars 1871, in-4º).
Pp. LV-LXXXV.

Et à part :

Notice biographique et littéraire sur Georges Mancel conservateur de la bibliothèque publique de Caen, membre de la Société des antiquaires de Normandie et de plusieurs autres sociétés savantes Lue à la séance publique des antiquaires de Normandie Le 21 décembre 1869 par Léon De La Sicotière Ancien directeur de la Société [*Marque typ. de Le Blanc Hardel*] Caen Imprimerie de F. Le Blanc-Hardel, libraire Rue Froide, 2 et 4 1870.

In-8°, 72 pp. et 1 portr. en photographie.   [307]

1870

Balzac ; Monographies et Notices. : *Intermédiaire des chercheurs*. 1870, col. 11 et 12. R.

Signé : L. de La Sicotière.   [308]

Code Napoléon en vers français. : *Ibidem*, col. 18-19. R.

Signé : L. de La Sicotière.   [309]

« Ce que j'aime » de Victor Hugo. : *Ibidem*, col. 47. R.

Signé : L. de La Sicotière.   [310]

L'Idylle : « Dans les prés fleuris, » etc. : *Ibidem*, col. 49. R.

Signé : L. D. L. S.   [311]

Etude de Mᵉ Maruelle, avoué à Alençon (Orne). M. Elie Royer, propriétaire à Saint-Sauveur-de-Carrouges Défendeur contre Le sieur Gautier & Consorts tous propriétaires et cultivateurs à Saint-Sauveur-de-Carrouges Demandeurs. Alençon Typ., Lith. et Stér. Ch. Thomas, rue du Collège, 8 et 10, près la Bibliothèque. 1870.

In-4° 27 (1) pp., plus la couvert. impr. qui sert de titre.

L'adresse typographique qui se trouve à la dernière pne., porte:
Avril 1870.

Ce mémoire est daté et signé : Alençon, 10 mars 1870. M° De La Sicotière, avocat. M° Maruelle, avoué.   [312]

Cantates de 1814 et 1815 en l'honneur des Bourbons. : *Intermédiaire des chercheurs*. 1870 (10 mai), col. 276-277. R.

Signé : Léon de L. S.   .   [313]

Les Mémoires publiés sous le nom de Mme Roland sont-ils
authentiques. : *Ibidem*., col. 308-310. R.

Signé : L. de La Sicotière.   [314]

Un faux vers de Jean Reboul. : *Ibidem*, col. 311-312. R.

Signé : L. de La Sicotière.   [315]

Henri IV, le bourgeois et la dinde en pal. [*Epigraphe :*]
Le seul roi dont le peuple ait gardé la mémoire. Gudin.
: *Revue de la Normandie*. Tome X, 1870, pp. 330-345.

Signé : L. de la Sicotière.

Et à part :

   Henri IV le bourgeois & la dinde en pal par L. de la
Sicotière. Extrait de la *Revue de la Normandie,* juin 1870.
[*Fleuron typ.*]. Rouen Imprimerie de E. Cagniard, Rues de
l'Impératrice, 88, et des Basnages, 5. 1870.
   In-8°, 18 pp., 1 fnc. bl. Couvert. impr., avec le même
titre.   [316]

Conseil général de l'Orne. Session de 1870. (2e partie :) Procès-
verbaux des séances.

Voir, pour la part prise par M. de La Sicotière, aux travaux de cette
session. Séances des 19 septembre, p. 16 ; 20 septembre, pp. 18, 20, 21, 22
et l'article ci-dessous ; 21 septembre, p. 31 ; 7 octobre, p. 47 ; 8 octobre,
pp. 53-54 ; 10 novembre, pp. 57, 67, 68, 69 ; et 11 novembre, p. 75.   [317]

[Rapport verbal fait par M. de La Sicotière à la séance du
20 septembre 1870 relatif à la déclaration d'utilité publique du

chemin de fer d'intérêt local d'Alençon à Condé sur Huisnes, par Mortagne.] : *Conseil général de l'Orne.* Session de 1870. (2ᵉ partie :) Procès-verbaux des séances. Pp. 23-26.   [318]

[Circulaire préfectorale adressée aux maires du département de l'Orne, relative à la défense nationale.] *S. ind. typ.*

In-4°, 1 fnç.

Cette circulaire porte en tête : Préfecture de l'Orne Cabinet du Préfet. Elle est datée d'Alençon le 4 octobre 1870, et signée : Le Préfet de l'Orne, Albert Christophle. Le texte commence : Monsieur le Maire, Les Comités cantonaux de défense départementale sont partout organisés en exécution de mes arrêtés des 28, 29 et 30 septembre dernier,.... Sur l'un des exemplaires qu'il possédait de cette circulaire, M. de La Sicotière a écrit : « De moi aux 9/10 et plus. »   [319]

1871

Dissolution des Conseils généraux. Protestation. [*Au bas :* Alençon. — E. De Broise, impr.

In-4°, 2 ffnc., le second blanc.

Circulaire signée par les membres du conseil général de l'Orne, protestant contre le décret du 25 décembre 1870, par lequel la Délégation du Gouvernement dissolvait les Conseils généraux, et les remplaçait par des Commissions administratives dont elle se réservait de désigner les membres, sur la proposition des préfets. M. de La Sicotière a signé cette protestation. Cette circulaire est datée du 4 janvier 1871. Elle a été reproduite : *Journal d'Alençon.* 1871, n° 5 (6 janvier), fnc. 1 v°, col. 2.   [320]

Assemblée Nationale session 1871. N° 3. 5 mai 1871. Amendement Au projet de Loi sur les crédits rectifiés de 1871 (Voir le n° 142) présenté Par MM. de La Sicotière et Courbet-Poulard, Membres de l'Assemblée nationale.

[Fnc. 1 r°, au bas : Imprimerie du Journal officiel à Versailles.

In-8°, 2 ffnc., (le verso du premier et le second sont blancs). S. tit. sép.   [321]

N° 326. Assemblée nationale session 1871. Annexe au procès-verbal de la séance du 15 juin 1871. Rapport sommaire fait au

Pour tous les articles relatifs à des amendements, projets de lois, rapports présentés par M. de La Sicotière à l'assemblée nationale et au sénat, nous avons d'abord indiqué le texte des *Impressions,* puis celui des *Annales parlementaires* et du *Journal Officiel.*

nom de la 4ᵉ commission d'initiative parlementaire sur la proposition de MM. Claude (de la Meurthe), Grandpierre, Lallize et plusieurs de leurs collègues, ayant pour objet de rendre électeurs et éligibles sans conditions de temps de résidence dans leur nouveau domicile en France, les citoyens français, qui, conformément à l'article 2 du traité du 18 mai 1871 avec l'Allemagne, opteront pour la nationalité française, Par M. De La Sicotière, Membre de l'Assemblée nationale.

[P. 2 : Versailles. —Cerf, imprimeur de l'assemblée nationale, 59, rue du Plessis.

In-4°, 2 pp., et 1 fnc. blanc. S. tit. sép. (Impressions).

Se trouve également : *Annales de l'Assemblée nationale*. Compte-rendu in-extenso des séances. Annexes. Tome III : Du 13 mai au 11 juillet 1871 (Paris, impr. Wittersheim, in-4°), p. 442 col. 1. (V. aussi p. 421) et : *Journal Officiel* de la République française. (Paris, impr. Wittersheim, in 4°). 1871 (3ᵉ année), p. 1625 col 1.   [322]

N° 406. Assemblée nationale session 1871. Annexe au procès-verbal de la séance du 20 juillet 1871. Rapport sommaire fait au nom de la 4ᵉ commission d'initiative parlementaire, sur la proposition de MM. Vilfeu, Albert Desjardins, et plusieurs de leurs Collègues, ayant pour objet d'ajouter aux articles 471 et 473 du Code pénal des dispositions répressives de l'ivresse, Par M. De La Sicotière, Membre de l'Assemblée nationale. [P. 7 : Versailles. — Cerf, imprimeur de l'assemblée nationale, 59, rue du Plessis.

In-4°, 7 (1) pp. S. tit. sép.

Se trouve également : *Annales de l'Assemblée Nationale*. Tome IV, Annexes, pp. 70-71, et : *Journal officiel*. 1871, p. 2386 col 1-3 et p. 2387 col 1.
                                    [323]

Lettre. Réponse adressée par M. Léon De La Sicotière, candidat au Conseil Général, à un article publié dans le *Progrès* du 7 octobre 1871. [Col. 2, à la fin : Alençon. E. De Broise, imp.

Pet. in-fol. à 2 col., 1 fnc. impr. un recto.

Daté à la fin : Samedi matin, 7 octobre 1871. Nous ne savons où cette lettre a pu être d'abord publiée ; En voici l'incipit : Monsieur le Rédacteur du *Progrès*. A plusieurs reprises, vous avez attaqué avec amertume ma candidature,.....   [324]

A MM. les électeurs Du canton (Ouest) d'Alençon. [Au v° :
Alençon. — E. De Broise, imp. S. d. [1871].

In-4°, 1 fnc.

Signé : Léon de La Sicotière, député de l'Orne, ancien vice-président du
Conseil général, membre du Conseil municipal d'Alençon. Voici le commencement de cette circulaire, rédigée en vue des élections pour le Conseil
général : Mes chers Concitoyens, Vous m'avez, à deux reprises et à la
presqu'unanimité, choisi pour vous représenter au Conseil général.... [325]

1872

N° 1238. Assemblée nationale année 1872. Annexe au procès-
verbal de la séance du 22 juin 1872. Rapport sommaire fait au
nom de la 11e commission d'initiative parlementaire sur la
proposition de loi de M. Noel Parfait, ayant pour but d'introduire une modification dans le Règlement de l'Assemblée
Nationale, Par M. de La Sicotière, Membre de l'Assemblée
nationale.

[P. 6 : Versailles. — Cerf, imprim. de l'assemblée nationale,
59, rue du Plessis.

In-4°, 6 pp., 1 fnc., s. tit. sép.

Se trouve également : *Annales de l'Assemblée nationale*, T. XII, annexes
p. 80 col. 1 et 2, et p. 81 col. 1, et : *Journal Officiel.* 1872 p. 4784 col. 2 et 3
et p. 4785 col 1.   [326]

La statue de Vergniaud au musée de Versailles : *Le Droit*,
journal des tribunaux, de la jurisprudence, des débats judiciaires et de la législation. (Paris, impr. Balitout, Questroy
et Cᵉ. in fol). 1872, n° 211 (vendredi 6 septembre), p. 867. col. 3
et 4, sous la rubrique : Variétés.

Signé : L. de la Sicotière, Avocat, membre de l'assemblée nationale.
Cette statue est de Pierre Cartellier qui l'avait exécutée en plâtre pour le
grand escalier du sénat au Luxembourg.   [327]

N° 1416ˣ. Assemblée nationale année 1872. Annexe au Procès-
verbal de la séance du 22 décembre 1872. Rapport fait au nom
de la Commission d'enquête sur les actes du Gouvernement de
la Défense nationale. (Sous-commission du Sud-Ouest). Affaire

de Dreux. Par M. de La Sicotière, Membre de l'Assemblée nationale.

[P. 147 : Versailles, 59, rue du Plessis, Cerf & fils, imprimeurs de l'assemblée nationale.

In-4°, 147 (1) pp. S. tit. sép.

Se trouve également : *Annales de l'Assemblée nationale.* T. XX, pp. 257-336, et : *Journal Officiel.* 1873, pp. 5253-5255 ; 5271 et 5272 et 5332-5334.   [328]

N° 1416° Assemblée nationale année 1872. Annexe au procès-verbal de la séance du 22 décembre 1872. Rapport fait au nom de la commission d'enquête sur les actes du Gouvernement de la Défense nationale, Par M. De La Sicotière, Membre de l'Assemblée nationale. Algérie. Tome premier. Rapport.

Versailles Cerf et fils, imprimeurs de l'assemblée nationale, 59, rue du Plessis, 59. 1875.

In-4°, 4 ffnc., le premier blanc (faux-titre, titre et composition de la Commission d'enquête), 911 (1) pp., (la p. 911 est par erreur, chiffrée 912). Couvert. impr. avec même titre.

N° 1416°........ Tome II Dépositions des témoins.

Versailles...... 1875.

In-4°, 1 fnc., 296 pp., 2 ffnc. (le deuxième blanc). Couvert. impr. avec même titre.

Se trouve également : *Annales de l'Assemblée Nationale.* Tome XXVI pp. 329-970, et : *Journal Officiel.* 1875. pp. 2264-2274 ; 2371-2373 ; 2391-2396 ; 2445 col. 2, — 2449 ; 2468 col 2 et 2469 ; 2487-2490 col 1 ; 2513 col. 1 — 2514 col. 2 ; 2556 col 2, — 2558 ; 2580-2582 ; 2603 col 2 — 2608 col. 1 ; 2643-2651 col. 1 ; 2670-2682 col. 2 ; 2699-2715 col. 2 ; 2732-2746 col. 1 ; 2764-2772 col. 2 ; 2787-2802 ; 2835-2850 ; 2867-2883 ; 2898 col 2 — 2914 col. 1 ; 2931-2939 ; 2957-2963 ; 2980-2987 col. 1 ; 3003 col. 3 — 3005 col. 2 ; 3019 col. 3 — 3027 col. 2 ; 3049-3058 ; 3076-3080 col. 1 ; 3100-3113 col. 1 ; 3132 col. 2 — 3140 col. 2 ; 3154 col. 3 — 3164 col. 1 ; 3229-3233 col. 2 ; 3253-3256 col. 2 ; 3291-3294 col. 1 : 3315 col. 3. — 3320 col. 2.   [329]

Assemblée nationale. : *Almanach de l'Orne.....* (Alençon E. De Broise, imprimeur-éditeur, in-16). Année 1872 pp. 97-111 ; 1873. pp. 67-79.

Anonyme. C'est une esquisse des travaux de l'Assemblée nationale.   [330]

1873

N° 1er. 5 février 1873. Assemblée nationale année 1873.

Amendement à la proposition de loi de MM. Delacour, Bocher et de plusieurs de leurs collègues, sur les Haras et les Remontes. (Voir le n° 1574) présenté Par MM. de la Sicotière et du Portail, Membres de l'Assemblée nationale.

[P. 2 : Versailles, 59, rue du Plessis. Cerf & fils, imprimeurs de l'assemblée nationale.

In-8°, 2 pp., 1 fnc. bl., s. tit. sép.

Voir aussi : *Annales de l'Assemblée nationale*, t. 31, p. 183.   [331]

N° 19. 2 avril 1873. Assemblée nationale année 1873. Amendement Au projet de loi portant : 1° remboursement en 26 annuités à la ville de Paris d'une partie de la contribution de guerre imposée par la convention du 28 janvier 1871 ; 2° approbation de mesures proposées par le Conseil municipal pour la réparation de certaines catégories de dommages causés aux propriétés mobilières et immobilières. (Voir les n°ˢ 1407-1711), présenté Par M. de La Sicotière, Membre de l'Assemblée nationale.

[Fnc. 1 r°, au bas : Versailles, 59, rue du Plessis, Cerf et fils imprimeur de l'assemblée nationale.

In-8°, 2 ffnc., le second blanc. S. tit. sép.   [332]

[*Compte-rendu :*] 1870-1871 Par Eugène Bazin (1).

(1) Paris, Sauton, in 8°.

: *Journal d'Alençon*. 1873, n° 58 (jeudi 15 mai), fnc. 2 r°, col. 3 et 4, sous la rubrique : Bibliographie.

Signé : L.   [333]

N° 45. 2 décembre 1873. Assemblée nationale année 1873. Amendement Au projet de loi portant fixation du Budget général des dépenses et des recettes pour l'exercice 1874. (Voir les n°ˢ 1675-2058). présenté par MM. Paul Bert, Labélonye, de la Sicotière, Voisin. Membres de l'Assemblée nationale.

[Fnc. 1 r°, au bas : Versailles, 59, rue du Plessis, Cerf & fils, imprimeurs de l'assemblée nationale.

In-8°, 2 ffnc., le second blanc. S. tit. sép.   [334]

1874

Deux vers sur Cicéron. : *Intermédiaire des chercheurs et des curieux*. 1874 (25 janvier), col. 12. Q.

Signé : L. D. L. S.   [335]

Thérèse Le Vasseur : *Ibidem* (10 février), col. 47-48. R.

Signé : L.   [336]

L'abbé de Fontenay. : *Journal d'Alençon*. 1874, n° 18 (10 février), fac. 1 v°, col. 5 et fac. 2 r°, col. 1.

Article nécrologique anonyme.   [337]

N° 2262. Assemblée nationale année 1874. Annexe au procès-verbal de la séance du 6 mars 1874. Rapport sommaire fait au nom de la 26° commission d'initiative parlementaire chargée d'examiner la proposition de M. Hervé de Saisy, tendant à réduire à deux le nombre des Questeurs, Par M. de la Sicotière. Membre de l'Assemblée nationale.

P. 3 : Versailles, 59, rue du Plessis, Cerf & fils imprimeurs de l'assemblée nationale.

In-4°, 3 (1) pp. S. tit. sép.

Se trouve également : *Annales de l'Assemblée nationale*. T. XXX Annexes, p. 63 col. 2 et p. 64 col. 3, et : *Journal Officiel*. 1874, p. 2292 col. 3 et p. 2293 col.   [338]

Lettre de M. de La Sicotière insérée dans l'article nécrologique intitulé : M. Daulne. : *Journal d'Alençon*. 1874, n° 68 (9 juin), fac. 1 v°, col. 5, et fac. 2 r°, col. 1.

Dans cette lettre, datée de Versailles, 8 juin, M. de La Sicotière, ancien élève de M. Daulne propose d'élever à la mémoire de celui-ci un monument. On sait que cette idée aboutit à l'érection d'un buste.   [339]

N° 2461. Assemblée nationale année 1874. Annexe au procès-verbal de la séance du 11 juin 1874. Rapport fait au nom de la 26° commission d'intérêt local chargée d'examiner le projet de loi tendant a autoriser la ville de Louviers (Eure) à emprunter une somme de 200,000 fr. et à s'imposer extraordinairement, Par M. de La Sicotière, Membre de l'Assemblée nationale.

[P. 5 : Versailles, 59, rue du Plessis, Cerf & fils, imprimeurs de l'Assemblée nationale.

In-4°, 5 (1) pp., et 1 fnc. bl., s. tit. sép.

Se trouve aussi : *Annales de l'Assemblée Nationale*. T. 32, annexes : pp. 165 col. 2 et 166, et : *Journal Officiel*. 1874, p. 4582.   [340]

[Coup d'œil sur les historiens du Perche]. : *Bulletin de la soc. de l'hist. de Normandie. Année 1870-75*. (Rouen, 1875, in 8°). Pp. 192-209, sans titre, dans le procès verbal de l'assemblée générale du 2 juillet 1874.

Et à part :

Coup d'œil sur les historiens du Perche. Discours lu à la Séance générale de la Société de l'Histoire de Normandie, le 2 juillet 1874 par M. Léon De La Sicotière Président d'honneur Ancien Directeur de la Société des Antiquaires de Normandie Membre de l'Assemblée nationale. [*Fleuron typogr.*] Rouen Imprimerie de Henry Boissel rue de la Vicomté, 55. 1874.

In-8°, 20 pp., et couv. impr. avec le même titre dans un encadr. de filets typogr. Papier vergé.   [341]

La poésie politique au concours général. : *Intermédiaire des chercheurs*. 1874, (10 juillet), col. 362. R.

Signé : L. D. L. S.   [342]

1875

Mort de M. Du Portail, député de l'Orne : *Journal d'Alençon*. 1875, n° 7 (16 janvier), fnc. 1 v°, col. 5 et fnc. 2 r°, col. 1.

Anonyme.   [343]

N° 2969. Assemblée nationale année 1875. Annexe au procès-verbal de la séance du 19 mars 1875. Rapport fait au nom de la commission chargée d'examiner les propositions de MM. Pernolet, de Tillancourt et Grange, ayant pour objet de modifier le règlement de l'Assemblée nationale, relativement au mode de nomination : 1º des Commissions de permanence ; 2º des Commissions extraordinaires ; 3º des Membres du bureau de l'Assemblée .Représentation des minorités.. Par M. de La Sicotière, Membre de l'Assemblée nationale.

[P. 32 : Versailles, 59, rue du Plessis, Cerf & fils, imprimeurs de l'assemblée nationale.

In-4º, 32 pp., s. tit. sép.

Se trouve également : *Annales de l'assemblée nationale* T. 37, annexes, p. 182-190 ; voir aussi p. 320, et : *Journal Officiel*. 1875, pp. 3760-3762 col. 1 ; 3791-3793 col. 2. [344]

Nº 3130. Assemblée nationale année 1875. Annexe au procès-verbal de la séance du 28 juin 1875. Rapport fait au nom de la 33ᵉ commission d'intérêt local sur le projet de loi tendant à autoriser le département de Loir-et-Cher à contracter un emprunt pour l'agrandissement de l'Asile des aliénés de Blois. Par M. de La Sicotière, Membre de l'Assemblée nationale.

[P. 4 : Versailles, 59, rue du Plessis, Cerf et fils, imprimeurs de l'assemblée nationale.

In-4º, 4 pp., s. tit. sép.

Se trouve également : *Annales de l'assemblée nationale*. T. 39, annexes, p. 140, et aussi : *Journal Officiel*. 1875, p. 5511 col. 2 et 3. [345]

Nº 3211. Assemblée nationale année 1875. Annexe au procès-verbal de la séance du 20 juillet 1875. Rapport fait au nom de la 34ᵉ commission d'intérêt local sur le projet de loi portant établissement d'une surtaxe sur l'alcool et l'absinthe à l'octroi de la commune de Landerneau (Finistère), Par M. de La Sicotière, Membre de l'Assemblée nationale.

[P. 4 : Versailles, 59, rue du Plessis, Cerf & fils, imp. de l'assemblée nationale.

In-4º, 4 pp., s. tit. sép.

Se trouve aussi : *Annales de l'assemblée nationale*. T. 40, annexes, p. 559, et : *Journal Officiel*. 1875, p. 6411 col. 2. [346]

Séance du jeudi 22 juillet 1875. Annexe nº 3238. Rapport fait au nom de la 33ᵉ commission d'intérêt local sur le projet de loi tendant à autoriser le département des Hautes-Alpes à contracter un emprunt pour les travaux des chemins de grande communication et d'intérêt commun, par M. de La Sicotière, membre de l'Assemblée nationale.

: *Annales de l'assemblée nationale.* T. 41, annexes, pp. 13 et 14 col. 1.

Se trouve aussi : *Journal Officiel.* 1875, p. 6889 col. 1 et 2.

[347]

[Discours prononcé à la distribution des prix du lycée d'Alençon, par M. de La Sicotière, le 9 août 1875]. : *Journal d'Alençon.* 1875, n° 92 (10 août), fnc. 1 r°, col. 1-3, dans le compte rendu de la cérémonie, sous la rubrique : Distribution des prix au lycée d'Alençon.

Et à part :

Distribution des prix du Lycée d'Alençon. 9 août 1875. Discours de M. L. de La Sicotière membre de l'Assemblée nationale Président.

[P. 8 : Alençon. — E. De Broise. Août 1875.

In-8°, 8 pp., s. tit. sép.

[348]

[*Compte-rendu :*] La mort de Louis XVI. Scènes Historiques. Le 10 Août — le 2 Septembre — le 21 Janvier. Par A. du Chatellier, correspondant de l'Institut de France. 3e édition, Paris, Picard, 1875 ; 1 vol. in-8°. : *Journal d'Alençon.* 1875, n° 139 (27 novembre), fnc. 1 r° et v°, en feuilleton.

Anonyme.

Et à part :

Avec le même titre. [P. 11 : Alençon. — E. De Broise — Nov. 1875.

In-8°, 11 (1) pp., s. tit. sép.

Signé : Léon de La Sicotière. Ce tiré à part est sur papier vergé. [349]

[Lettre de M. de la Sicotière, adressée au directeur du *Progrès de l'Orne*] : *Le Progrès de l'Orne,* journal du département de l'Orne (Alençon, impr. E. Pessey, in-fol). 1875, n° 84 (27 novembre), fnc. 2 r°, col. 3.

Cette lettre datée de Versailles 24 novembre 1875, rectifie une erreur typographique commise dans un article du *Progrès de l'Orne*, (1875, n° 81 (20 novembre) fnc. 1 v°, col. 2), relatif à la discussion dans le 4° bureau de l'Assemblée nationale du projet de loi présenté par MM. Buffet et par M. Dufaure à l'Assemblée nationale sur la répression des délits qui peuvent être commis par voie de la presse ou par tout autre moyen de publication et sur la levée de l'état de siège. Le *Progrès de l'Orne* de 1875, n° 81 (20 nov.) et n° 82 (23 nov.) fnc. 1 v°, col. 2, faisait dire à M. de la Sicotière que « le jury était bon tout au plus pour commettre des attentats aux mœurs et encore. » Cette lettre a été également imprimée : *Journal d'Alençon*. 1875, n° 139 (27 novembre), fnc. 1 v° col. 5 et fnc. 2 r°, col. 1.   [350]

Elections sénatoriales. A Messieurs les Députés, Conseillers généraux, Conseillers d'arrondissement et Délégués des Conseils municipaux du département de l'Orne.

[*Au bas :* Alençon. — E. De Broise, imp. — Janv. 1876.

In-4°, 1 fnc. impr. au recto.

Daté à la fin : Alençon, 17 janvier 1876. et signé : L. de La Sicotière Député. En voici le commencement : Mes chers Concitoyens, Le Sénat, dont vous allez nommer trois membres, doit être, à mon sens, essentiellement conservateur....

    Cette circulaire a été reproduite : Circulaire de M. Léon De La Sicotière. A Messieurs les Députés.... [*même titre que ci-dessus*] : *Journal d'Alençon*. 1876, n° 8 (18 janvier), fnc. 2 r°. col. 1. sous la rubrique : Bulletin électoral. *Et également :* Circulaire de M. Léon De La Sicotière : *Le Bulletin électoral de l'Orne* (Alençon. — E. De Broise, impr. in-4°). 1876, n° 3 (3 février), fnc. 2 r°, col. 1 et 2, sous la rubrique : Les professions de foi des trois élus.   [351]

N° 47 Sénat session 1876. Annexe au Procès-verbal de la Séance du 22 mai 1876. Proposition de loi relative à la destruction des insectes nuisibles à l'agriculture et à la conservation des oiseaux utiles. Présentée par MM. De La Sicotière, Grivart le comte de Bouillé Sénateurs.

[P. 36 : Versailles. — imprimerie du Sénat. — A. Bourdilliat.

In-4°, 36 pp., s. tit. sép.

Se trouve également : *Annales du Sénat et de la Chambre des députés*. Session ordinaire de 1876. T. II, annexes. pp. 134 col. 2 — 143. Voir aussi Sénat p. 135 et session extraordinaire de 1876. T. 1 (30 octobre-30 novembre), pp. 64-65.

    Il a été fait de cette proposition un rapport de M. Oudet sénateur, publié sous ce titre :

    N° 216 Sénat session 1876. Annexe au Procès-verbal de la Séance du 8 août 1876. Rapport Sommaire fait au nom de la 3° commission d'initiative parlementaire, chargée d'examiner la proposition de loi de MM. de la Sicotière, Grivart et le comte de Bouillé, relative à la destruction des insectes nuisibles à l'agriculture et à la conservation des oiseaux utiles, par M. Oudet, Sénateur. [P. 5 : Versailles. — imprimerie du sénat. — A. Bourdilliat.

In-4°, 5 (1) pp., 1 fnc. blanc, s. tit. sép.	[352]

Le département de l'Orne à l'exposition des beaux-arts. 1876. : *Journal d'Alençon*. 1876, n° 68 (jeudi 8 juin), fnc. 2 r°, col. 3-4.

Anonyme.	[353]

N° 196. Sénat. Session 1876. Annexe au Procès-verbal de la Séance du 7 août 1876. Rapport fait Au nom de la 5e Commission d'intérêt local chargée d'exminer le projet de loi voté par la Chambre des Députés et tendant à autoriser le département de l'Orne à contracter un emprunt pour l'achèvement des chemins vicinaux ordinaires, par M. L. De La Sicotière Sénateur.

[P. 4 : Versailles. — Imprimerie du Sénat. — A. Bourdilliat. In-4°, 4 pp., s. tit. sép.

Se trouve également : *Annales du Sénat et de la Chambre des députés*. Tome IV, Annexes, pp. 123-124 col. 1. Voir aussi *Ibidem*, Sénat p. 44.

Reproduit sous la rubrique : Nouvelles départementales : *Journal d'Alençon*. 1876, n° 97 (17 août), fnc. 1 v°, col. 1-3.	[354]

N° 207. Sénat session 1876. Annexe au Procès-Verbal de la séance du 8 août 1876. Rapport fait au nom de la 5e Commission d'intérêt local chargée d'examiner le projet de loi, voté par la Chambre des Députés, tendant à autoriser le département de l'Orne à s'imposer extraordinairement pour le payement d'une subvention destinée à la construction d'un réseau de chemins de fer d'intérêt général, par M. De La Sicotière Sénateur.

[P. 4 : Versailles. — Imprimerie du Sénat. — A. Bourdilliat. In-4°, 4 pp., s. tit. sép.

Se trouve également : *Annales du Sénat et de la Chambre des députés*. T. V. Annexes, pp. 144 et 145 col. 1. Voir aussi *Ibid.*, Sénat, p. 61.

Reproduit :

Rapport au Sénat De M. de la Sicotière, sur le projet de loi tendant à autoriser le département de l'Orne à s'imposer extraordinairement pour le paiement d'une subvention destinée à la construction de chemins de fer dans l'Orne. : *Journal d'Alençon*. 1876, n° 98 (19 août), fnc. 1 v°, col. 2 et 3.	[355]

Rapport fait au nom de la 5e commission d'intérêt local chargée d'examiner le projet de loi voté par la Chambre des députés, ayant pour objet l'établissement de surtaxes à l'octroi de Callac (Côtes-du-Nord), par M. de la Sicotière, sénateur. : *Annales du Sénat et de la Chambre des députés*. T. V, '3 au 12 août 1876). Annexes, N° 253), p. 222 col. 1 et 2. Voir : *Ibid.*, Sénat, p. 190 col. 1 et 2.   [356]

Rapport fait au nom de la 5e commission d'intérêt local chargée d'examiner le projet de loi voté par la Chambre des députés, ayant pour objet l'établissement de surtaxes sur les boissons à l'octroi de Saint-Venant (Pas-de-Calais), par M. de la Sicotière, sénateur. : *Annales du Sénat et de la Chambre des députés*. T. V. Annexes (N° 254), p. 222 col. 2, et p. 223 col. 1. Voir *Ibidem*, Sénat, p. 191 col. 1.   [357]

Rapport fait au nom de la 5e commission d'intérêt local chargée d'examiner le projet de loi voté par la Chambre des députés, tendant à autoriser le département des Alpes-Maritimes à s'imposer extraordinairement pour le service d'un emprunt et pour les travaux des chemins vicinaux par M. de la Sicotière, sénateur. : *Annales du Sénat et de la Chambre des députés*. T. V. Annexes (n° 255), p. 223. Voir également *Ibidem*, p. 190 col. 1 et 2.   [358]

Salomon de Caus. : *Intermédiaire des chercheurs*. 1876, (10 septembre), col. 520. R.
Signé : L. de la Sicotière.   [359]

Pots-pourris. : *Ibidem*, col. 523-524. R.
Signé L. de la Sicotière.   [360]

La liste des condamnés à mort. : *Ibidem*, col. 525-526. R.
Signé : L. de la Sicotière.   [361]

Prendre le Daru. : *Ibidem*, col. 527. R.
Signé : L. D. L. S.   [362]

Drames sur Marie-Antoinette. : *Ibidem*, col. 528. R.
Signé : L. de la Sicotière.   [363]

« Philotanus » et « Sarcellades ». : *Ibidem*, col. 529-530. R.
Signé : L. D. L. S.   [364]

Causes grasses. : *Ibidem*, col. 530. R.
Signé : L. D. L. S.   [365]

Les filles de Loth : *Ibidem*, col. 531. R.
Signé : L. D. L. S.   [366]

Moineau. : *Ibidem*, col. 531. R.
Signé : L. de La Sicotière.   [367]

Ouvrages imprimés sur papier extraordinaire. : *Ibidem*,
col. 531-532. R.
Signé : L. de La Sicotière.   [368]

Livres imprimés en format exigu. : *Ibidem*, col. 532. R.
Signé : L. de La Sicotière.   [369]

Noms patronymiques. : *Ibidem*, col. 532. R.
Signé : L. D. L. S.   [370]

Discourir sur la pointe d'une aiguille. : *Ibidem*, col. 532. R.
Signé : L. D. L. S.   [371]

Séide. : *Ibidem*, col. 532-533. R.
Signé : L. D. L. S.   [372]

Ceci tuera cela. : *Ibidem*, (25 septembre), col. 570. R.
Signé : L. D. L. S.   [373]

Le Père Bougeant et la Bibliothèque bleue. : *Ibidem*, col. 571. R.

Signé : L. de La Sicotière.   [374]

« Hortus Palatinus » de Salomon de Caus. : *Ibidem*, (10 octobre). col. 582. Q.

Signé : L. de La Sicotière.   [375]

Le général Letellier de Valazé : *Journal d'Alençon*, 1876 (n° 122. samedi, 14 octobre), fnc. 1, v°, col. 4 et 5 et fnc. 2 r° col. 1.

Anonyme.   [376]

[Compte-rendu de la séance du Sénat, du 6 novembre 1876] : *Journal d'Alençon*. 1876, n° 131 (7 novembre).

Anonyme M. de La Sicotière est l'auteur du passage qui se trouve au fnc. 1 v°, col. 1 depuis la ligne 9 jusqu'à la fin du compte rendu. Ce passage commence : « M. le duc Pasquier parcourt ensuite......... Et finit: « .... il est cinq heures et quart.   [377]

Le sénat et la chambre des députés : *Journal d'Alençon*, 1876. Premier article : n° 135 (jeudi 16 novembre), fnc. 1, r°, col. 3 et 4 et v°, col. 1.; deuxième article : n° 136 (samedi 18 novembre), fnc. 1 r°. col. 2-4.

Anonyme.   [378]

Salomon de Caus. : *Intermédiaire des chercheurs*. 1876, (10 décembre), col. 713. R.

Signé : L. de La Sicotière. Cette communication se rapporte à la réponse faite : *Ibidem* col. 552, signée H. de S., et est relative à l'orthographe du nom de M. de Graimberg qui avait été imprimé : Gruimberg dans l'*Intermédiaire* de 1864, p. 181.   [379]

Le cordonnier Simon : *Ibidem*, col. 726-727. R.

Signé : L. D. L. S.   [380]

Antimoine. : *Ibidem*, col. 727. R.

Signé : L. D. L. S.   [381]

Chants Saints-Simoniens. : *Ibidem*, col. 735-736.
Signé : L. de la Sicotière.   [382]

Œuvres scientifiques et littéraires des Rois. : *Ibidem*,
(25 décembre), col. 747. Q.
Signé : L. d. L. S.   [383]

Les Mémoires publiés sous le nom de Mme Roland sont-ils
authentiques. : *Ibidem*, col. 749. R.
Signé : L. de la Sicotière.   [384]

Le jeune moraliste de la Muse française. : *Ibidem*, col. 750. R.
Signé : L. d. L. S.   [385]

Gargantua. : *Ibidem*, col. 753-754. R.
Signé : L. d. L. S.   [386]

Périssent les colonies plutôt qu'un principe. : *Ibidem*,
col. 759-760. R.
Signé : L. de la Sicotière.   [387]

1876-1877

Le curé Cantiteau. : *Revue historique, littéraire et archéologique de l'Anjou*, (Angers, impr.-libr. E. Barassé, in-8°).
1876² (8ᵉ année, tome XVI), pp. 346-357 ; 1876³, (8ᵉ année,
tome XVII), pp. 288-318 ; 1877¹ (9ᵉ année, t. XVIII), pp. 50-66.
Signé : L. D. L. S.
A partir du second article, il y a en sous-titre : Notes sur les Cathelineau.

Et à part avec le nom de l'auteur :

Le curé Cantiteau. Notes sur les Cathelineau par M. L. De
La Sicotière. 1877.
[P. 86 : Angers, imp. E. Barassé. —Germain et G. Grassin,
successeurs.

7

In-8°, 1 fnc., 86 pp. et 1 fnc. bl. Couv. impr. avec le même titre.

Signé p. 86 : L. D. L. S.

Le curé Cantiteau. Notes sur les Cathelineau. Supplément. : *Revue hist., litt., et archéol.. de l'Anjou.* 1878 (11ᵉ année, t. XXI, pp. 14-22.

Signé. L. D. L. S.

Et à part :

Le curé Cantiteau. Notes sur les Cathelineau. Supplément.

[P. 10 : Angers, imp. Germain et G. Grassin.

In-8°, 10 pp., s. tit. sép.

Signé et daté à la fin : L. D. L. S., juillet 1878 : sans indication d'origine.   [388]

1877

Cléry, valet de chambre de Louis XVI. : *Intermédiaire des chercheurs.* 1877, (10 janvier), col. 15. R.

Signé : L. D. L. S.   [389]

Un opuscule de Leibnitz. : *Ibidem,* col. 16. R.

Signé : L.   [390]

La « Revue des Sociétés savantes ». : *Ibidem.* Voir col. 27. R.

Signé : L. D. L. S.   [391]

Présidence de la République ; Ch. Richelet. : *Ibidem,* (25 janvier, col. 46-47. R.

Signé : L. de la Sicotière.   [392]

Laboremus. : *Ibidem,* (10 février), col. 79. R.

Signé : L. D. L. S.   [393]

Le style, c'est l'homme : *Ibidem,* col. 80. R.

Signé : L. de La Sicotière.   [394]

Un ouvrage de Sainte-Beuve à retrouver. : *Ibidem*, 25 février; col. 115 et 116. R.

Signé : L. D. L. S. [395]

Les papiers du Dr Desgenettes. : *Ibidem*, col. 121. R.

Signé : L. de La Sicotière. [396]

N° 17. Sénat. Session ordinaire 1877. Annexe au Procès-verbal de la séance du 5 février 1887. Rapport fait Au nom de la Commission chargée d'examiner la demande en autorisation de poursuites contre M. Dauphin, sénateur du département de la Somme, présentée par M. Cresson, propriétaire à Amiens, par M. De La Sicotière Sénateur.

[P. 6 : Versailles. — Imprimerie du Sénat. — A. Bourdilliat. In-4°, 6 pp., 1 fnc. bl., s. tit. sép.

Se trouve également : *Annales du Sénat et de la Chambre des députés.* Session ordinaire de 1877. T. I. (9 janvier-19 février). Annexes, pp. 183 et 184 col. 1. Voir *Ibidem*, Sénat, p. 83. [397]

Le vieux Sergent de Béranger : *Intermédiaire des chercheurs*. 1877 (25 février), col. 124. R.

Signé : L. de la S. [398]

Les souvenirs de Saint-Cyr. : *Ibidem*, (10 mars), col. 159-160. R.

Signé : L. D. L. S. [399]

Andrieux et Noël. : *Ibidem*, (25 mars), col. 181. R.

Signé : L. D. L. S. [400]

Le Mémorial encyclopédique. : *Ibidem*, (10 avril), col. 220-221. R.

Signé : L. de La Sicotière. [401]

[*Compte-rendu :*] Vie de Jeanne d'Arc par Mme E. de Laboulaye ; 1 vol. in-12. (Paris et Lyon, Pélagaud. : *Journal d'Alençon*. 1877, n° 52 3 mai, fnc. 2 r°, col. 3 et 4.

Signé : L. D. L. S.

Et à part :

Vie de Jeanne D'Arc Par Mme E. de Laboulaye. Un volume in-12. (Paris et Lyon, Pélagaud).
[Fnc. 2 r° : Alençon. — E. De Broise, imp. S. d.
In-8°, 2 ffnc.

Signé : Léon De La Sicotière.   [402]

Pauvre Didon : *Intermédiaire des chercheurs.* 1877, (10 mai), col. 268. R.

Signé : L. D. L. S.   [403]

Défense de faire, etc. : *Ibidem*, col. 276. R.

Signé : L.   [404]

Le cœur du roi saint Louis : *Ibidem*, col. 277. R.

Signé : L. de la S.   [405]

Miss Williams : *Ibidem*, (25 mai), col. 302-303. R.

Signé : D. de la S.   [406]

Association des anciens élèves et professeurs du Collége & du Lycée d'Alençon. Inauguration du buste de M. Daulne.
[P. 11 : Alençon. — E. De Broise — Mai 1877.
In-8°, 11 [1] pp., s. tit. sép.

Aux pp. 2-9 se trouve le discours prononcé à cette cérémonie par M. de La Sicotière, ancien élève de M. Daulne qui s'était chargé de présenter à l'administration du lycée le buste de M. Daulne au nom de l'association des anciens élèves.   [407]

N° 160. Sénat session ordinaire 1877. Annexe au Procès-Verbal de la Séance du 22 juin 1877. Rapport fait Au nom de la 5ᵉ Commission d'intérêt local chargée d'examiner le projet de loi, adopté par la Chambre des Députés, tendant à autoriser le département de la Sarthe à s'imposer extraordinairement pour la reconstruction de deux ponts. (Urgence déclarée.) Par M. De La Sicotière Sénateur.

[P. 3. Versailles. — Imprimerie du Sénat. — A. Bourdilliat. In-4°, 3 (1) pp., s. tit. sép.

Se trouve également : *Annales du Sénat et de la Chambre des députés.* 1877. T. III. Annexes, p. 555 col. 1 et 556 col. 1. *Voir Ibidem*, Sénat. p. 162.
[408]

N° 161. Sénat session ordinaire 1877 Annexe au Procès-Verbal de la Séance du 22 juin 1877. Rapport fait Au nom de la 5ᵉ Commission d'intérêt local chargée d'examiner le projet de loi adopté par la Chambre des Députés relatif à un échange de terrains dans le département de l'Orne entre l'Etat et M. Pierre Armand Donon, banquier à Paris. (Urgence déclarée.) Par M. De La Sicotière Sénateur.

[P. 2 : Versailles. — Imprimerie du Sénat. — A. Bourdilliat. In-4°, 2 pp., et 1 fnc. blanc. S. tit. sép.

Se trouve aussi : *Annales du Sénat et de la Chambre des députés.* 1877. t. III. Annexes, p. 656 col. 1. Voir *Ibidem*, Sénat : p. 163 col. 1.   [409]

N° 162. Sénat session ordinaire 1877. Annexe au Procès-Verbal de la Séance du 22 juin 1877. Rapport fait Au nom de la 5ᵉ Commission d'intérêt local chargée d'examiner le projet de loi adopté par la Chambre des Députés ayant pour objet l'approbation d'un échange de terrain entre l'Etat et le Consistoire israëlite de la circonscription de Paris. (Urgence déclarée.) Par M. De La Sicotière Sénateur.

[P. 2 : Versailles. — Imprimerie du Sénat. — A. Bourdilliat. In-4°, 2 pp., 1 fnc. bl., s. tit. sép.

Se trouve aussi : *Annales du Sénat et de la Chambre des députés.* 1877. t. III. Annexes, p. 656. Voir *Ibidem*, Sénat, p. 163 col. 2.   [410]

Etudes rétrospectives. Le journalisme à Laigle : *Le Glaneur de l'Orne et de l'Eure*. (Laigle, impr. Montauzé, in fol. . 1877, n° 22 (15 juillet), fnc. 2 r°, col. 1-3 ; n° 23 (22 juillet), fnc. 1 v°, col. 4-5, et fnc. 2 r°, col. 1-2 ; n° 24 (29 juillet, fnc.   ; n° 25 (5 août), fnc. 2 r°, col. 3 et 4 ; n° 26 (12 août), fnc. 2 r°, col. 2-4 ; n° 30 (9 septembre), fnc. 2 r°, col. 1 et 2 ; n° 31 (16 septembre), fnc. 2 r°, col. 3-5 ; n° 33 (30 septembre), fnc. 1 v°, col. 4 et 5. 1878, n° 9 (3 mars), fnc. 2 r°, col. 1-3 ; n° 10 (10 mars), fnc. 2 r°, col. 2-4 ; n° 13 (21 mars), fnc. 1 v°, col. 5 et fnc. 2 r°,

col. 1 et 2 ; n° 16 (21 avril), fnc. 1 v°, col. 3-5 ; n° 22 (2 juin)
fnc. 1 v°, col. 5 et fnc. 2 r°, col. 1-2 ; n° 24 (16 juin), fnc. 2 r°,
col. 1-4.

Signé L. de La Sicotière, dans le n° du 2 juin 1878. Ce travail fort
intéressant n'a pas été continué.   [411]

« La ouate » ou « l'ouate ». : *Intermédiaire des chercheurs.*
1877 (25 juillet), col. 437-438.

Signé : L. D. L. S.   [412]

Les Catéchismes républicains. : *Ibidem*, col. 433. R.

Signé : L. D. L. S.   [413]

Voyage en Auvergne, par Mérimée. : *Ibidem*, col. 438. R.

Signé : L. D. L. S.   [414]

Une légende de Villenauxe. : *Ibidem*, (10 août), col. 452-453. R.

Signé : L. D. L. S.   [415]

Autographes d'Escousse et de Auguste Lebras. : *Ibidem*,
col. 466. R.

Signé : L. D. L. S.   [416]

La duchesse Louise de Bourbon. : *Ibidem*, (25 août), col. 510. R.

Signé : L. D. L. S.   [417]

Nos radicaux. : *Journal d'Alençon.* 1877, n° 101 (1er septembre),
fnc. 1 v°, col. 3-4 ; n° 102 (4 septembre), fnc. 1 v°, col. 5 ; n° 105
(11 septembre), fnc. 1 v°, col. 4-5 et fnc. 2 r°, col. 1 et 2 ; n° 107
(15 septembre), fnc. 1 v°, col. 1-3.

Anonyme. Articles de polémique électorale.   [418]

Les mots de la place Maubert. : *Intermédiaire des chercheurs.* 1877, (10 septembre), col. 516. Q.

Signé : L. D. L. S.   [419]

Société républicaine de Lazowski. : *Ibidem*, col. 540-541. R.
Signé : L. D. L. S.   [420]

Autographes de Jésus-Christ ; le faussaire Vrain-Lucas. : *Ibidem*, (25 septembre), col. 556. R.
Signé : L. de L. S.   [421]

Code Civil ou Code Napoléon. : *Ibidem*, col. 557. R.
Signé : L. D. L. S.   [422]

L'*Avenir* et le *Courrier*. : *Journal d'Alençon*. 1877, n° 116 (6 octobre), fnc. 1 v° col. 3 et 4.
Anonyme. Article de polémique électorale.   [423]

Électeurs, défiez-vous ! : *Journal d'Alençon*. 1877, n° 118 (11 octobre). Supplément, r°. col. 1.
Anonyme ; article de Polémique électorale.   [424]

L'abbé Santerre. : *Intermédiaire des chercheurs*. 1877, (25 novembre), col. 689-690. R.
Signé : L. D. L. S.   [425]

Te Deum et Stabat Mater. : *Ibidem*, col. 690. R.
Signé : L. D. L. S.   [426]

Delille et M. de La Fayette. : *Ibidem*, col. 691. R.
Signé : L. D. L. S.   [427]

Nouvelle édition de Millevoye. : *Ibidem*, col. 698. R.
Signé : L. D. L. S.   [428]

Prix payés à divers écrivains pour leurs ouvrages. : *Ibid.*, (10 décembre), col. 714. R.
Signé · L. D. L. S.   [429]

N° 198. Sénat session ordinaire 1877. Annexe au Procès-Verbal de la séance du 10 Décembre 1877. Rapport fait Au nom de la Commission chargée d'examiner la proposition de loi de MM. de la Sicotière, Grivart et le comte de Bouillé, relative à la destruction des insectes nuisibles et à la conservation des oiseaux utiles à l'agriculture, par M. De La Sicotière sénateur. Imprimerie du Sénat Versailles — A. Bourdilliat M DCCC LXXVII. In-4°, 156 pp., plus la couvert. impr. qui sert de titre.

> Reproduit : Rapport fait au nom de la commission chargée d'examiner la proposition de loi de MM. de la Sicotière, Grivart et le comte de Bouillié........ par M. de la Sicotière, sénateur.
> : *Annales du Sénat et de la Chambre des députés.* 1877, t. V. Annexes, pp. 374-416. Voir également : *Ibidem,* Sénat p. 37.

N°   — Sénat session ordinaire 1877. Annexe au Procès-verbal de la Séance du   1877. Avant-rapport fait au nom de la Commission [1] chargée d'examiner la proposition de loi de MM. de la Sicotière, Grivart et le comte de Bouillé, relative à la destruction des insectes nuisibles et à la conservation des oiseaux utiles à l'Agriculture, par M. De La Sicotière Sénateur.

[P. 22 : Versailles.— Imprimerie du Sénat.—A. Bourdilliat. In-4°, 22 pp., 1 fnc. blanc. s. lit. sép.

> Voir *Annales du Sénat et de la Chambre des députés.* 1877, t. I, Sénat, p. 79. (séance du 2 février.) Cet avant rapport n'a pas été inséré dans les *Annales*, ni dans le *Journal Officiel*. Nous n'en n'avons vu qu'une épreuve d'après laquelle est prise la description précédente.

> Reproduit partiellement :

Les insectes et les oiseaux : *Le Glaneur* de l'Orne et de l'Eure. 1878, n° 12 (24 mars), fnc. 1 v°, col. 4 et 5 ; n° 14 (7 avril), fnc. 2 r°, col. 1-4 ; n° 17 (28 avril) fnc. 2 r°, col. 2-4.

> Signé : L. de La Sicotière.

> Et aussi : *Journal d'Alençon.* 1878, n° 20 (14 février), fnc. 1 v°, col. 4 et 5 et fnc. 2 r°, col. 1 et 2 ; n° 21 (16 février), fnc. 1 v°, col. 4-5 et fnc. 2 r°, col. 1 et 2.

> Et avec le même titre. : *Le Messager de l'Orne* (Laigle, impr. Montauzé, in fol.). 1878, n° 228 (23 mars), fnc. 2 r°, col. 3 et 4 ; n° 229 (30 mars), fnc. 2 r°, col. 3 et 4 ; n° 231 (13 avril), fnc. 2 r°, col. 3-5 : n° 232 (20 avril), fnc. 2 r°, col. 4 et 5.   [430]

[Rapports faits au nom de la 4e commission du Sénat, par M. de La Sicotière, sur les pétitions n° 82, 98, 106, 108, et 116.

> Voir *Annales du sénat et de la Chambre des députés.* Session de 1877. Tome V. Sénat. p. 78, séance du 17 décembre.   [431]

La mort de Jean Chouan et sa prétendue postérité : *Revue histor. et archéol. du Maine* (Mamers, imp. Fleury et Dangin, in 8"). Tome II, 1877, pp. 551-584.

Signé : L. de La Sicotière.

Et à part :

La mort de Jean Chouan et sa prétendue postérité Par M. L. de La Sicotière. [*Marque des imprimeurs*] Mamers Imprimerie de G. Fleury et A. Dangin 1877.

In-8°, 38 pp., 1 fnc. bl., et couv. impr. avec le même titre.

[432]

Louis XVI et la guillotine. : *Intermédiaire des chercheurs.* 1877, (25 décembre), col. 749. R.

Signé : L. D. L. S.   [433]

Nouvelle édition de Millevoye. : *Ibidem*, col. 755. R.

Signé : L. D. L. S. Voir n° 428.   [434]

Rovilius. : *Ibidem*, col. 763. R.

Signé : L. D. L. S.   [435]

1878

Prénoms singuliers : *Intermédiaire des chercheurs.* 1878, (25 février), col. 110-111. R.

Signé : L.   [436]

Le « Plagiat » de Nodier. : *Ibidem*, col. 119. R.

Signé : L.   [437]

Papiers du comte de Frotté, chef des Chouans de Normandie. : *Ibidem*, (25 mars), col. 170-171. Q.

Signé : L. D. L. S.   [438]

La Moïsade. : *Ibidem*, col. 178. R.

Signé : L.   [439]

Compte-rendu : David d'Angers sa vie, son œuvre, ses écrits et ses contemporains Par M. Henri Jouin secrétaire de la Commission de l'*Inventaire général des Richesses d'Art de la France.* [1].

(1) Paris, Plon, 1878, 2 vol. très-grand in 8°....

: *Journal d'Alençon.* 1878, n° 51 (30 avril), fnc. 2 r°, col. 2-4.

Signé : L. de L. S.

Et à part :

    Même titre que celui ci-dessus. [P. 8 : Alençon. E. De Broise. S. d.

    In-8°, 8 pp., s. lit. sép.

Signé : L. de La Sicotière.   [440]

Le Maréchal de Saxe : *Intermédiaire des chercheurs.* 1878, 10 mai, col. 274. R.

Signé : L.   [441]

Mignonne allons voir si la rose... : *Ibid.,* col. 277. R.

Signé : L. D. L. S.   [442]

Stéphanie Louise de Bourbon. : *Ibid.,* col. 280. R.

Signé : L.   [443]

Modèles en relief de la Bastille. : *Ibid.,* col. 282. R.

Signé : L.   [444]

Têtes mises à prix. : *Intermédiaire des chercheurs.* 1878, 25 juin, col. 358. R.

Signé : L.   [445]

Macaronade classique. : *Ibidem,* col. 367. R.

Signé : L.   [446]

Le « Livre d'Amour » de Sainte-Beuve. : *Ibid.,* col. 379. R.

Signé : L.   [447]

Je suis leur chef! Donc.... : *Ibid.*, (10 juillet , col. 390. R.
Signé : L. D. L. S.   [448]

Têtes mises à prix : *Ibidem*, (10 août), col. 468-469. R.
Signé : L. Voir n° ?   [449]

Un gouverneur de Dieppe en 1636 : *Ibidem*, col. 476. R.
Signé : L. D. L. S.   [450]

Les grenouilles au point de vue héraldique. : *Ibid.*, 10 août,
col. 505. R.
Signé : L.   [451]

Sur un vers.... ou plusieurs vers de Voltaire. : *Ibidem*,
col. 505-506. R.
Signé : L.   [452]

Cantates et chants en l'honneur des Bourbons : *Intermédiaire des chercheurs*. 1878, (25 octobre), col. 620-625. R.
Signé : L. de la Sicotière.   [453]

Rouget de l'Isle et la Marseillaise : *Ibidem*, (10 novembre),
col. 650 et 651. R.
Signé : L. D. L. S.   [454]

Chansons de collége : *Ibidem*, col. 654-655. R.
Signé : L. D. L. S.   [455]

Catalogues des Bibliothèques départementales. : *Ibidem*,
col. 659-660. R.
Signé : L. D. L. S.   [456]

L'Art de mettre sa cravate : *Ibidem*, col. 660. R.
Signé : L. D. L. S.   [457]

Henri Grégoire et sa fortune. : *Ibidem*, col. 661. R.

Signé : L. D. L. S.

[458]

Quatre vers de Chateaubriand. : *Ibidem*, (25 novembre), col. 697. R.

Signé : L. D. L. S.

[459]

Condamnés à mort pendant la Révolution française. : *Ibidem*, col. 700. R.

Signé : L. D. L. S.

[460]

Pacification de la Vendée 1800. Conversation entre un officier envoyé par le général Hédouville et MM. de Chatillon et de Bourmont. : *Revue des documents historiques* (d'Etienne Charavay. Paris, Lemerre, in-8°). 1878 (5° année), pp. 157-170.

Le nom de M. de La Sicotière qui est l'éditeur de cette pièce et l'auteur des notes qui en accompagnent la publication, se trouve dans la note 1 de la p. 157.

Et à part :

Pacification de la Vendée 1800. Conversation entre un officier envoyé par le général Hédouville et MM. de Chatillon et de Bourmont. Document publié et annoté par M. L. De La Sicotière. [*Marque de Charavay*] Paris Charavay frères, éditeurs 1878.

[P. 2 nc. : Typographie Motteroz Rue du Dragon, n° 31.

[P. 16 : Paris. — Typ. Motteroz, 31, r. Dragon.)

In-8°, 16 pp.

Tiré à 150 exemplaires.

[461]

M. Le Bourgeois, député. : *Journal d'Alençon*. 1879, n° 35 (25 mars), fuc. 2 r°, col. 3 et 4 ; sous la rubrique : Nécrologie.

Anonyme.

[462]

N° 556. Sénat session 1878. Annexe au Procès-verbal de la Séance du 18 décembre 1878. Second rapport fait au nom de la commission chargée d'examiner la proposition de loi de MM. de la Sicotière, Grivart et le comte de Bouillé, relative à la conservation des Oiseaux utiles à l'agriculture, (Nouvelle rédaction.) Par M. De La Sicotière Sénateur.

[P. 27 : Versailles. — Imprimerie du Sénat. — P. Mouillot. In-4°, 27 (1) pp., s. tit. sép.

Se trouve aussi : *Annales du Sénat et de la Chambre des députés*. 1878, t. XI (6-21 décembre), annexes, pp. 474-479. Voir également : *Ibidem*, Sénat, p. 184.   [463]

Courbet « le Colonnard » et Inscriptions sur les murailles. : *Intermédiaire des chercheurs*. 1878, (10 décembre, col. 720-721. R.

Signé : L.   [464]

Madame Tallien. : *Ibidem*, col. 733. R.

Signé : L.   [465]

1879

Pétition n° 42 (du 17 mars 1879). — M. André, ancien militaire à Joinville, près Blidah (Algérie), sollicite une augmentation de pension de retraite. : *Annales du Sénat et de la Chambre des députés*. 1879, t. VII, Sénat, p. 104 col. 1.

Rapport présenté par M. de La Sicotière à la séance du sénat du 1er juillet 1879.   [466]

Pétition n° 47 (du 21 mars 1879). M. Delaplace, ancien limonadier, rue de l'Epicerie, 32, à Rouen (Seine-Inférieure, demande l'abrogation du décret de 1871 sur les débits de boissons. : *Ibidem*, p. 105 col. 1 et 2.

Rapport présenté à la séance du 1er juillet 1879.   [467]

Pétition n° 50 (22 mars 1879). — M. Robert Halt, homme de lettres, 6, rue des Dames, à Paris, appelle l'attention du Sénat sur les lenteurs et les difficultés onéreuses des procès engagés devant les tribunaux de commerce. : *Ibidem*, p. 105. col. 2.   [468]

Pétition n° 8. Du 27 février 1879. M. De La Sicotière, rapporteur. Sept cent cinquante et un habitants du septième arrondissement de Paris, demandent le transfert, par le génie militaire, du Champ-de-Mars à l'Etat ou à la ville de Paris, avec conservation des principales constructions ayant servi à l'Exposition universelle de 1878. : *Sénat. Session 1879. Annexe au feuilleton n° 27 Du mardi 25 mars 1879*. Pétitions Sur lesquelles les commissions proposent des Résolutions spéciales (art. 101 et suivants du Règlement).

(Versailles. — Imprimerie du Sénat. — P. Mouillot).

In-8°, 24 pp., s. tit. sép. Voir pp. 4-7.

Et aussi : *Annales du Sénat et de la Chambre des députés*. 1879, t. V, Sénat. p 9 col. 2 et p. 10.   [469]

[*Compte-rendu* :] Paul Harel. Sous les pommiers, poésies Avec une préface de Gustave Le Vavasseur (1).

(1) 1 volume in-8°, 1879 ; Paris, librairie de Chérié, 13, rue de Médicis ; 2 f. 50.

: *Journal d'Alençon*. 1879, n° 52 (8 mai), fnc. 2 r°, col. 3-5.

Signé : L.   [470]

Portrait de Rabelais : *Intermédiaire des chercheurs*. 1879, (10 mai), col. 271. R.

Signé : L.   [471]

Plonger un cerf. : *Ibidem*, col. 271. R.

Signé : L.   [472]

Un dessin de E. Bérat. : *Ibidem*, col. 274. R.

Signé : L.   [473]

Timeo lectorem unius libri. : *Ibidem*, (25 mai), col. 302. R.

Signé : L.   [474]

Maubreuil. : *Ibidem*, (10 juin), col. 330-331. R.

Signé : L.   [475]

Madame Leprince de Beaumont : *Ibidem*, col. 336. R.

Signé : L. D. L. S.   [476]

Noms des départements en vers. : *Ibidem*, col. 338. R.

Signé : L. D. L. S.   [477]

Patriotes du 10 août. : *Ibidem*, col. 347. R.

Signé : L.   [478]

La Nouvelle Biographie Générale et Mme de Villedieu : *Ibidem*, col. 348. R.

Signé : L.   [479]

N° 52. 14 Juin 1879. Sénat Session 1879. Amendement Au projet de loi ayant pour objet le classement du réseau complémentaire des chemins de fer d'intérêt général, (Voir n° 158, Session 1879) présenté Par MM. Poriquet, De La Sicotière, le Comte de Flers et le Duc D'Audiffret-Pasquier, Sénateurs.

[Fnc. 1, r°, au bas : Versailles. — Imprimerie du Sénat. — P. Mouillot.

In-8°, 2 ffnc., le second blanc, s. tit. sép.

Ligne de Prez-en-Pail à Vimoutiers.   [480]

N° 234. Sénat Session 1879. Annexe au Procès-Verbal de la Séance du 24 Juin 1879. Rapport fait au nom de la 5ᵉ Commission d'intérêt local chargée d'examiner le projet de loi, adopté par la Chambre des Députés, tendant à autoriser le département de l'Aisne à contracter un emprunt et à s'imposer extraordinairement pour la construction d'une école normale et pour les travaux des chemins vicinaux, par M. De La Sicotière. Sénateur.

[P. 6 : Versailles. — Imprimerie du Sénat. — P. Mouillot.

In-4°, 6 pp. s. tit. sép.

Se trouve également : *Annales du Sénat et de la Chambre des députés.* 1879, t. VII, Annexes, pp. 294. Voir aussi *Ibidem*, Sénat, p. 43.   [481]

Fours à poulets. : *Intermédiaire des chercheurs.* 1879, (25 juin), col. 379-380. R.

Signé : L. D. L. S.   [482]

Ouvrages perdus d'auteurs illustres. : *Ibidem*, col. 380. R.

Signé : L. D. L. S.   [483]

La science graphologique et l'abbé Michon. : *Ibidem*, p. 380. R.

Signé : L. D. L. S.   [484]

N° 261. Sénat session 1879. Annexe au Procès-Verbal de la
Séance du 28 juin 1879. Rapport fait Au nom de la 5ᵉ Commission d'intérêt local chargée d'examiner le projet de loi, adopté
par la Chambre des Députés, tendant à autoriser la ville
d'Alençon (Orne) à emprunter 400.000 francs et à changer
l'affectation d'une imposition extraordinaire, par M. De La
Sicotière Sénateur.

[P. 8 : Versailles. — Imprimerie du Sénat. — P. Mouillot.

In-8°, 8 pp., s. tit. sép.

Se trouve également : *Annales du Sénat et de la Chambre des députés.*
1879, t. VII, annexes, pp. 235 et 236 col 1. Voir aussi : *Ibidem*, Sénat, p. 55.

Reproduit sans titre : *Journal d'Alençon*. 1879, n° 80 (15 juillet),
fac. 1 v°, col. 3 et 4, sous la rubrique : Nouvelles départementales.

Ce rapport donna lieu à l'article anonyme suivant :

L'emprunt de la ville d'Alençon devant le Sénat : *L'Avenir de
l'Orne et de la Mayenne* (Alençon, imp. Marchand-Saillant, in fol.).
1879, n° 466 (19 juillet) fac. 1, v°, col. 5 et fac. 2 r°, col. 1.

M. de La Sicotière répondit aux critiques formulées dans cet
article, par une lettre publiée : *Journal d'Alençon*. 1879, n° 85
(26 juillet), fac. 1 v°, col. 3 à 5, sous la rubrique : Nouvelles départementales. Cette lettre est datée de Versailles, 23 juillet 1879 et fut
insérée également : *L'Avenir de l'Orne et de la Mayenne*, 1879, n° 470
(29 juillet), fac. 1 v°, col. 3-6.   [485]

N° 265. Sénat session 1879. Annexe au Procès-Verbal de la
Séance du 28 juin 1879. Rapport fait Au nom de la 5ᵉ Commission d'intérêt local chargée d'examiner le projet de loi, adopté
par la Chambre des Députés, ayant pour objet l'établissement
d'une surtaxe sur les vins à l'octroi de Thonon (Haute-Savoie),
par M. De La Sicotière Sénateur. (Urgence déclarée).

[Fac. 2, r° : Versailles. — Imprimerie du Sénat. P. Mouillot.

In-4°, 2 ffnc. s. tit. sép.

Se trouve également : *Annales du Sénat et de la Chambre des députés.*
1879, t. VII, Annexes, p. 240, col. 1. Voir *Ibidem*, Sénat, p. 84.   [486]

Nº 294. Sénat session 1879. Annexe au Procès-Verbal de la Séance du 5 juillet. 1879. Rapport fait Au nom de la 5ᵉ Commission d'intérêt local chargée d'examiner le projet de loi, adopté par la Chambre des Députés, tendant à autoriser le département de l'Aveyron à s'imposer extraordinairement pour travaux aux chemins vicinaux et routes départementales, par M. De La Sicotière, Sénateur.

[Pnch. finale : Versailles. — Imprimerie du Sénat. — P. Mouillot.

In-4º, 3 (1) pp., s. tit. sép.

Se trouve aussi : Annales du Sénat et de la Chambre des députés. 1879, t. VIII, annexes, p. 12 et p. 13 col. 1. Voir *Ibidem*, Sénat, p. 7.   [487]

Nº 320. Sénat session 1879. Annexe au Procès-Verbal de la Séance du 10 juillet 1879. Rapport fait Au nom de la Commission chargée d'examiner le projet de loi, adopté par la Chambre des Députés, ayant pour objet la déclaration d'utilité publique d'un chemin de fer de la limite de la Sarthe (vers La Flèche) à Saumur, avec raccordement des gares de Saumur, par M. De La Sicotière Sénateur.

[P. 8 : Versailles. — Imprimerie du Sénat. — P. Mouillot.

In-4º, 8 pp., s. tit. sép.

Se trouve également : Annales du Sénat et de la Chambre des députés. 1879, t. VIII, annexes, p. 97 col. 2 — p. 99 col. 1. Voir aussi *Ibidem*, Sénat, p. 80, et t. IX, Sénat, p. 5.   [488]

Le conte de « Mais si » : *Intermédiaire des chercheurs.* 1879, (10 juillet), col. 401. R.

Signé : L.   [489]

Sur un distique contre les emprunteurs de livres. : *Ibidem*, col. 401. R.

Signé : L.   [490]

L'Evêque Le Hennuyer et la Saint-Barthelemy à Lisieux : *Ibidem*, col. 407-408. R.

Signé : L.   [491]

Auteurs précoces : *Ibidem*, col. 409. R.

Signé : L.   [492

N° 322. Sénat session 1879. Annexe au Procès-Verbal de la séance du 11 juillet 1879. Rapport fait Au nom de la 5ᵉ Commission d'intérêt local chargée d'examiner le projet de loi, adopté par la Chambre des Députés, tendant à autoriser la ville de Blois (Loir-et-Cher) à contracter un emprunt de 1.760.000 francs, à changer l'affectation d'une imposition extraordinaire et à établir une imposition nouvelle, par M. De La Sicotière Sénateur.

[P. 8 : Versailles. — Imprimerie du Sénat. — P. Mouillot.
In-4°, 8 pp., s. tit. sép.

Se trouve également : *Annales du Sénat et de la Chambre des députés.* 1879, t. VIII, annexes, pp. 107 et 108 col. 1. Voir aussi *Ibidem*, Sénat, p. 99.
[493]

N° 408. Sénat Session 1879. Annexe au Procès-Verbal de la Séance du 24 juillet 1879. Rapport fait Au nom de la 6ᵉ Commission d'intérêt local chargée d'examiner le projet de loi, adopté par la Chambre des Députés, tendant a autoriser la ville de Bourges (Cher) à emprunter une somme de 4.924.239 fr. et à s'imposer extraordinairement, par M. De La Sicotière, Sénateur.

[P. 6 : Versailles. — Imprimerie du Sénat. — P. Mouillot.
In-8°, 6 pp., s. tit. sép.

Se trouve également : *Annales du Sénat et de la Chambre des députés.* 1879, t. IX, annexes, pp. 103 et 104 col. 1 : voir aussi *Ibidem*, Sénat, p. 39.
[494]

Rapport fait au nom de la 6ᵉ commission d'intérêt local chargée d'examiner le projet de loi, adopté par la Chambre des députés, tendant à autoriser le département de la Sarthe à emprunter à la caisse des chemins vicinaux une somme de 1.500.000 fr. et à s'imposer extraordinairement, par M. de La Sicotière, sénateur. : *Annales du Sénat et de la Chambre des députés.* 1879, t. IX, annexes, n° 447, pp. 168-169 ; voir *Ibidem*, Sénat, p. 71 col. 1.   [495]

Rapport fait au nom de la 6ᵉ commission d'intérêt local chargée d'examiner le projet de loi, adopté par la Chambre des députés, tendant à autoriser la ville de Cherbourg (Manche) à emprunter une somme de 1.500.000 fr., par M. de La Sicotière, sénateur. : *Annales du Sénat et de la Chambre des députés.* 1879, t. IX, annexes, nᵒ 446, p. 167 et 168 col. 1. Voir aussi *Ibidem*, Sénat, p. 71, col. 2.   [496]

Nᵒ 448. Sénat session 1879. Annexe au Procès-Verbal de la Séance du 26 juillet 1879. Rapport fait Au nom de la 6ᵉ Commission d'intérêt local chargée d'examiner le projet de loi, adopté par la Chambre des Députés, portant établissement d'une surtaxe sur les spiritueux à l'octroi de Grandcamp (Calvados), par M. De La Sicotière Sénateur.

[Fnc. rᵒ : Versailles. — Imprimerie du Sénat. — P. Mouillot. In-4ᵒ, 2 pp., 1 fnc., s. tit. sép.

Se trouve également : *Annales du Sénat et de la Chambre des députés.* 1879, t. IX, annexes, pp. 168 et 169 col. 1. Voir aussi *Ibidem*, Sénat, p. 71 col. 1.   [497]

Nᵒ 485. Sénat session 1879. Annexe au Procès-Verbal de la Séance du 28 juillet 1879. Rapport fait Au nom de la 6ᵉ Commission d'intérêt local chargée d'examiner le projet de loi, adopté par la Chambre des Députés, tendant à autoriser le département de l'Indre à contracter un emprunt et à s'imposer extraordinairement pour les travaux des chemins vicinaux de grande communication, par M. De La Sicotière Sénateur.

[Pnch. : Versailles. — Imprimerie du Sénat. — P. Mouillot. In-4ᵒ, 3 (1) pp., s. tit. sép.

Se trouve également : *Annales du Sénat et de la Chambre des députés,* 1879, t. IX, annexes, p. 214 col. 2 et 215 col. 1, Voir aussi : *Ibidem*, Sénat. p. 115.   [498]

Rapport fait au nom de la 6ᵉ commission d'intérêt local chargée d'examiner le projet de loi, adopté par la Chambre des députés, tendant à autoriser le département de l'Eure à emprunter à la caisse des chemins vicinaux une somme de 945,000 fr. et à s'imposer extraordinairement, par M. de La Sicotière, sénateur.

: *Annales du Sénat et de la Chambre des députés.* 1879, t. IX,
annexes, n° 482, pp. 209 col. 2 et 210 col. 1.

Voir aussi : *Ibidem*, Sénat, p. 115.   [499]

La première femme du fils de Buffon. : *Intermédiaire des
chercheurs.* 1879, (25 octobre), col. 624. R.

Signé : L.   [500]

Ex-libris. : *Ibidem*, col. 624. R.

Signé : L. D. L. S.   [501]

L'amante de Millevoye. : *Ibidem*, col. 629. R.

Signé : L.   [502]

Une histoire de perroquets. : *Ibidem*, col. 631. R.

Signé : L. D. L. S.   [503]

Farces de fumiste. Fumisterie. : *Ibidem*, col. 635. R.

Signé : L.   [504]

La Ville du Douze Mars. : *Ibidem*, col. 636. R.

Signé : L.   [505]

Mots forgés à plaisir et ne se trouvant dans aucun diction-
naire. : *Ibidem*, (10 novembre), col. 650. R.

Signé : L.   [506]

Lettres de Mérimée à une inconnue. : *Ibidem*, col. 650. R.

Signé : L.   [507]

Un vers de M. Gustave Flaubert. Enigmes versifiées : *Ibidem*,
col. 651. R.

Signé : L. D. L. S.   [508]

Coup raté, coup tiré. : *Ibidem*, col. 653-654. R.

Signé : L.   [509]

Vieux livres et vieux papiers. Lettre A M. Alfred Lallié, ancien député. : *Mélanges historiques, littéraires, bibliographiques publiés par la société des bibliophiles Bretons.* Tome premier. Nantes, société des bibliophiles bretons et de l'histoire de Bretagne. M.DCCC.LXX.VIII. (impr. Forest et Grimaud).

In-8°, pp. 223-258.

Signé : L. de la Sicotière.

Cet article présente les divisions suivantes :

A M. Alfred Lallié pp. 225-233.
Livres, I pp. 234-236.
Pièces concernant la révolution en Bretagne 237-241.
Manuscrits, I. pp. 242-245.
Bons de confiance, pp. 246-247.
Pierre-Julien Lelièvre, pp. 248-258.

Et à part :

Vieux livres et vieux papiers Lettre à M. Alfred Lallié Ancien député par L. De La Sicotière [*Marque de Forest et Grimaud*]. Nantes Vincent Forest et Emile Grimaud imprimeurs-éditeurs, place du Commerce, 4 1879.

In-8° (format plus petit que celui des Mélanges), 2 ffnc., (le 1er blanc), 34 pp., et 1 fnc. bl. ; couv. impr. avec le même titre.

Tiré à 100 exemplaires. L'imposition est la même que dans les mélanges.   [510]

Ennucher : *Intermédiaire des chercheurs*, 1879, 10 décembre, col. 716. R.

Signé : L.   [511]

Bicoquet : *Ibidem*, col. 716. R.

Signé : L.   [512]

Noms anagrammatisés. : *Ibidem*, col. 717. R.

Signé : L. D. L. S.   [513]

De tibisando et vobisando. : *Ibidem*, col. 718. R.

Signé : L. D. L. S.   [514]

Les amis des chats. : *Ibidem*, col. 720. R.

Signé : L.
[515]

Livres autographiés. : *Ibidem*, 25 décembre, col. 752. R.

Signé : L.
[516]

Les îles flottantes. : *Ibidem*, col. 753. R.

Signé : L.
[517]

Un complice de Carrier. Le patriote D'Héron. : *Revue de
Bretagne et de Vendée* (dirigée par M. Arthur de La Borderie.
Nantes, impr. Forest et Grimaud, in-8°). 1879, 2° semestre
(23° année, tome 46 de la collection, 5° série, t. 6), pp. 308-321 ;
1880, premier semestre (24° année, t. 47 de la coll., 5° série t. 7),
pp. 14-25 ; 224-234 et 253-265.

Signé : L. de la Sicotière.

Et à part :

Un complice de Carrier. Le patriote d'Héron par L. De
La Sicotière [*Marque de Forest et Grimaud*] Nantes
Imprimerie Vincent Forest et Emile Grimaud Place du
Commerce, 4 1879.

In-8°. 51 (1) pp.

Tiré à 100 exemplaires.
[518]

Le curé Pous. Correspondance inédite d'un Membre de
l'Assemblée Constituante 1789-1791. : *Revue histor. littér. et
archéol. de l'Anjou.* 1878² (11° année, t. xxi), pp. 286-307 ;
1879¹ (11° année, t. xxii), pp. 268-289 ; 1879² (11° année, t. xxiii),
pp. 84-100 et 189-212 ; 1880¹ (12° année, t. xxiv), pp. 11-34 ;
et 137-155. En tête de ce dernier article se trouve un portrait
gr. sur bois par Chambaron d'après celui gravé à Paris en 1790.

Signé : L. D. L. S.

Et à part :

Extrait de la *Revue de l'Anjou.* Le Curé Pous Correspondance inédite d'un Membre de l'Assemblée Constituante

1789-1791 publiée par L. De La Sicotière et Jamme De La Goutine.

Angers Germain et Grassin, imprimeurs-libraires rue Saint Laud 1880.

In-8°, 2 ffnc., 125 (1) pp., et 1 fnc. plus un portrait (indiqué ci-dessus) gr. sur bois par Chambaron, d'après un portrait gravé à Paris en 1790. Couvert. impr. avec le même titre entouré de filets et fleurons typogr.   [519]

Pétition n° 25 Du 5 décembre 1879. M. De La Sicotière, rapporteur. M. Gudin, peintre, prie le Sénat d'intervenir auprès du Gouvernement, pour faire acquérir par l'Administration des Beaux-Arts, une série de tableaux historiques qui lui avaient été commandés par la Monarchie de Juillet et dont la place est réservée dans les galeries de Versailles. : *Sénat session 1880. Annexe au feuilleton n° 38 Du mardi 20 avril 1880. Pétitions. . . . Session 1879, (Paris, imp. du Sénat, Palais du Luxembourg, P. Mouillot in 8°.*. Pp. 20-22.   [520]

Pétition n° 40 Du 11 décembre 1879. M. De La Sicotière, rapporteur. M. Victor Marchand, ancien conseiller de préfecture, membre du Conseil municipal d'Angers, adresse au Sénat une pétition imprimée et longuement motivée, dans laquelle il demande la révision de l'article 373 du Code pénal, relatif à la dénomination calomnieuse. : *Ibidem*, pp. 22-26.   [521]

Pétition n° 53 Du 19 décembre 1879. M. De La Sicotière, rapporteur. Le Conseil municipal de Rennes (Ille-et-Vilaine) adresse une pétition au Sénat pour demander la diminution des impôts de toute nature qui grèvent le cidre et qui s'élèvent parfois jusqu'à 200 pour 100 de la valeur de la matière imposée, sans descendre jamais au-dessous de 50 pour 100. : *Ibidem*, pp. 28-29.   [522]

Pétition n° 63 Du 20 décembre 1879. M. De La Sicotière, rapporteur. La Société d'Agriculture du département de la Gironde demande que l'impôt de 3 pour 100 sur le revenu des valeurs mobilières, établi en 1872, ne s'applique pas aux sociétés civiles immobilières agricoles. : *Ibidem*, pp. 32-35.   [523]

1880

[*Compte-rendu :*] Petite géographie du département de l'Orne
Par M. Renaudin, instituteur public, officier de l'instruction
publique. Avec une carte du Département. (3ᵉ édition, 1880. —
1 vol. in-18). : *Journal d'Alençon.* 1880, nº 3 (6 janvier), fac. 2
rᵒ, col. 3-6.

Signé : L. [524]

Tours de force et enfantillages de rimeurs. : *Intermédiaire
des chercheurs.* 1880, (10 janvier), col. 11. R.

Signé : L. D. L. S. [525]

Sociétés d'étudiants. : *Ibidem*, (25 janvier), col. 37-38. Q.

Signé : L. De La Sicotière. [526]

Madame At... : *Ibidem*, col. 38. Q.

Signé : L. D. L. S. [527]

Patriote du 10 août. : *Ibidem*, col. 40. R.

Signé : L. [528]

Le Roi de Sardaigne passant par Namur. : *Ibidem*, col. 47. R.

Signé : L. [529]

Le culte des Théophilanthropes. : *Ibidem*, col. 50. R.

Signé : L. [530]

Le Cousin Jacques. : *Ibidem*, col. 57. R.

Signé : L. D. L. S. [531]

Le procès des Saints-Simoniens. : *Ibidem*, col. 57-58. R.

Signé : L. [532]

Un étrange envoi d'auteur. La Guimont. : *Ibidem*, col. 59. R.

Signé : L.   [533]

Les papiers de la famille Pley de Beauprey. — Lettre à
M. de Robillard de Beaurepaire, secrétaire de la Société des
Antiquaires de Normandie, par M. de La Sicotière, membre de
cette Société. : *Bulletin de la Soc. des Antiquaires de Nor-
mandie*. Tome IX 1878-79 et 1879-80. (Caen Hardel, 1881, in-8°).
Pp. 460-472.

Signé : L. de La Sicotière. Cette lettre est datée de Paris, le 20 février
1880.

Et à part :

Les papiers de la succession Plet de Beauprey. Lettre à
M. de Robillard de Beaurepaire secrétaire de la société des
antiquaires de Normandie par M. L. De La Sicotière
membre de cette société [*Marque de Le Blanc Hardel*] Caen
imprimerie de F. Le Blanc-Hardel rue Froide, 2 et 4 1880.

In-8°, 15 (1) pp. Couv. impr. avec le même titre, encadré
de filets typ. avec fleurons aux angles.   [534]

[*Compte-rendu :*] Histoires et légendes du pays de Chateaubriant. Promenades aux environs ; Monuments civils et religieux ; antiquités et curiosités ; par l'auteur de l'*Histoire de
Chateaubriant*.—Chateaubriant, Drouard-Frémond, 1879, in-8°,
avec de nombreuses photographies. : *Revue de Bretagne et de
Vendée*. 1880, 1er semestre (t. 47 de la collect., 5e série, t. 7.
Pp. 158-160.

Signé : L. de la Sicotière. L'auteur de l'ouvrage dont il est rendu compte
est l'abbé Goudé.   [535]

Une chanson républicaine en l'honneur de Charette 1795
: *Revue des documents historiques* (d'Étienne Charavay). 1880,
pp. 45-54.

Il est dit dans une note au bas de la page 45 : « Cette chanson m'a été
« communiquée par M. Léon de La Sicotière, sénateur, auquel les lecteurs
« de la **Revue des Documents historiques** sont déjà redevables d'une
« importante pièce sur la Vendée. L'éminent érudit a bien voulu illustrer
« cette piquante pièce d'un commentaire très intéressant, et l'on me saura
« certainement gré d'avoir laissé la parole à M. de La Sicotière. »   [536]

Domine, si error est. a te decepti sumus. : *Intermédiaire des chercheurs*. 1880, (25 février), col. 98. Q.

Signé : L.   [537]

Ouvrages composés par des auteurs fort avancés en âge. : *Ibidem*, col. 112-113. R.

Signé : L.   [538]

Noms propres au féminin. : *Ibidem*, col. 120. R.

Signé : L.   [539]

Singularités dramatiques. : *Ibidem*, (10 mars), col. 138-139. R.

Signé : L.   [540]

N° 125. Sénat session 1880. Annexe au Procès-Verbal de la Séance du 15 Mars 1880. Rapport fait Au nom de la 2ᵉ Commission d'intérêt local chargée d'examiner le projet de loi, adopté par la Chambre des Députés, ayant pour objet la prorogation de surtaxes sur le vin et sur l'alcool à l'octroi de Chaumont (Haute-Marne), par M. De La Sicotière Sénateur.

[Fnc. 1 r° : Paris. — Imprimerie du Sénat. — P. Mouillot.

In-4°, 2 pp., 1 fnc., s. lit. sép.

Se trouve également : *Annales du Sénat et de la Chambre des députés*. 1880, t. IV. Annexes, p. 33 col. 2. Voir *Ibidem*, Sénat, p. 5.   [541]

N° 126. Sénat session 1880. Annexe au Procès-Verbal de la Séance du 15 Mars 1880. Rapport fait Au nom de la 2ᵉ Commission d'intérêt local chargée d'examiner le projet de loi, adopté par la Chambre des Députés, ayant pour objet l'approbation d'un échange entre l'État et la ville de Béthune (Pas-de-Calais), par M. De La Sicotière sénateur.

[Pnc. : Paris. — Imprimerie du Sénat, Palais du Luxembourg. — P. Mouillot.

In-4°, 3 (1) pp., s. lit. sép.

Se trouve également : *Annales du Sénat et de la Chambre des députés*. 1880, t. IV, annexes, p. 35. Voir *Ibidem*, Sénat, p. 5.   [542]

N° 209. Sénat session 1880. Annexe au Procès Verbal de la Séance du 19 Mars 1880. Rapport fait Au nom de la 2ᵉ Commission d'intérêt local chargée d'examiner le Projet de loi, adopté par la Chambre des Députés, tendant à autoriser la ville de Tours (Indre-et-Loire) à emprunter une somme de 3.000.000 de francs et à s'imposer extraordinairement, par M. De La Sicotière Sénateur.

[P. 8 : Paris. — Imprimerie du Sénat, palais du Luxembourg. P. Mouillot.

In-4°, 8 pp., s. tit. sép.

Se trouve également : *Annales du Sénat et de la Chambre des députés.* 1880, t. IV, annexes, p. 192-194. Voir *Ibidem*, Sénat, p. 96.   [543]

Dieu s'est trompé trois fois. : *Intermédiaire des chercheurs.* 1880, (25 mars), col. 163-164. Q.

Signé : L.   [544]

Prénoms singuliers. : *Ibidem*, col. 171. R.

Signé : L.   [545]

K rouge. : *Ibidem*, col. 179. R.

Signé : L.   [546]

Le peintre Galimard. : *Ibidem*, col. 180. R.

Signé : L.   [547]

Défense de priser. : *Ibidem*, col. 180. R.

Signé : L.   [548]

Inveni portum… : *Ibidem*, col. 180. R.

Signé : L.   [549]

Le chien de Corbie. : *Ibidem*, col. 183. R.

Signé : L.   [550]

Huitain sans nom d'auteur : *Ibidem*, (10 avril), col. 213. R.
Signé : L.   [551]

Flanconnades. : *Ibidem*, col. 216. R.
Signé : L.   [552]

Dupont : *Ibidem*, col. 268. R.
Signé : L.   [553]

Livres imprimés aux couleurs nationales. : *Ibidem*, col. 221. R.
Signé : L.   [554]

Les affiches funéraires. : *Ibidem*, (25 avril), col. 250. R.
Signé : L.   [555]

Les Belles Femmes de Paris. : *Ibidem*, col. 278. R.
Signé : L.   [556]

Mémoires de l'abbé Siéyes : *Ibidem*, (25 mai), col. 309-310. R.
Signé : L.   [557]

René Chouan et sa prétendue postérité : *Revue histor. et
archéol. du Maine*. Tome VII 1880 (premier semestre),
pp. 147-163.
Signé : L. de la Sicotière.

Et à part :

René Chouan et sa prétendue postérité par M. L. de La
Sicotière [*Chiffre-marque de Fleury et Dangin*] Mamers
typographie de G. Fleury et A. Dangin. 1880.
In-8°, 18 pp., 1 fnc. Couv. impr., avec le même titre.   [558]

Monnaie posthume. : *Intermédiaire des chercheurs*. 1880,
(10 juin), col. 334. R.
Signé : L.   [559]

Prosper Fialon. : *Ibidem*, col. 335. R.
Signé : L.   [560]

L'armoire de fer. : *Ibid.*, col. 343. R.
Signé : L.   [561]

Vieux livres et vieux papiers. : *Ibid.*, col. 344. R.
Signé : L.   [562]

Noms des départements en vers français. : *Ibid.*, col. 361. R.
Signé : L.   [563]

Michel Morin. : *Ibid.*, (25 juin), col. 373. R.
Signé : L.   [564]

Grillon : *Ibid.*, col. 373. R.
Signé : L.   [565]

Chanson d'un Inconnu. : *Ibid.*, col. 378. R.
Signé : L.   [566]

N° 417. Sénat session 1880. Annexe au Procès-Verbal de la
Séance du 28 juin 1880. Rapport fait Au nom de la Commission
chargée d'examiner le projet de loi, adopté par la Chambre des
Députés, déclarant applicable aux colonies la loi du 2 août 1868
portant abrogation de l'article 1781 du Code Civil, par M. De La
Sicotière sénateur.

[Pnc. finale : Paris.—Imprimerie du Sénat Palais du Luxembourg. — P. Mouillot.

In-4°, 3 (1) pp., s. tit. sép.

Se trouve aussi : *Annales du Sénat et de la Chambre des députés.* 1880,
t. IX, annexes, p. 46 ; voir aussi *Ibidem*, Sénat, p. 88 col. 1. et t. x, Sénat,
p. 64.   [567]

Pétition n° 89 Du 16 mars 1880. Déposée par M. le sénateur
Barthélemy Saint-Hilaire. M. De La Sicotière rapporteur. Quatre-

vingt-quatre habitants de la Commune de Freneuze, arrondissement de Mantes (Seine-et-Oise), demandent que l'Etat prenne à sa charge les assurances contre l'incendie, la grêle, les pertes de bestiaux, et que les assurances soient obligatoires pour les propriétaires agricoles. : *Sénat session 1880. Annexe au feuilleton n° 65. Du jeudi 8 juillet 1880. Pétitions Sur lesquelles les Commissions proposent des Résolutions spéciales (Art. 101 et suivants du Réglement). Session 1880. Troisième commission (Formation du 18 mars 1880). Pp. 6-9.*

[568]

Pétition n° 92 du 19 mars 1880. M. De La Sicotière rapporteur. La Société d'agriculture de Saint-Etienne (Loire) adresse au Sénat une pétition relative aux chemins ruraux, dits déblaviers. : *Ibidem*, pp. 11.

[569]

Pétition n° 102 Du 8 avril 1880. M. De La Sicotière, rapporteur. M. Guillemot, avocat à Dijon (Côte d'Or), se plaint de la fermeture de l'établissement d'enseignement secondaire de Dijon, dans lequel il avait placé son fils. Il demande réparation de l'atteinte portée à ses droits de père et de citoyen. : *Ibidem*, pp. 15 et 16.

[570]

Pétition n° 103 Du 7 avril 1880. M. De La Sicotière, rapporteur. Les fabricants de papier à la cuve, leurs ouvriers et les propriétaires des fabriques d'Ambert (Puy de-Dôme) demandent la suppression de l'impôt qui frappe leur industrie. : *Ibidem*, pp. 17 et 18.

[571]

Pétition n° 104 Du 9 avril 1880. M. De La Sicotière, rapporteur. M. Albert Delogé, à Paris, demande la révision de l'article 4 de la loi constitutionnelle du 24 février 1875, relative à l'organisation du Sénat. : *Ibidem*, pp. 18 et 19.

[572]

Portrait de Salomon de Caus. : *Intermédiaire des chercheurs.* 1880 (10 août), col. 462. R.

Signé : L. Voir ci-dessus n°s

[573]

Les comédiens dans la vie politique. : *Ibidem*, col. 471. R.
Signé : L.   [574]

Rosières. : *Ibidem*, (25 août), col. 498. R.
Signé : L.   [575]

Blaise Pascal et Montlosier. : *Ibidem*, (25 septembre), col.
548-549. R.
Signé : L.   [576]

Barbarismes et solécismes. : *Ibid.*, col. 558. R.
Signé : L.   [577]

C. L. Beaunier, poète. : *Ibid.*, (10 octobre), col. 582 et 583.
Signé : L.   [578]

Colonne élevée, en l'an VIII, dans chaque chef-lieu de département, en l'honneur des braves morts pour la patrie. : *Ibid.*,
col. 638-639. Q.
Signé : L.   [579]

Pétition n° 263 Du 7 juin 1880. Déposée par M. le sénateur
Adnet. M. Arnaud Mailles, fondé de pouvoirs des héritiers de
Pierre Laporte, armateur, en l'an IX, du corsaire français
le Réparateur, et décédé à Santiago de Cuba, demeurant à
Sabalos (Hautes-Pyrénées), demande au Sénat de réclamer
l'intervention du Gouvernement de la République, auprès du
Gouvernement espagnol, afin de faire obtenir aux héritiers qu'il
représente l'indemnité qui leur serait due en vertu des articles
1 et 16 du traité de paix du 20 juillet 1814. M. De La Sicotière,
rapporteur. : *Sénat session extraordinaire 1880. Annexe au
feuilleton n° 5 Du jeudi 18 Novembre 1880.* Pétitions Sur
lesquelles les Commissions proposent des Résolutions spéciales
(Art. 101 et Suivants du Réglement). Session 1880. Pp. 15-21
(Cinquième commission. Formation du 25 mai 1880).   [580]

Madame de Ranchoup. : *Intermédiaire des chercheurs*. 1880, (25 novembre), col. 670-671. Q.

Signé : L.

[581]

Le jeune Viala. : *Ibid.*, col. 674-675. R.

Signé : L.

[582]

Madame de Créquy. : *Ibid.*, col. 677. R.

Signé : L.

[583]

Le vaisseau « Le Mangeur » : *Ibid.*, col. 679. R.

Signé : L.

[584]

Imprimerie à Alençon. : *Ibid.*, col. 683. R.

Signé : L.

[585]

Lepelletier Saint-Fargeau, assassiné. Toile de David à rechercher. : *Ibid.*, col. 685. R.

Signé : L.

[586]

Lettres de Mme de Staël. : *Ibid.*, col. 685-686. R.

Signé : L.

[587]

A propos du « Bonaparte » et d'autres Odes, par Victor Hugo. : *Ibid.*, col. 686. R.

Signé : L.

[588]

Histoire de France de M. Henri Martin. : *Ibid.*, col. 692-693. R.

Signé : L.

[589]

Sainte-Beuve et le Livre d'Amour. : *Ibid.*, (10 décembre), col. 713-714. R.

Signé : L.

[590]

1881

Les articles secrets. Pacification de la Vendée en 1795.
: *Revue des questions historiques.* 1881, (15ᵉ année, tome XXI),
pp. 186 245.

Signé : L. de La Sicotière.

Et à part :

> Les articles secrets Pacification de la Vendée en 1795
> par L. De La Sicotière. Extrait de la *Revue des Questions
> historiques.* Janvier 1881. Paris librairie de Victor Palmé,
> éditeur 76, rue des Saints-Pères, 76. 1881.
> [P. 64 : Bruxelles. — Imp. Alfred Vromant, rue de la
> Chapelle, 3.
> In-8°, 64 pp. Couv. avec le même titre.
> Tiré à part à 50 exemplaires.   [591]

Les Belles femmes de Paris. : *Intermédiaire des chercheurs.*
1881, (10 janvier), col. 13-15. R.

Signé : L. D. L. S. Voir ci-dessus n° 555.   [592]

Faire la guerre pour une idée. : *Ibidem*, (25 janvier), col. 58. R.

Signé : L.   [593]

Le vote *sous enveloppe* Réponse à M. le rédacteur du
Journal d'Alençon. : *Journal d'Alençon.* 1881, n° 13 (1ᵉʳ février),
fnc. 1 v°, col. 3-5 et fnc. 2 r°, col. 1.

Et à part :

> Le vote *sous enveloppe* Réponse à M. le rédacteur du
> *Journal d'Alençon.*
> [P. 8 in fine : Alençon. — E. Renaut-De Broise, imp.
> Pet. in-8°, 8 pp., s. tit. sép.
> Signé : L. de la Sicotière, et daté à la fin du 30 janvier 1881.   [594]

[*Compte-rendu :*] Mémoires de J.-B.-H.-M. Le Prince d'Ar-

denay avocat au Parlement, négociant, juge-consul et maire du
Mans Publiés et annotés par l'abbé Gustave Esnault. : *Revue
hist. et archéol. du Maine.* T. IX, 1881 [1], pp. 146-153.

Signé : L. de La S. [595]

Citations a sens détourné. : *Intermédiaire des chercheurs.*
1881 (10 février), col. 79. R.

Signé : L. [596]

Imprimeries particulières et clandestines. : *Ibid.*, (25 février),
col. 109. R.

Signé : L. D. L. S. [597]

Maranzakiniana. : *Ibid.*, col. 121. R.

Signé : L. [598]

Pétition n° 27 Du 8 février 1881. Les Membres du Conseil
municipal de la commune de Bourg-de-Péage (Drôme), hors
session et hors service, adressent au Sénat une pétition relative
à l'acceptation, par une Commission municipale de 1874, d'un
don anonyme de 20,000 francs, avec affectation spéciale. M. De
La Sicotière, rapporteur. : *Sénat, session 1881. Annexe au
feuilleton n° 43 du jeudi 12 Mai 1881.* Pétitions sur lesquelles
les Commissions proposent des Résolutions spéciales (Art. 101
et suivants du Règlement). Session ordinaire 1881 Première
Commission. Formation du 21 janvier 1881. Pp. 1-6. [599]

Pétition n° 40 Du 10 février 1881. M. Carbonel, au Beausset
(Var), adresse au Sénat une pétition relative aux enfants natu-
rels et abandonnés, au point de vue matériel, moral et social.
M. De La Sicotière, rapporteur. : *Ibidem.* Deuxième commission.
Formation du 17 février 1881. Pp. 7-13. [600]

Sénat session 1881. Rapport de M. de La Sicotière, Sénateur
Sur la pétition n° 60 Du 24 février 1881 Des Membres du Conseil
d'administration de l'Externat de la rue de Madrid, à Paris,
adressent au Sénat une pétition pour le prier d'intervenir « afin

qu'ils sachent bien dans quelles limites et dans quelles conditions, ils peuvent exercer leur droit d'employer les professeurs
qui ont leur confiance. »

[P. 7 : Paris.— Imprimerie du Sénat, Palais du Luxembourg.
— P. Mouillot.

In-8°, 7 (1) pp., s. tit. sép.   [601]

Lorrezzo, nouvelle. : *Intermédiaire des chercheurs.* (10 mars),
col. 152. R.

Signé : L. D. L. S.   [602]

Frédéric Diétrich, maire de Strasbourg. : *Ibid.,* (25 mars),
col. 208. R.

Signé : L.   [603]

Emile Cotreuil. : *Journal d'Alençon.* 1881, n° 43 (12 avril),
fnc. 2 r° col. 1 et 2, sous la rubrique : Nécrologie.

Cet article nécrologique n'est pas signé.   [604]

Charles Roger Des Genettes 1809-1881.
[P. 8 : Imp. Jouaust S. *l.* [Paris].
In-18, 8 pp. Le titre ci-dessus est celui de la couvert. impr.

Le titre qui se trouve p. 1 est libellé : Paroles prononcées à Villenauxe
(Aube) Le 6 juin 1881 par Léon De La Sicotière Sénateur de l'Orne
devant le cercueil de son cher et vieil ami Charles Roger des Genettes.
[605]

Dédicaces conjugales. : *Intermédiaire des chercheurs.* 1881
(10 juin), col. 368. R.

Signé : L.   [606]

Omelette. : *Ibidem,* (25 septembre), col. 588. R.

Signé : L.   [607]

1882

[Lettre de remerciements adressée aux électeurs de l'Orne,
par MM. Poriquet, de La Sicotière et le comte de Flers.]

: *Journal d'Alençon.* 1883, n° 7 (17 janvier), fac. 1 v°, col. 3 sous la rubrique : Chronique locale et régionale.   [608]

Introduction : *Bulletin de la Société historique et archéologique de l'Orne* (Alençon, typ. Renaut-De Broise, in-8°). Tome I, 1883, pp. I-IX.

Daté à la fin : Février 1882, et signé : L. de La Sicotière.

Et à part :

Bulletin de la *Société Historique et Archéologique de l'Orne.* Introduction. S. ind. typ. [Alençon, typ. Renaut-De Broise, 1882].

In-8°, 1 fac. blanc, et IX (1) pp., s. tit. sép.   [609]

Biographies bretonnes. M. Jules De La Pilorgerie. : *Revue de Bretagne et de Vendée.* 1882[1] (Tome 51 de la collect., 6° série, t. 1), pp. 195-196.

Signé : L. de la Sicotière.

Et à part :

M. Jules De La Pilorgerie. [P. 20 in fine : Nantes. — Imp. Vincent Forest et Emile Grimaud, place du Commerce, 4.

In-8°, 20 pp., s. tit. sép.

Signé : L. de la Sicotière, et daté : Février 1882.   [610]

N° 114. Sénat session 1882. Annexe au Procès-Verbal de la Séance du 23 Mars 1882. Rapport fait Au nom de la 3° Commission d'intérêt local chargée d'examiner le projet de loi adopté par la Chambre des Députés, tendant à autoriser le département des Basses-Alpes à créer des ressources extraordinaires pour la construction de chemins de fer, par M. De La Sicotière Sénateur.

[P. 6 : Paris.—Imprimerie du Sénat. Palais du Luxembourg. P. Mouillot.

In-4°, 6 pp., 1 fac. bl., sans tit. sép.

Se trouve également : *Annales du Sénat et de la Chambre des députés.* Documents parlementaires. 1882, session ordinaire, t. I (10 janvier-1er avril), p. 121 col. 1 et 2. M. de La Sicotière n'y est pas indiqué comme étant rapporteur.   [611]

N° 115. Sénat session 1882. Annexe au Procès-Verbal de la Séance du 23 Mars 1882. Rapport fait Au nom de la 3ᵉ commission d'intérêt local chargée d'examiner le projet de loi, adopté par la Chambre des Députés, tendant à autoriser la ville de Fontainebleau (Seine-et-Marne) à emprunter une somme de 842,000 francs, par M. De La Sicotière sénateur.

[Pnc. finale : Paris. — Imprimerie du Sénat. Palais du Luxembourg. — P. Mouillot.

In-4°, 3 (1) pp., s. tit. sép.

Se trouve également : *Annales du Sénat et de la Chambre des députés.* Documents parlementaires. 1882, session ordinaire, t. i. (10 janvier-1ᵉʳ avril), p. 121 col. 2 et 3.   [612]

[Notice biographique sur M. Gravelle-Desulis, ancien archiviste du département de l'Orne.] : *Journal d'Alençon.* 1882, n° 45 (18 avril), fnc. 2 r°, col. 1 et 2, sous la rubrique : Nécrologie.

Anonyme.   [613]

Jambes à la comtoise. : *Intermédiaire des chercheurs.* 1882 (25 avril), col. 230. Q.

Signé : L.   [614]

Les faux Louis XVII : *Revue des questions historiques* 1882 (17ᵉ année. Tome xxxii), pp. 147-209, et pp. 494-591.

Signé : L. de la Sicotière.

Et à part :

Les faux Louis XVII par L. De La Sicotière [*Epigraphe :*] Quoi ! tu veux qu'on t'épargne et n'as rien épargné ! Corneille, *Cinna.*

Paris librairie de Victor Palmé, éditeur 76, Rue des Saints-Pères 76. 1882.

[P. 164 : Bruxelles. Imp. A. Vromant, rue de la Chapelle. 3.

In-8°, 164 pp. Couvert. impr. avec le même titre.

Ce travail de M. de La Sicotière a donné lieu à la publication suivante :

Réponse à l'article de M. De La Sicotière publié Par la *Revue des Questions historiques,* : *La Légitimité,* journal historique hebdomadaire, organe de la survivance du roi-martyr. (Toulouse, impr.

Hébrail et Delpuech, in 8°). 1883, n° 4 (16 février), pp. 61-64 ; n° 5 (25 février), pp. 79-80 ; n° 6 (4 mars), pp. 94-96 ; n° 8 (18 mars), pp. 127-128 ; n° 9 (1er avril) pp. 143-144 ; n° 10 (8 avril), pp. 156-160 ; n° 11 (15 avril), pp. 172-176 ; n° 13 (29 avril), pp. 206-208 ; n° 17 (27 mai), pp. 268-270 ; n° 19 (10 juin), pp. 302-304.

Cette réponse est signée : Osmond.

M. de La Sicotière a été pris à partie dans presque tous les numéros de *La Légitimité*, depuis l'apparition de ce journal (21 janvier 1883) ; Indiquer tous les pages où son nom se trouve cité n'aurait pas grande utilité ; nous nous bornerons aux articles qui se rapportent complètement aux écrits de M. de La Sicotière. Pour les simples citations nous renvoyons le lecteur aux *tables des matières* de *La Légitimité*.

Un compte-rendu signé : A. A., de cet écrit (et d'autres travaux de M. de La Sicotière) a été publié : *Journal d'Alençon*. 1883, n° 53, (15 mai), fnc. 2 r°, col. 1-2.   [615]

N° 402. Sénat session 1882. Annexe au Procès-Verbal de la Séance du 20 Juillet 1882. Rapport fait Au nom de la 6e Commission d'intérêt local chargée d'examiner le projet de loi, adopté par la Chambre des Députés, tendant à autoriser le Département de la Seine à modifier l'emploi des ressources créées par une loi antérieure, par M. De La Sicotière Sénateur.

[Pnch. : Paris. — Imprimerie du Sénat. Palais du Luxembourg. — P. Mouillot.

In-4°, 3 (1) pp., s. lit. sép.

Se trouve également : *Annales du Sénat et de la Chambre des députés*. Documents parlementaires. Session ordinaire de 1882, t. III (26 juin-9 août), p. 99. col. 1 et 2.   [616]

Rapport fait au nom de la 6e commission d'intérêt local chargée d'examiner le projet de loi, adopté par la Chambre des députés, tendant à autoriser la ville de Montluçon (Allier), à emprunter 500,000 francs, par M. de La Sicotière, sénateur. : *Annales du Sénat et de la Chambre des députés*. Documents parlementaires 1882, session ordinaire, t. III, annexe n° 488, p. 140 col. 3 et 141 col. 1 et 2.   [617]

N° 500. Sénat session 1882. Annexe au Procès-Verbal de la Séance du 29 juillet 1882. Rapport fait Au nom de la 6e Commission d'intérêt local chargée d'examiner le projet de loi, adopté par la Chambre des Députés, tendant à autoriser la ville de Cholet (Maine-et-Loire) à emprunter une somme de 290,000 fr.

et à s'imposer extraordinairement, par M. De La Sicotière
Sénateur.

[P. 6. Paris. — Imprimerie du Sénat. Palais du Luxembourg.
— P. Mouillot.

In-4°, 6 pp., s. tit. sép.

Se trouve également : *Annales du Sénat et de la Chambre des députés.*
Documents parlementaires. 1882, session ordinaire, t. III, p. 154 col. 1 et 2.
[618]

N° 515. Sénat session 1882. Annexe au Procès-Verbal de la
Séance du 31 Juillet 1882. Rapport fait Au nom de la 6ᵉ Commission d'intérêt local chargée d'examiner le projet de loi, adopté
par la Chambre des Députés, tendant à autoriser le département
du Puy-de-Dôme à s'imposer extraordinairement pour le
payement d'une subvention destinée à la construction de
chemin de fer, par M. De La Sicotière Sénateur.

[Pnc. finale : Paris. — Imprimerie du Sénat, Palais du
Luxembourg. — P. Mouillot.

In-4°, 3 (1) pp., s. tit. sép.

Se trouve également : *Annales du Sénat et de la Chambre des députés.*
Documents parlementaires. Session ordinaire de 1882. t. III, p. 161 col 1 et 2.
[619]

N° 526. Sénat session 1882. Annexe au Procès-Verbal de la
Séance du 1ᵉʳ Août 1882. Rapport fait Au nom de la 6ᵉ Commission d'intérêt local chargée d'examiner le projet de loi adopté par
la Chambre des Députés, tendant à autoriser le département de
la Charente-Inférieure à créer des ressources extraordinaires
pour les travaux des chemins vicinaux d'intérêt commun, par
M. De La Sicotière Sénateur.

[P. 6 : Paris. — Imprimerie du Sénat. Palais du Luxembourg. — P. Mouillot.

In-4°, 6 pp., s. tit. sép.

Se trouve également : *Annales du Sénat et de la Chambre des députés.*
Documents parlementaires. 1882, session ordinaire, t. III, pp. 176, col. 1 et 2.
[620]

Pétition n° 166 Du 25 juillet. 1881. M. Grandjean, domicilié à
Paris, adresse au Sénat une pétition relative à la création d'un

refuge pour les octogénaires. M. De La Sicotière, rapporteur. : *Sénat session 1882. Annexe au feuilleton n° 79 du Mardi 8 Août 1882. Pétitions sur lesquelles les commissions proposent des Résolutions spéciales. Session extraordinaire 1880. 6° commission. In-8°. Formation du 18 juillet 1881*, pp. 9-10.   [621]

Pétition n° 76. Du 7 juin 1882. Le sieur Charles Père, rue du Mont-Cenis, 139, à Paris, demande que l'assistance judiciaire qui ne serait accordée, suivant lui, que jusqu'à la signification du jugement, le soit jusqu'à son exécution. M. De La Sicotière, rapporteur. : *Ibidem. Session ordinaire 1882. Cinquième commission formation du 8 juin 1882*, pp. 18-20.   [622]

Pétition n° 77 Du 10 juin 1882. Déposée par M. le sénateur Bernard. Le Comice agricole de Lunéville (Meurthe-et-Moselle) expose au Sénat les charges excessives qui pèsent sur l'agriculture et demande qu'il y soit remédié. : *Ibidem. Session ordinaire de 1882. Cinquième commission formation du 8 juin 1882. Pp. 20-21*.   [623]

Rapport Sur la visite aux anciens Monuments, au Musée et à l'Exposition Archéologique et Artistique de Châteaubriant, par M. De La Sicotière. : *Journal de Chateaubriant* (Chateaubriant, imp. Drouard, in fol. 1882, n° 38 (17 septembre), fnc. 2, r° col. 3-5. *Suite :* n°° 39. *Fin :* n° 40 (dimanche 1er octobre), fnc. 1 v°, col. 2 — fnc. 2 r°, col. 1-3.

> Publié également :

> Rapport ... *(même titre que celui ci-dessus)* : *Bulletin archéologique de l'Association bretonne publié par la classe d'archéologie.* (3° série, tome 2). Vingt-cinquième session du Congrès Breton tenue à Chateaubriant en 1882 (S' Brieuc, impr. Prud'homme, 1883, in 8°). Pp. 169-188.

Et à part :

> Rapport sur la visite aux anciens monuments au Musée et à l'Exposition Archéologique et Artistique de Chateaubriant Par M. De La Sicotière. S. ind. typ.
> In 8°, 20 pp. ch. 169-188, s. tit. sép.   [624]

Discours de M. De La Sicotière président. La légende de
Marie Anson. : *Bull. de la soc. hist. et archéol. de l'Orne.*
I, 1883, pp. 231-266.

Et à part :

Discours prononcé par M. L. De La Sicotière sénateur
Président de la Sodiété Historique et Archéologique de
l'Orne Dans la Séance annuelle du 26 Octobre 1882. La
Légende de Marie Anson. *S. ind. typ.*
In-8°, 38 pp., 1 fnc. blanc. S. tit sép.   [625]

1883

Chronique : *Bull. de la Soc. hist. et archéol. de l'Orne.*
Tome I, 1883.

Pp. 218-225. Chronique. — Découvertes faites à Saint-Céneri-le-
Gerei et à Alençon. — L'abbé Gley, principal du collège d'Alençon et
l'*Histoire de France* du P. Loriquet. — Denis Papin et Nicolas Papin,
médecin à Alençon, par M. L. de La Sicotière.
Pp. 322-331 : Collaboration de Louis Du Bois à la *Marseillaise.*
Pp. 322-325. — La *Correspondance de Catherine de Médicis,* publiée
par M. de la Ferrière. — Les projets de mariage de la reine Elisabeth.
— L'impôt sur le papier, pp. 325 et 326. — Mme Desjardins de Ville-
dieu et ses relations avec Molière, pp. 326-328. — Les découvertes de
Sanxai (Vienne) et le rapport de M. Lisch, pp. 328-330. — Ciral,
atelier monétaire à l'époque Mérovingienne, p. 330. — Découverte à
Tourouvre, p. 331.

Signé L. d. L. S.   [626]

[*Compte-rendu :*] Bibliothèque Ornaise. — Canton de la
Ferté-Macé ; Bagnoles-les-Bains ; canton de Juvigny-sous-
Andaines. — Essai de Bibliographie cantonale, par MM. Jules
Appert et le comte Gérard de Contades. — Paris, Champion,
1882, in-18 de 444 et IV p., avec placard. : *Bull. de la Soc. hist.
et archéol. de l'Orne.* I, 1883, pp. 332 et 333.

Signé : L. d. L. S.   [627]

[*Compte-rendu :*] Quelques mots sur les fêtes nationales de la
Révolution, par Louis Duval, Archiviste du département de

l'Orne. — Alençon, imp. Lepage, 1882, in-8°, 15 p. : *Bull. de la Soc. hist. et archéol. de l'Orne.* I, 1883, pp. 333 et 334.

Signé : L. d. L. S.

[628]

L'évasion du fort de Joux. Février 1805 : *Revue de la Révolution* publ. sous la direction de Ch. d'Héricault et Gustave Bord (Paris, Sauton, in-8°). 1883. Tome Iᵉʳ, 1ᵉʳ semestre, pp. 47-63.

Signé : L. de la Sicotière. C'est par erreur que le titre porte : Février ; c'est *janvier* qu'il fallait dire.

Et à part :

L'évasion du fort de Joux Janvier 1805 par L. De La Sicotière. Extrait de la *Revue de la Révolution.* — Janvier 1883. [*Marque des imprimeurs*] Nantes Imprimerie de Vincent Forest et Emile Grimaud place du Commerce, 4 — 1883.

In-8°, 19 (1) pp. Couvert. imp. avec le même titre.

Tiré à 125 exemplaires. Dans ce tiré à part on a rétabli : *janvier*, au lieu de février, dans le titre.

[629]

La mosaïque de Villiers, par M. de La Sicotière. : *Bull. de la soc. des antiquaires de Normandie.* Tome XI, 1881 et 1882, pp. 518-547 avec 2 planches.

Et à part :

La mosaïque de Villiers par M. de La Sicotière membre de la Société des antiquaires de Normandie. [*Chiffre-marque de l'impr.*].

Caen Imprimerie de F. Le Blanc-Hardel rue Froide, 2 et 4 1883.

In-8°, 32 pp. et 2 planches (pp. ¹²/₁₃ et ¹⁴/₁₅ planche double) lithogr. Couv. impr., avec le même titre encadré de filets & fleur. typ.

[630]

Dernières nouvelles. : *Journal d'Alençon.* 1883, n° 17 (10 février), fnc. 2 r°, col. 3 et 4. Anonyme.

M. De La Sicotière est l'auteur des phrases suivantes : col. 3: *La gauche*

*républicaine a décidé hier, à la..... jusqu'aux mots :..... en prononcerait
la peine. Col. 4, 1. 11 : on annonçait hier soir à la dernière heure que.....
jusqu'aux mots :.... et punissables de bannissement.*   [631]

Pétition n° 185 Du 15 décembre 1882. M. Modard, officier
d'administration en retraite, à Rouen (Seine-Inférieure) adresse
au Sénat une pétition relative à l'application de la loi du
18 août 1881 sur les pensions militaires. M. De La Sicotière,
rapporteur. : *Sénat. Session 1883. Annexe au feuilleton n° 18
du Jeudi 15 Février 1883. Pétitions sur lesquelles les Commissions proposent des résolutions spéciales. (Annexe* I. *1883)*
Pp. 13-15. 8ᵉ commission, formation du 14 novembre 1882.
    [632]

Pétitions nᵒˢ 193, 194, 202, 203, 206, 207, 209, et 210 Du 19 au
31 décembre 1882. Déposées par MM. les sénateurs colonel
Meinadier, Henri Martin, Ribière et Honnoré. Les Sociétés de
secours mutuels de Versailles (l'Union) et Orsay (Seine-et-Oise),
Bohain (Aisne), Pontivy (Morbihan), Brienon et Vermenton
(Yonne), Coutances (Manche) et Woinville (Meuse) demandent
qu'une somme de deux millions soit mise annuellement à la
disposition du Minisire de l'Intérieur, pour augmenter les
subventions des Sociétés de secours mutuels. M. De La Sicotière, rapporteur. : *Ibidem,* pp. 15 et 16.   [633]

Le Conseil municipal de Paris et les défenseurs de la République : *Journal d'Alençon.* 1883, n° 21 (20 février), fnc. 1 rᵒ,
col. 3 et 4.

Anonyme.   [634]

Sénat Samedi 17 février. Rejet de la loi de proscription.
: *Ibidem,* même n°, fnc. 1 rᵒ, col. 5 et vᵒ, col .

Ce compte-rendu de la séance du Sénat n'est pas signé.   [635]

Sénat séance du 6 mars. Suite de la discussion de la loi sur
les Associations : *Ibidem,* n° 28 (8 mars), fnc. 1 vᵒ col. 1 et 2.

Anonyme.   [636]

Sénat séance du 8 mars. Discussion du projet sur les Associations. : *Ibidem*, n° 29 (10 mars), fnc. 1 v°, col. 1 et 2.

Anonyme.   [637]

La loi sur les associations : *Ibidem*, n° 30 (13 mars), fnc. 1 r°, col. 3 et 4.

Anonyme.   [638]

[Article sans titre où M. de La Sicotière reproduit la lettre écrite par M. Henry de Chennevières au journal *Le Voltaire*, à propos de son livre sur *Les dessins du Louvre* dans lequel ne se trouvent pas les mots *qui* et *que*.] : *Journal d'Alençon*. 1883, n° 37 (31 mars), fnc. 1 v°, col. 4 et 5.

Signé : L.   [639]

Le colonel Leperche : *Journal d'Alençon*. 1883, n° 66 (12 juin), fnc. 1 r°, col. 5 et v°, col. 1.

Article nécrologique, anonyme.   [640]

Pétition n° 51 Du 25 mai 1883. M. Oscar Bon, de Royan (Charente-Inférieure), dans l'intérêt de Mme veuve Ferrero, adresse au Sénat une pétition relative à la répartition de l'indemnité des victimes du coup d'État. M. De La Sicotière, rapporteur. : *Sénat. Session 1883. Annexe au feuilleton n° 57 du samedi 16 juin 1883.* (Annexe III, 1883, in-8°). Session ordinaire de 1883. 5e commission, formation du 21 mai 1883. Pp. 12 et 13.

                                                                     [641]

Pétition n° 54 Du 31 mai 1883. Déposée par M. le sénateur baron Le Guay. Les Sociétés de secours mutuels de la ville d'Angers demandent qu'une somme de 2 millions soit mise annuellement à la disposition du Ministre de l'Intérieur pour augmenter la subvention des Sociétés de secours mutuels. M. De La Sicotière, rapporteur. : *Ibidem*, pp. 13 et 14.   [642]

Pétition n° 58 Du 31 mai 1883. Déposée par M. le sénateur Munier. Des employés de la poste des divers départements adressent au Sénat quatre cent dix-neuf pétitions dans lesquelles ils demandent une amélioration de leur situation. M. De La Sicotière, rapporteur. : *Ibidem*, pp. 15 et 16.   [643]

Mort de M. le Comte Alfred de Flers Sénateur de l'Orne. : *Journal d'Alençon*. 1883, n° 73 (26 juin), fnc. 1 r°, col. 1 et 2.

Anonyme.   [644]

Obsèques De M. le comte Alfred de Flers : *Journal d'Alençon*. 1883, n° 75 (30 juin), fnc. 1 v°, col. 4 et 5 et fnc. 2 r°, col. 1. Sous la rubrique : Chronique locale et régionale.

Et à part :

> Obsèques de M. le Comte Alfred de Flers sénateur de l'Orne. (Extrait du *Journal d'Alençon* du samedi 20 juin 1883).
> [P. 8 : Alençon. — E. Renaut-De Broise imp.
> In-18, 8 pp., s. tit. sép.
>
> Signé G. D. [Gaston Delahaye.] Contient aux pp. 3-8 le discours prononcé par M. De La Sicotière.   [645]

Nos chemins de fer : *Journal d'Alençon*. 1883, n° 82 (17 juillet), fnc. 1-2, col. 1, 2, 3.

Anonyme. Toute la fin de cet article est de M. de La Sicotière. Cette partie est contenue dans les col. 2 et 3 du fnc. 1 v°, depuis les mots : *En même temps que les Députés de l'Ouest, et particulièrement.....* jusqu'aux mots :..... *un résultat des plus désirable.*   [646]

[Lettre sans titre, relative au refus du maire d'Alençon, de prêter la halle aux toiles pour la distribution des prix aux enfants de l'école congréganiste de S¹ Léonard.] : *Journal d'Alençon*. 1883, n° 82 (17 juillet), fnc. 1 v°, col. 4 et 5.

Signée : Un habitant d'Alençon.   [647]

Pétition n° 190 Du 19 décembre 1882. Déposée par M. le sénateur Émile Lenoel. Quatre cent soixante-deux électeurs de l'Inde française, à Pondichéry, demandent que la loi militaire de la métropole soit appliquée à leur colonie. M. De La Sico-

tière, rapporteur. : *Sénat. Session 1883. Annexe au feuilleton
n° 73 du samedi 21 juillet 1883.* (Annexe IV, 1883), in-8°.
Pp. 2 et 3.   [648]

Pétition n° 201 Du 21 décembre 1882. Déposée par M. le
sénateur Camparan. Les débitants de tabac de la ville de
Toulouse (Haute-Garonne) demandent la suppression des
bureaux spéciaux pour la vente des cigares de luxe. M. De La
Sicotière, rapporteur. : *Ibidem*, pp. 3-7.   [649]

Pétition n° 50 Du 24 mai 1883. Déposée par M. le sénateur
Léon Say Quatorze habitants de Pondichéry adressent au Sénat
une pétition relative à l'interprétation du décret du 21 septembre
1881, en ce qui concerne la formation des listes électorales.
M. De La Sicotière, rapporteur. : *Ibidem*, pp. 17-19.   [650]

Pétition n° 60 Du 7 juin 1883. Déposée par M. le sénateur
Batbie. M. Frédéric Romanet Du Caillaud, à l'Isle (Haute-
Vienne), adresse au Sénat une pétition relative à la naturalisa-
tion des indigènes dans les pays soumis à la souveraineté ou au
protectorat de la France. M. De La Sicotière, rapporteur.
: *Ibidem*, pp. 21-23.   [651]

Pétition n° 63 Du 14 juin 1883. Déposée par M. le sénateur
Gaudineau Huit cent soixante-sept propriétaires des marais de
Saint-Michel, Grues, Saint-Denis et Triaize (Vendée) deman-
dent que l'exécution des travaux de la digue en construction à la
Pointe-de-l'Aiguillon soit mise à la charge de l'Etat. M. De La
Sicotière, rapporteur. : *Ibidem*, pp. 24-25.   [652]

Pétition n° 69 Du 19 juin 1883. Trente-neuf habitants de la
commune d'El-Arrouch, département de Constantine (Algérie),
adressent au Sénat une pétition relative à l'administration de
l'Algérie. M. De La Sicotière, rapporteur. : *Ibidem*, pp. 26-27.
                                                               [653]

L'association des étudiants en droit de Rennes avant 1790.

: *Mélanges historiques, littéraires, bibliographiques publiés par la Soc. des Bibliophiles Bretons.* (Nantes, imp. Forest et Grimaud, in-8°). Tome II, pp. 1-74.

Anonyme. Le nom se lit à la table du volume.

Et à part :

> L'association des étudiants en droit de Rennes avant 1790 par L. De La Sicotière. [*Marque des imprimeurs*]
> Nantes Vincent Forest et Émile Grimaud Imprimeurs de la Société des Bibliophiles bretons 1883.
> In-8°, 74 pp., 1 fnc. bl. ; la couvert. impr., sert de titre.

[*Compte-rendu :*] J. Rombault : *Bull. d. l. Soc. hist. et archéol. de l'Orne*, IV, 1885, pp. 77-79. Signé : J. Rombault.   [654]

Une muse normande inconnue. Mlle Cosnard, de Seès. : *Bull. de la Soc. hist. et archéol. de l'Orne.* T. II, 1883, pp. 5-37.

Et à part :

> Une muse normande inconnue. Mlle Cosnard, de Seès Par M. L. de La Sicotière (Discours lu à la séance publique de la *Société Historique et Archéologique de l'Orne*, le 8 novembre 1883 [*Fleuron typ.*] Alençon typographie E. Renaut-De Broise, 1884.
> In-8°, 35 (1) pp.   [655]

Les Brie abbès de Saint-Evroult et le poète Sagon. : *Bull. de la Soc. hist. et archéol. de l'Orne.* T. II, 1883. Pp. 39-42.

Anonyme. Le nom est à la table des matières.   [656]

Famille de Culant. : *Intermédiaire des chercheurs.* 1883 (10 novembre), col. 651. R.

Signé : L.   [657]

Relation de l'Inquisition de Goa. : *Ibidem*, col. 655. R.

Signé : L.   [658]

Signature du poète Remy-Belleau. : *Ibid.*, col. 660. R.
Signé : L. D. L. S. [659]

Faux ducs et duchesses d'Angoulême. : *Ibid.*, col. 661-662. R.
Signé : L. de La Sicotière. [660]

Robert Garnier. : *Ibid.*, col. 665. R.
Signé : L. D. L. S. [661]

Séjour de dix mois en France : *Ibid.*, col. 665-666. R.
Signé : L. D. L. S. [662]

Mirabeau et le comte de Launay d'Antraigues. : *Ibid.*,
(10 décembre), col. 711 et 712. Q.
Signé : L. [663]

« L'Armeure des Fidèles. » : *Ibid.*, col. 715. Q.
Signé : L. D. L. S. [664]

Thesaurochrysonycochrysides. : *Ibid.*, col. 723-724. R.
Signé : L. [665]

Charlotte Moreau, femme de chambre de la duchesse de Berry
en 1832. — Marie Bossy cuisinière de la duchesse de Berry
en 1832. : *Ibid.*, col. 725. R.
Signé : L. [666]

Les Angoisses de la Mort. : *Ibid.*, col. 725-726. R.
Signé : L. [667]

Pas mal. : *Ibid.*, (25 décembre), col. 757. R.
Signé : L. [668]

Napoléon Ier, fabuliste. : *Ibid.*, col. 758. R.
Signé : L. [669]

Nécrologie. Édouard Bertre : *Bulletin de la Société historique et archéologique de l'Orne.* T. II, 1883, pp. 377-379.

Signé : L. D. L. S.

[670]

1884

Les Antiquités nationales de Millin. : *Intermédiaire des chercheurs.* 1884 (25 janvier), col. 45. R.

Signé : L.

[671]

Le prix des romans au XVIIIe siècle. : *Ibid.*, (10 février), col. 84-85. R.

Signé : L. D. L. S.

[672]

Un appendice à « Ma justification » de Barthélemy. : *Ibid.*, (10 mars), col. 143-144. R.

Signé : L. de La Sicotière.

[673]

L'agent Roger-Ducos : *Revue de la Révolution.* Tome III 1884 (1), Documents, pp. 55-62.

Signé : L. de la Sicotière.

[674]

Pétition n° 178 Du 29 novembre 1883. M. Stanislas Champroux, à Vimoutiers (Orne), adresse au Sénat une pétition relative à la taxe d'affranchissement des vieux journaux (c'est-à-dire des journaux ayant huit jours de date). M. De La Sicotière, rapporteur. : *Sénat session 1884. Annexe au feuilleton n° 20 du mardi 5 février 1884.* Pp. 12-15.

[675]

Pétition n° 180 Du 20 novembre 1883. Déposée par M. le sénateur Victor Hugo. Le Conseil de l'Institut populaire et les auditeurs des cours et conférences scientifiques du Trocadéro, à Paris, demandent qu'on laisse à l'Institut populaire le local qui a été mis, depuis trois ans à sa disposition, ou qu'on lui affecte définitivement une autre des salles du Trocadéro. M. De La Sicotière, rapporteur. : *Ibidem*, pp. 16-17.

[676]

Pétitions n° 186 Du 4 décembre 1883. Déposée par M. le sénateur Alfred Naquet. M. B. Gayraud, à Paris, adresse au Sénat une pétition relative à la création d'un impôt unique. M. De La Sicotière, rapporteur. : *Ibidem*, p. 17-18.   [677]

Pétition n° 187 Du 5 décembre 1883. M. Horoy, docteur en droit à Douai, adresse au Sénat une pétition pour demander une loi établissant le divorce pécuniaire et réorganisant le régime de la séparation de corps. : *Ibidem*, pp. 18 et 19.   [678]

[*Compte-rendu :*] Histoire de la Révolution racontée à mes petits-enfants par Charles D'Héricault (1).

(1) 1 vol. in-12, illustré, chez Gaume et Cⁱᵉ, rue de l'Abbaye. — Prix : 3 fr.

: *Journal d'Alençon*. 1884, n° 34 (18 mars), fnc. 2 r°, col. 3 et 4.

Signé : L.   [679]

Horace Vernet et M. Fould. : *Intermédiaire des chercheurs.* 1884 (25 mars), col. 178. R.

Signé : L.   [680]

Charlotte Corday et le peintre David. : *Ibid.*, col. 179. R.

Signé : L.   [681]

La Nouvelle Némésis. : *Ibid.*, col. 182-183. R.

Signé : L.   [682]

A quelle époque remonte l'origine du mot grec au sens de filou. : *Ibid.*, col. 183. R.

Signé : L.   [683]

N° 98. Sénat session 1884. Annexe au Procès-Verbal de la Séance du 28 Mars 1884. Rapport fait Au nom de la 3ᵉ Commission d'intérêt local chargée d'examiner le projet de loi, adopté par la Chambre des Députés, tendant à autoriser le département de la Mayenne à contracter un emprunt pour la construction

d'une école normale d'institutrices, par M. De La Sicotière
Sénateur.

[P.ne finale : Paris. — Imprimerie du Sénat, Palais du
Luxembourg. — P. Mouillot.

In-4°, 3 (1) pp., s. tit. sép.

: *Annales du Sénat.* 1884. Documents parlementaires t. x (8 janvier-
29 décembre), p. 201 col. 3 et p. 202 col. 1   [684]

Chronique : *Bulletin de la Soc. hist. et archéol. de l'Orne*
T. III, 1884, pp. 145-152.

Signé : L.

Pp. 145-148, signée L. Rend compte de la découverte de cercueils et de
poteries faite par l'abbé Dumaine (alors curé-doyen de Tourouvre) dans
l'ancienne chapelle seigneuriale de la famille de la Vove, dans l'église de
Tourouvre.

Pp. 150-151, signée L. Relève deux erreurs : la première dans l'*Art
ornemental* du 5 avril 1884. Il y est dit à tort que la découverte de gise-
ment de kaolin près d'Alençon, y donna naissance à la fabrication de
porcelaine ; on n'a jamais fabriqué de porcelaine à Alençon. Il rectifie
plusieurs erreurs relatives à Puisaye, contenue dans l'ouvrage de Victor
Lamy, *Deux femmes célèbres ; Madame Roland et Charlotte Corday.*

P. 152, signée L. Note relative au livre intitulé *Caco-Gynie*, impr., à
Caen, chez Michel Yvon, 1617, pet. in-12..... par le sieur de Fierville de
Laigle.   [685]

Les Mémoires du baron des Genettes. : *Intermédiaire des
chercheurs.* (10 avril), col. 210. Q.

Signé : L. D. L. S.   [686]

Galerie des Etats-généraux de 1789. : *Ibid.*, col. 216. R.

Signé : L. de La Sicotière.   [687]

Galerie des Etats-généraux de 1789. : *Ibid.* (25 avril), col.
245-246. R.

Signé : L. D. L. S.   [688]

Balzac : *Ibid.*, col. 254. R.

Signé : L.   [689]

Élections au Conseil municipal d'Alençon. ⁝ *Journal d'Alençon.* 1884, n° 52 (1er mai), fnc. 1 v°, col. 1 et 2.

Anonyme.   [690]

Musées commerciaux. ⁝ *Intermédiaire des chercheurs.* 1884 (10 mai), col. 260-261. Q.

Signé : L.....   [691]

[*Compte-rendu :*] Minée et son episcopat, par M. Alfred Lallié [1].

1. Nantes, Vincent Forest et Emile Grimaud, 1883, in-8° de 69 p. (Extrait de la *Revue de la Révolution,* et tiré à 100 exemplaires.)

⁝ *Revue de Bretagne et de Vendée.* 1884, premier semestre (tome 55 de la collect., 6e série, t. 5), pp. 473-476.

Signé : L. de la Sicotière.   [692]

N° 170. Sénat session 1884. Annexe au Procès-Verbal de la Séance du 5 Juin 1884. Rapport fait Au nom de la 3e Commission d'intérêt local chargée d'examiner le projet de loi, adopté par la Chambre des Députés, tendant à autoriser la ville de Roanne (Loire) à emprunter une somme de 280,000 francs. Par M. De La Sicotière Sénateur.

[Pnc. r° : Paris. — Imprimerie du Sénat. — P. Mouillot.

In-4°, 4 pp., 1 fnc.

Se trouve également : *Annales du Sénat.* Documents parlementaires. 1884, sessions ordin. et extraord., t. X, p. 239.   [693]

N° 171. Sénat session 1884. Annexe au Procès-Verbal de la Séance du 5 Juin 1884. Rapport fait Au nom de la 3e Commission d'intérêt local, chargée d'examiner le projet de loi, adopté par la Chambre des Députés, tendant a autoriser la ville de Périgueux (Dordogne) à emprunter une somme de 344,600 francs, par M. De La Sicotière Sénateur.

[Pnc. finale : Paris. — Imprimerie du Sénat. — P. Mouillot.

In-4°, 7 (1) pp., s. tit. sép.

Se trouve également : *Annales du Sénat.* Documents parlementaires. 1884, t. x, p. 239 col. 3 et p. 240.   [694]

[*Compte-rendu :*] Cours élémentaire d'Archéologie religieuse, par M. l'abbé Mallet, professeur au Petit-Séminaire de Séez. — 1re partie, Architecture ; 2e partie, Mobilier (1).

(1) Paris, Poussielgue, 1881 et 1883, 2 vol. in-8°. Ces volumes se vendent séparément.

: *Bull. de la Soc. hist. et archéol. de l'Orne.* III 1884, pp. 243-247.

Signé : L. de La Sicotière.   [695]

[*Compte-rendu :*] La vengeance d'Ursule, par M. Gustave Le Vavasseur. : *Bull. Soc. hist. et archéol. de l'Orne.* III, 1884, pp. 247-249.

Signé : L. D. L. S.   [696]

Auguste Poulet-Malassis. : *Bull. Soc. hist. et archéol. de l'Orne.* 1884, pp. 249-251.

Signé : L. D. L. S. Cet article est un compte rendu des écrits suivants concernant Poulet-Malassis : la notice écrite par M. Philippe Burty, publiée en tête du catalogue de vente des livres de la bibliothèque de Poulet-Malassis ; la bibliographie des ouvrages de Poulet-Malassis par un Bibliophile Ornais c'est-à-dire M. le comte Gérard de Contades, et la notice publiée par le même auteur : Le livre, 1884, n° 51 (10 mars), pp. 73-86.   [697]

[*Comptes-rendus :*] 1° Notes critiques sur la géographie de l'Orne, par Jouanne, par M. Louis Duval, archiviste du département de l'Orne ; in-8° de 12 p. Alençon, imprimerie de Lepage, s. d. — 2° La nouvelle édition de la France illustrée — l'Orne — par le même ; in-8° de 16 p. Alençon, imprimerie de Lepage, s. d. — 3° Essai sur la Topographie ancienne du département de l'Orne, suivi du Tableau de l'organisation religieuse de son territoire, avant la Révolution, par le même ; in-8° de 100 p. Alençon, imprimerie Marchand-Saillant, 1882. : *Bull. Soc. hist. et archéol. de l'Orne.* III, 1884, pp. 251-254.

Signé : L. D. L. S.   [698]

[Nomination de M. Gérasime Lecointre-Dupont, d'Alençon, en qualité de Président d'honneur à vie de la Société des Antiquaires de l'Ouest. — Annonce.] : *Bulletin de la Société*

historique et archéologique de l'Orne. III, 1884, p. 267. Sans
titre.

Signé : L.   [699]

N° 242. Sénat session 1884. Annexe au Procès-Verbal de la
Séance du 10 Juillet 1884. Rapport fait Au nom de la 3ᵉ Commission d'intérêt local chargée d'examiner le projet de loi, adopté
par la Chambre des Députés, tendant à établir d'office une
imposition extraordinaire sur la commune de Belrupt (Meuse).
par M. De La Sicotière Sénateur.

[P. 5 : Paris. — Imprimerie du Sénat. — P. Mouillot.
In-4°, 5 (1) pp., s. tit. sép.

Se trouve aussi : *Annales du Sénat.* Documents parlementaires. 1884,
t. x, p. 293 col. 2 et 3.   [700]

Un chapitre de l'histoire de Frotté * naissance — famille —
éducation — régiment.

* Extrait d'un ouvrage inédit sur *Frotté et les insurrections normandes.*

⁝ *Revue de la Révolution.* T. IV, 1884 ², pp. 107-130.

Signé : L. de la Sicotière.

Et à part :

Un chapitre de l'histoire de Frotté. — Naissance —
famille — éducation — régiment par L. De La Sicotière
[*Marque des imprimeurs*] Nantes Imprimerie de Vincent
Forest et Émile Grimaud Place du Commerce, 4, 1884.
In-8°, 28 pp., et couv. impr. avec le même titre.

Compte-rendu : E[ugène] V[imont] : *Bull. mensuel de la soc. scient.
Flammarion.* 1884 (t. II), pp. 242 ; signé E. V.   [701]

Bains de sang. ⁝ *Intermédiaire des chercheurs.* 1884,
(10 août). col. 459. R.

Signé : L.   [702]

Châtelards et Pérouses. ⁝ *Ibidem*, col. 459-460. R.

Signé : L.   [703]

Michel de Bourges. : *Ibidem*, col. 460. R.
Signé : L.   [704]

Rainaud de Baillol ou Renaud de Bailleul. : *Ibid.*, col. 460. R.
Signé : L. D. L. S.   [705]

Fouquet-Dulomboy. : *Ibid.*, col. 469. R.
Signé : L. D. L. S.   [706]

Lettres et documents inédits sur la Clairon. : *Ibid.*, col.
471-472. R.
Signé : L. D. L. S.   [707]

Vous substitué à tu. : *Ibidem*, 1884 (25 août), col. 500. R.
Signé : L.   [708]

Aguilleneuf. : *Ibid.*, col. 501-502. R.
Signé : L. D. L. S.   [709]

Deux vers latins d'auteurs inconnus. : *Ibid.*, (10 septembre),
col. 520. R.
Signé : L.   [710]

Les papiers de Formey. : *Ibid.*, col. 537. R.
Signé : L.   [711]

Madame Fay. : *Ibid.*, (25 septembre), col. 563. R.
Signé : L. D. L. S.   [712]

Frotté en Bretagne et en Vendée 1795. : *Revue de Bretagne
et de Vendée*. 1884 2e semestre, (tome 56 de la collect. ; 6e série,
t. 6), pp. 161-182.
Signé : L. de la Sicotière.

Et à part :

Frotté en Bretagne et en Vendée 1795 par L. De La Sicotière [*Marque des impr.*] Nantes imprimerie Vincent Forest et Emile Grimaud 4, place du Commerce, 4. 1884.

In-8°, 26 pp., 1 fnc. bl., couvert. impr., avec le même titre.

Tiré à 100 exemplaires.   [713]

Pétition n° 199 Du 22 décembre 1883. M. Ricard, se disant employé à la mairie du quatrième arrondissement de Paris, se plaint d'être sous la surveillance de la haute police. M. De La Sicotière, rapporteur. : *Sénat. Session extraordinaire 1884. Annexe au feuilleton n° 1 du mardi 14 octobre 1884.* Pp. 1-2.
[714]

Pétition n° 200 Du 22 décembre 1883. Déposée par M. le sénateur Gouin. M. Bodart, fondateur et président de la Société protectrice de l'enfance du département d'Indre-et-Loire à Tours, adresse au Sénat une pétition en faveur des enfants naturels et des enfants légitimes livrés à eux-mêmes ou abandonnés par leurs parents. M. De La Sicotière, rapporteur. : *Ibidem*, p. 2.
[715]

Pétition n° 201 Du 26 décembre 1883. Déposée par M. le sénateur Alfred Naquet. D'anciens militaires demeurant à Paris, demandent l'unification des pensions de retraite suivant la loi de 1881. M. De La Sicotière, rapporteur. : *Ibidem*, p. 3-7.
[716]

Pétition n° 202 Du 27 décembre 1883. M. Hervé, docteur en droit à Civray (Vendée), adresse au Sénat une pétition relative à l'institution d'un jury en matière correctionnelle. M. De La Sicotière, rapporteur. : *Ibidem*, pp. 8-9.   [717]

Pétition n° 205 Du 27 décembre 1883. Déposée par M. le sénateur Édouard Millaud. M. Alexandre Lange, propriétaire à Paris (Seine), adresse au Sénat une pétition dans laquelle il demande qu'à l'aide des tableaux d'assemblage du cadastre, on établisse pour chaque commune une carte indiquant par des teintes et des légendes, les cultures et les engrais les plus avantageux à chaque section. M. De La Sicotière, rapporteur. : *Ibidem*, pp. 9-12.   [718]

Pétition n° 127 Du 30 juin 1884. M. Chirac, à Paris, adresse au Sénat une pétition relative à une modification de l'article 412 du Code d'instruction criminelle. M. De La Sicotière, rapporteur. : *Ibidem*, pp. 30-32.   [719]

Les rosières en Basse-Normandie. : *Bull. de la Soc. hist. et archéol. de l'Orne.* III, 1884. Pp. 397-450 et planche (p. 448).

Et à part :

    Les rosières en Basse-Normandie.
    [P. 54 : Alençon. — E. Renaut-De Broise, Imprimeur et Lithographe. S. d [1884].
    In-8°, 54 pp., 1 fnc., s. tit. sép., et planche.

Discours lu à la séance publique annuelle de cette société, tenue le 23 octobre 1884 à Domfront. Anonyme.   [720]

Le gui de chêne. : *Bulletin mensuel de la Société scientif. Flammarion.* (Argentan, in-8°). 1884, pp. 32-33.

Cet article, signé L., est rédigé sous forme d'une lettre datée d'Alençon 1884, et adressée à M. Eugène Vimont, directeur du *Bulletin de la Soc. Flammarion.*   [721]

Le jubé de la cathédrale de Rouen. : *Intermédiaire des chercheurs.* 1884 (25 décembre), col. 750-751. R.

Signé : L.   [722]

1885

Les soumissions dans l'Ouest (¹) (janvier-février 1800). : *Revue hist. et archéol. du Maine.* Tome XVII, 1885, premier semestre, pp. 27-65.

En note de la p. 27 on lit :
(1) Fragment inédit de l'*Histoire de Frotté et des Insurrections*

Normandes qu'achève en ce moment M. de La Sicotière. Le Maine a une grande place dans ce chapitre des *Soumissions*. (Note de la Rédaction).

Et à part :

Les soumissions dans l'Ouest (janvier-février 1800) par M. L. De La Sicotière [*Chiffre-marque des impr.*] Mamers E. Fleury et A. Dangin imprimeurs-éditeurs 1885.

In-8°, 1 fnc., 44 pp., 1 fnc. bl., couvert. impr., avec le même titre.

Compte-rendu : C[ontades] G[érard de] : *Bull. d. l. Soc. hist. et archéol. de l'Orne.* V, 1886, pp. 283-284. Signé G. C.   [723]

Préliminaires de la pacification. Les conférences. Pouancé. — Candé. — Montfaucon. Novembre, décembre 1799. Janvier 1800. : *Revue de l'Anjou* (Angers, impr. Germain et Grassin, in-8°). 1885 (janvier-février, nouvelle série, tome X), pp. 1-30 et 116-172. Signé : De la Sicotière.

Et à part :

Extrait de la *Revue de l'Anjou*. Préliminaires de la Pacification. Les Conférences 1799-1800. Pouancé — Candé — Montfaucon par L. de la Sicotière. [*Chiffre-marque des imprimeurs*] Angers Imprimerie - librairie Germain et G. Grassin rue Saint-Laud. 1885.

In-8°, 2 ffnc., 86 pp., 1 fnc. blanc et couv. impr., avec le même titre.

Cet écrit est un extrait du livre de M. de La Sicotière sur Frotté.

Compte-rendu : [CONTADES (Gérard de)] : *Bull. de la Soc. hist. et archéol. de l'Orne.* V. 1886, pp. 283-284. Signé G. C.   [724]

Sermon prononcé par le Révérend Père Esprit de Tinchebray, capucin, dans l'église des Dames religieuses des Hautes-Bruyères, le 22 juillet 1694, fête de sainte Madeleine. : *Intermédiaire des chercheurs*. 1885 (10 janvier), col. 17-18. Q. Signé : L. D. L. S.   [725]

L'abbé Maury. : *Ibid.*, col. 26. R. Signé : L.   [726]

Cazalès. : *Ibid.*, col. 68. R.

Signé : L. D. L. S.   [727]

A. N. Laverdet. : *Ibid.*, (10 février), col. 93-94. R.

Signé : L.   [728]

Le *Pilori* Journal de 1868. : *Ibid.*, (25 février), col. 116.

Signé : L.   [729]

Philippe-Egalité n'était pas un d'Orléans. : *Ibid.*, col. 120. R.

Signé : L.   [730]

La Ninon de Musset. : *Ibidem.* 1885 (10 mars), col. 157-158. R.

Signé : L.   [731]

Une comparaison à étudier. : *Ibid.*, col. 158-159. R.

Signé : L.   [732]

[Notice sous la rubrique : Nécrologie, sur M. Eugène Michel, sénateur des Basses-Alpes]. : *Journal d'Alençon* 1885, nº 33 (17 mars), fnc. 1 vº, col. 4 et 5.

Signé : L.   [733]

Rebroel. : *Intermédiaire des chercheurs.* 1885 (25 avril), col. 249-250. R.

Signé : L.   [734]

Opinions des conventionnels sur Louis XVI. : *Ibid.*, col. 250 R.

Signé : L.   [735]

Les assassins littérateurs. : *Ibid.*, col. 251-252. R.

Signé : L.   [736]

Les Portraits de la librairie Poulet-Malassis. : *Ibid.* col.
253. R.

Signé : L.   [737]

Pétition n° 72 Du 9 juin 1885. Déposée par M. le sénateur
Georges Martin. Les époux Brisson-Front, demeurant à Orléans
(Loiret) se plaignent d'avoir été frustrés dans une question de
succession et sollicitent l'intervention du Sénat pour obtenir
l'assistance judiciaire, afin de pouvoir faire valoir leurs droits.
M. De La Sicotière, rapporteur. : *Sénat. Session extraordinaire 1885. Annexe au feuilleton n° 1 du mardi 10 novembre
1885.* Pp. 10 et 11.   [738]

Pétition n° 74 Du 11 juin 1885. Déposée par M. le sénateur
Bardoux. M. Sidoine Chapeau, ex-sous-officier et ex-employé
des contributions indirectes à Clermont-Ferrand (Puy-de-Dôme),
demande la révision de sa pension de retraite. M. De La Sicotière, rapporteur. : *Ibidem*, pp. 12 et 13.   [739]

Pétition n° 77 Du 25 juin 1885. M. Louis Manteau, à Paris,
adresse au Sénat une pétition relative à l'enseignement public,
aux programmes de l'université et à l'adjonction de pères de
famille aux inspecteurs lors de leurs visites aux lycées et
collèges. M. De La Sicotière, rapporteur. : *Ibidem*, pp. 14 et 15.
                                                              [740]

Pétition n° 80 Du 15 juillet 1885. M. Émile Guyot (de Parfon-
deval), à Fraillicourt (Ardennes), se plaint d'être victime d'un
déni de justice. M. De La Sicotière, sénateur. : *Ibidem*, p. 16.
                                                              [741]

Pétition n° 81 Du 16 juillet 1885. M. Chervet, ingénieur civil,
ancien chef de section de l'administration des chemins de fer de
l'Etat à Paris, adresse au Sénat une pétition relative à l'interprétation de l'article 4 du décret du 25 mai 1878, en ce qui
concerne les pouvoirs du conseil d'administration de ces chemins
de fer à l'égard de leurs agents. : *Ibidem*, pp. 16-17.
Rapport verbal de M. de La Sicotière.   [742]

Évêques constitutionnels. : *Intermédiaire des chercheurs*, (10 juin), col. 323. Q.

Signé : L.   [743]

Homère et les deux Chénier. : *Ibid.*, col. 356-357. R.

Signé : L.   [744]

Les acteurs bibliophiles. : *Ibid.*, (25 juin), col. 374. R.

Signé : L.   [745]

Le romantisme en province. : *Ibid.*, col. 381. R.

Signé : L.   [746]

Biographie. — Bibliographie. I Charles Vatel. : *Revue de la Révolution*. T. VI, 1885 ?, pp. 70-77 et 150-159.

Signé : L. de la Sicotière.

Et à part :

Biographie. — Bibliographie 1 Charles Vatel.
[P. 12 : Nantes. — Imp. Vincent Forest et Émile Grimaud, place du Commerce, 4.

In-4°, 12 pp., s. tit. sép.

Anonyme. Sous la rubrique : Biographie. — Bibliographie, M. de La Sicotière a donné à la *Revue de la Révolution*, de 1885 à 1889, cinq notices sur Vatel, Liesville, Maufras Du Chatellier, Feuillet de Conches et Faugère. Nous les indiquons à leurs dates.   [747]

Femmes soldats. : *Intermédiaire des chercheurs*. 1885 (10 juillet), col. 402-403.

Signé : L.   [748]

Une inadvertence de Ponson du Terrail. : *Ibid.*, (25 juillet), col. 426-427. R.

Signé : L.   [749]

Une chanson de café-concert. : *Ibid.*, col. 441-442. R.

Signé : L.   [750]

M. de la Combe, colonel d'artillerie. : *Ibid.* (10 septembre), col. 514. R.

Signé : L.   [751]

Cuirs gaufrés, estampés, dorés, etc. : *Ibid.*, (25 septembre), col. 556. R.

Signé : L.   [752]

Les patois de la France. : *Ibid.*, col. 557-559. R.

Signé : L.   [753]

Singularités physiologiques. : *Ibid.*, col. 571. R.

Signé : L. D. L. S.   [754]

Livres imprimés sur papier de couleur. : *Ibid.*, col. 573. R.

Signé : L.   [755]

Paturot. — La meilleure des républiques. : *Ibid.*, (10 octobre), col. 605-606. R.

Signé : L.   [756]

Discours de M. L. De La Sicotière président. La Conversion de Rancé. : *Bull. de la Soc. hist. et archéol. de l'Orne.* IV, 1885, pp. 197-218.

Et à part :

Discours de M. L. De La Sicotière Président. La conversion de Rancé.
[P. 24 : Alençon. — Renaut-De Broise. S. *d.* [1885].
In-8°, 24 pp.

Ce discours a été lu à la séance de cette société tenue à **Mortagne** le 27 octobre 1885.   [757]

Femmes soldats. : *Intermédiaire des chercheurs.* 1885 (25 novembre), col. 687-688. R.

Signé : Z [pour L].   [758]

Religieuses mariées. : *Ibidem*, col. 695. R.

Signé : L.   [759]

Lettres sur les États-généraux de 1789. : *Ibid* , (10 décembre),
col. 716. R.

Signé : L.   [760]

Robespierre défenseur du paratonnerre. : *Ibid.*, col. 725. R.

Signé : L.   [761]

Sur une définition des Anglaises. : *Ibid.*, col. 725-726.

Signé : L.   [762]

Biographie. — Bibliographie II. Liesville. : *Revue de la
Révolution*. VI, 1885², pp. 470-474.

Signé : L. de la Sicotière.

Et à part :

> Biographie. — Bibliographie. — II Liesville.
> [P. 5. Nantes. — Imp. Vincent Forest et Emile Grimaud,
> place du Commerce, 4.
>   In-8°, 5 (1) pp.

Signé L. de la Sicotière.   [763]

M. Du Chatellier. : *Bulletin monumental* (de De Caumont —
De Marsy) Tome 51 de la collection (6ᵉ série, t. I), 1885,
pp. 303-313.

Signé : L. de La Sicotière.

Et à part :

> M. Du Chatellier.
> [P. 11 : Caen, Typ. F. Le Blanc-Hardel. S. d.
> In-8°, 11 (1) pp. s. tit. sép.

Signé : L. de La Sicotière.   [764]

1886

Le Colonel d'Hostel. : *Journal d'Alençon*. 1886, n° 12
(28 janvier), fnc. 1 v°, col. 2-3.

Article nécrologique, non signé.   [765]

Notre-Dame-du-Chène ou de la miséricorde (Anjou). : *Revue
de l'Anjou*. 1886 janvier-février, (Nouvelle série, tome XII),
pp. 1-28.

Signé : L. de la Sicotière.

Et à part :

Extrait de la *Revue de l'Anjou*. Notice sur Notre-Dame-
du-Chène ou de la miséricorde (Anjou) par L. de la Sico-
tière. [*Chiffre-marque des impr.*]
Angers Imprimerie-librairie Germain et Grassin rue
Saint-Laud, 1886.
In-8°, 2 ffnc., 28 pp. Couv. impr., avec le même titre.   [766]

Pétition n° 106 Du 16 décembre 1885. Le conseil municipal de
Saint-Vérand (Saône-et-Loire) demande que le Tonkin et Mada-
gascar ne soient pas abandonnés. M. De La Sicotière rapporteur. : *Sénat session 1886. Annexe au feuilleton n° 30 du
lundi 29 mars 1886. (Annexe II. 1886). P. 4.*   [767]

Pétition n° 107 Du 16 décembre 1885. M. Dervin, ancien
caporal au 16ᵉ régiment d'infanterie légère, pensionnaire de
l'hôtel des Invalides, à Paris, sollicite la croix de la Légion
d'honneur. M. De La Sicotière, rapporteur. : *Ibid.*, pp. 5.

Voir aussi : *Journal Officiel*. 1886, n°   (2 juin).   [768]

Pétition n° 112. Du 26 décembre 1885. M. Louis-Alfred
Jouenne, à Caen (Calvados), adresse au Sénat une pétition
relative à l'inconvénient de la fumée des chemins de fer pour les
produits agricoles. M. de La Sicotière, rapporteur. : *Ibid.*,
pp. 6 et 7.   [769]

Nº 131. Sénat session 1886. Annexe au procès-verbal de la séance du 8 avril 1886. Rapport fait Au nom de la 3ᵉ Commission d'intérêt local, chargée d'examiner le projet de loi, adopté par la Chambre des Députés, portant établissement d'une surtaxe sur l'alcool à l'octroi de Camaret (Finistère), par M. de La Sicotière Sénateur.

[Fnc. rº : Paris. — Imprimerie du Sénat, palais du Luxembourg. — P. Mouillot.

In-4º, 2 pp., 1 fnc., s. tit. sép.

Se trouve également : *Annales du Sénat*. Documents parlementaires. 1885 session extraord. 1886, sessions ordin. et extraord. Tome XII (10 nov. 1885 — 15 déc. 1886), p. 166, col. 2 et 3.   [770]

Nº 156. Sénat session 1886. Annexe au procès-verbal de la séance du 17 avril 1886. Rapport fait Au nom de la Commission chargée d'examiner le projet de loi, adopté par la Chambre des Députés, ayant pour objet d'autoriser le Président de la République à ratifier et, s'il y a lieu, à faire exécuter la convention relative à la répression des délits de chasse conclue le 6 août 1885, entre la France et la Belgique, par M. De La Sicotière Sénateur.

[P. 5 : Paris. — Imprimerie du Sénat, palais du Luxembourg. — P. Mouillot.

In-4º, 5 (1) pp., 1 fnc. blanc. S. tit. sép.

Se trouve aussi : *Annales du Sénat*. Documents parlementaires. T. XII, p. 189.   [771]

Nº 164. Sénat session 1886. Annexe au procès-verbal de la séance du 19 avril 1886. Rapport fait Au nom de la 3ᵉ Commission d'intérêt local chargée d'examiner le projet de loi, adopté par la Chambre des Députés, ayant pour objet la prorogation de surtaxes perçues sur le vin et sur l'alcool à l'octroi de Rambouillet (Seine-et-Oise), par M. de La Sicotière Sénateur.

[Fnc. rº : Paris. — Imprimerie du Sénat, palais du Luxembourg. — P. Mouillot.

In-4º, 2 pp., 1 fnc., s. tit. sép.

Se trouve également : *Annales du Sénat*. Documents parlementaires, t. XII, p. 193 col. 1.   [772]

[Article sans titre relatif au discours prononcé au Sénat à la séance du 17 avril 1886, par le duc d'Audiffret-Pasquier à propos des événements de Chateauvilain.] : *Journal d'Alençon*. 1886, n° 47 (20 avril), fnc. 1 v°, col. 2, sous la rubrique : Chronique locale et régionale.

Cet article anonyme commence ainsi qu'il suit : *Le dernier discours de M. le duc Pasquier a produit au Sénat une impression....., et finit:..... Il a bien mérité une fois de plus, de la tribune parlementaire et de l'opinion conservatrice.* [773]

Rapport fait au nom de la 3ᵉ commission d'intérêt local, chargée d'examiner le projet de loi, adopté par la Chambre des députés, tendant à autoriser le département d'Alger à contracter à la caisse des chemins vicinaux un emprunt de 5 millions de francs pour les travaux de chemins de grande communication et d'intérêt commun, par M. de La Sicotière, sénateur. — (Urgence déclarée.) : *Annales du Sénat*. Débuts parlementaires. 1886, session ordinaire. T. Iᵉʳ (12 janvier-12 avril), p. 713, col. 1-3. Le titre ci-dessus est emprunté aux *Annales du Sénat*. Documents, t. XII, p. 202 col. 1.

Ce rapport a été lu à la séance du Sénat du 21 avril 1886. [774]

Les assassins littérateurs. : *Intermédiaire des chercheurs*. 1886 (25 mai), col. 305. R.

Signé : L. [775]

[Article sans titre relatif à la conférence Olivain. où MM. Le Marignier, d'Argentan, et Carel, de Caen avaient pris la parole.] : *Journal d'Alençon*. 1886, n° 74 (29 juin), fnc. 1 v°, col. 4.

Signé : L. Cet article commence par ces mots : *Samedi soir une assistance nombreuse.....* [776]

[Article nécrologique sans titre, sur les obsèques de Madame Albert Le Guay. : *Journal d'Alençon*. 1886, n° 74 (29 juin), fnc. 1 v°, col. 5.

Anonyme. Voici le commencement : *Samedi dernier ont eu lieu à Paris.....* [777]

Biographie. — Bibliographie. III Maufras Du Chatellier. : *Revue de la Révolution*. VIII, 1886², pp. 69-80.

Signé : L. de la Sicotière.

Et à part :

Biographie. — Bibliographie. III. Maufras Du Chatellier. [P. 12 : Nantes. — Imp. Vincent Forest et Émile Grimaud, place du Commerce 4.

In-8°, 12 pp., s. tit. sép.

Reproduit : A. du Chatellier de l'Institut. Un Essai de Socialisme 1793-94-95. Réquisitions. Maximum. — Assignats. Bio-bibliographie de l'auteur par M. L. de la Sicotière Sénateur de l'Orne. Paris Retaux-Bray, éditeur 82, rue Bonaparte, 82. 1887 [P. 88 : Nantes. — Imp. Vincent Forest et Émile Grimaud, place du Commerce, 4.

In-8°, 2 ffnc., et 88 pp. et couv. impr. avec le même titre.

Le travail de M. de La Sicotière se trouve aux pp. 1-12 ; et sauf qu'il n'y a pas d'adresse typogr., à la p. 12, c'est sur la même imposition que celle du tirage ci-dessus indiqué, que cette impression a été faite. L'opuscule de M. Du Chatellier (pp. 13-88), est un tirage à part d'articles publiés : *Revue de la Révolution*, viii, 1886 ², pp. 161-176 ; 283-291 ; 336-356 ; 411-428 ; et viii, 1887 ¹, pp. 23-37.

Compte-rendu de la notice de M. de La Sicotière.

[Louis Duval] : *L'Avenir de l'Orne et de la Mayenne, Écho du Maine et du Perche*. 1887, n° 1969 (19 juin), fne. 1 v°, col. 2 et 3, sous la rubrique : Causerie littéraire.

Signé : L. D.

[778]

L'Aimable Faubourien. : *Intermédiaire des chercheurs*. 1886 (10 juillet), col. 406-407. R.

Signé : L. D. L. S.

[779]

Pétition n° 50 Du 17 avril 1886. Mlle Hubertine Auclert, directrice du journal *La Citoyenne*, à Paris, adresse au Sénat une pétition tendant à ce que l'exercice des droits civiques soit accordé aux femmes, ou du moins à celles qui sont veuves ou célibataires. M. de La Sicotière, rapporteur. : *Sénat session 1886. Annexe au feuilleton n° 67 du jeudi 15 juillet 1886.* (Annexe iv.), pp. 28-34.

[780]

Pétition n° 51 Du 17 avril 1886. M. Darget, demeurant à Pauilhac (Gers), sollicite l'intervention du Sénat pour obtenir qu'il soit accordé une sanction universitaire à des travaux et découvertes scientifiques dont il est l'auteur. M. de La Sicotière, rapporteur. : *Ibid.*, p. 34.   [781]

Pétition n° 57 Du 5 mai 1886. M. Achille Brachet, demeurant à Paris, demande que la crémation soit obligatoire. M. de La Sicotière, rapporteur. : *Ibid.*, pp. 35-36.   [782]

Pétition n° 59 Du 9 mai 1886. M. Camille Rouzé De Madre, viticulteur à Nancy, demande qu'il lui soit accordé les moyens d'appliquer sa découverte d'un moyen de garantir les vignobles contre la gelée et la grêle. M. de La Sicotière, rapporteur. *Ibid.*, pp. 36-37.   [783]

Pétition n° 75 Du 26 juin 1886. La dame veuve Mabrier, demeurant à Cherbourg (Manche), sollicite l'intervention bienveillante du Sénat pour lui faire obtenir la fin de la liquidation de la succession de son mari, ex-premier maître de marine, décédé au mois de décembre 1884. M. de La Sicotière, rapporteur. : *Ibid.*, pp. 38-39.   [784]

Pétition n° 76 Du 28 juin 1886. M. Barnabé Aubert, demeurant à Saint-Germain-sur-Ay (Manche), se plaint d'être victime de persécutions. M. de La Sicotière, rapporteur. : *Ibid.*, p. 39-40.   [785]

Pétition n° 88 Du 8 juillet 1886. Déposée par M. le sénateur Mazeau. 2.287 habitants des communes d'Arc-sur-l'Ille, Arceau, Arçon, Beaumont-sur-Vingeanne, Beire-le-Chatel, Belleneuve, Bèze, Bezouotte, Binges, Blagny, Champagne-sur-Vingeanne, Charmes, Couternon, Cuiseray, Jancigny, Magny-Saint-Médard, Mirebeau, Noiron-sous-Bèze, Oisilly, Orgeux, Quétigny, Renève, Saint-Apollinaire, Savolles, Tanay, Trochères, Varois-Chaignot, Viévigne (Côte-d'Or) demandent la déclaration d'utilité publique d'une voie ferrée entre Dijon et Mirebeau-sur-Bèze. M. de La Sicotière, rapporteur. : *Ibid.*, pp. 40-41.   [786]

Discours du Président. Les Portefeuilles des Sociétés de

Province. : *Bull. de la Soc. hist. et archéol. de l'Orne.* V, 1886.
Pp. 307-320.

Et à part :

Les portefeuilles des sociétés de province par M. L. De
La Sicotière Président de la Société Historique et Archéolo-
gique de l'Orne. Discours lu à la séance publique de cette
Société Le 21 Octobre 1886. [*Fleuron typogr.*]
Alençon typographie E. Renaut-De Broise 1886.
In-8°, 16 pp.

Sur les suites données au projet de M. de La Sicotière, voir un
article sans titre, signé : H. B. [Henri Beaudouin] : *Bull. de la Soc.
hist. et archéol. de l'Orne,* VI, 1887, p. 348.   [787]

La fille et l'âne ou la belle Marion. : *Revue des Traditions
populaires* (Paris, Dupret, in-8°). 1886, n° 11 (25 novembre),
pp. 337.

Signé : L. De La Sicotière.   [788]

Westermann. : *Intermédiaire des chercheurs.* 1886 (10 décembre), col. 715. R.

Signé : L.   [789]

Mazet de Barcelone. : *Ibid.,* col. 715. R.

Signé : L.   [790]

Les dessins de Victor Hugo. : *Ibid.,* col. 715-716. R.

Signé : L.   [791]

Les Lettres du vicomte Walsh. : *Ibid.,* col. 717. R.

Signé : L.   [792]

La marquise de la Carte et Alfred de Musset. : *Ibid.,*
col. 718. R.

Signé : L.   [793]

V. Hugo et l'Europe littéraire. : *Intermédiaire des chercheurs.* (25 décembre), col. 746. R.

Signé : L.   [794]

Eugénie de Guérin et M. Barbey d'Aurevilly. : *Ibid.*, col. 747. R.

Signé : L.   [795]

Collaboration conjugale de femmes de lettres. : *Ibid.*, col. 748. R.

Signé : L.   [796]

Bibliographie révolutionnaire départementale. : *Ibid.*, col. 750-751. R.

Signé : L. D. L. S.   [797]

1887

Les Germain, artistes parisiens. : *Intermédiaire des chercheurs et des curieux.* 1887 (10 janvier), col. 20. R.

Signé : L.   [798]

Voyages pittoresques et romantiques dans l'ancienne France, par MM. Ch. Nodier, J. Taylor et Ch. de Cailleux. : *Ibidem*, col. 20. R.

Signé : L.   [799]

Pétitions nᵒˢ 77, 78, 83 et 85 Des 1ᵉʳ et 6 juillet 1886. Déposées par MM. les sénateurs Audren de Kerdrel, général Espivent De La Villeboisnet, général Paul Grévy, Thurel et Le Bastard. Cent quatre-vingt-deux membres du Cercle national de bienfaisance sténographique, soixante-treize habitants de Champagnole (Jura) et cent quatre-vingt-six habitants de Châteauneuf, Cancale, La Gouesnière, Chateaugiron et Rennes (Ille-et-Vilaine, sollicitent une enquête administrative sur les résultats obtenus dans l'enseignement à tous les degrés par la pratique de la sténographie. : *Sénat, session 1887. Annexe au feuilleton nᵒ 7 du vendredi 28 janvier 1887.* Pp. 13 et 14.   [800]

Pétitions n°ˢ 82 et 91 Des 6 et 9 juillet 1886. Déposées par MM. les sénateurs Joseph Cabanes et Brossard. La chambre des notaires de l'arrondissement de Saint-Flour (Cantal) et le président de la chambre des notaires de Roanne (Loire), demandent que la prescription de cinq ans pour les droits et honoraires des actes dus aux notaires, édictée par la loi du 5 août 1881, soit prorogée de deux ans. M. de La Sicotière, rapporteur. : *Ibidem*, pp. 15-18.   [801]

Le centenaire de 1789. Le monument de la Révolution. : *Revue de la Révolution*. IX. 1887 ¹, pp. 56-78.

Signé : Un Membre du Parlement.

Et à part :

    Le centenaire de 1789. Le monument de la Révolution.
    [P. 23 : Nantes — imp. Vincent Forest et Émile Grimaud place du Commerce, 4. S. d.
    In-8°, 23 (1) pp., s. tit. sép.

    Signé : Un Membre du Parlement.   [802]

Le bataillon des Marseillais. : *Intermédiaire des chercheurs*. 1887 (10 mars), col. 146. R.

Signé : L.

Et aussi : *Ibidem* (10 avril), col. 213-215.

Signé : L.   [803]

N° 136. Sénat session 1887. Annexe au procès-verbal de la séance du 11 mars 1887. Rapport fait Au nom de la Commission chargée d'examiner le projet de loi concernant la destruction des insectes, des cryptogames et autres végétaux nuisibles à l'agriculture, par M. de La Sicotière Sénateur.

    [P. 50 : Paris. — Imprimerie du Sénat, palais du Luxembourg. — P. Mouillot.
    In-4°, 50 pp., 1 fnc. blanc. S. tit. sép.

Ce rapport est relatif à la proposition de loi du 20 octobre 1884, présenté par M. Jules Méline.   [804]

Les papiers de Fabre d'Eglantine. : *Intermédiaire des chercheurs.* 1887 (25 mars), col. 169-170. R.

Signé : L. [805]

Sur les Mémoires inédits de M. X... : *Ibidem* (25 avril), col. 247. R.

Signé : L. [806]

L'improvisateur Eugène de Pradel. : *Ibidem* (10 mai), col. 274. R.

Signé : L. [807]

Fille séduite. : *Ibidem* (10 juin), col. 333 R.

Signé : L. [808]

Robespierre précepteur de Louis XVII. : *Ibidem* (25 juin), col. 377-378.

Signé : L. [809]

Les comédiens canonisés. : *Ibidem* (10 juillet), col. 407.

Signé : L. [810]

Chauvelin. : *Ibidem* (25 juillet), col. 430. R.

Signé : L. [811]

Marie-Caroline. : *Ibidem*, col. 432. R.

Signé : L. [812]

Les Devéria. : *Ibidem* (10 août), col. 462-463. R.

Signé : L. D. L. S. [813]

M. Ruprich-Robert. : *Journal d'Alençon.* 1887, n° 56 (12 mai), fnc. 1 v°, col. 3 et 4 ; sous la rubrique Nécrologie.

Signé : L. [814]

Madame Le Vavasseur. : *Journal d'Alençon*. 1887, n° 60 (24 mai), fnc. 1 v°, col. 1 et 2.

Article nécrologique signé : L. D. L. S.   [815]

Monuments historiques. : *Bull. de la Soc. hist. et archéol. de l'Orne*. VI, 1887. Pp. 112-114.

Contient la liste des monuments de l'Orne classés comme ayant un intérêt historique et artistique. Cette liste est empruntée à l'état annexé à la loi du 30 mars 1887 sur la conservation des monuments historiques. Cette communication n'est pas signée, mais elle est attribuée à M. de La Sicotière dans la *Table des matières contenues dans les douze premiers volumes du Bulletin de la société historique et archéologique de l'Orne*. Alençon, typ. Renaut-De Broise, 5, place d'Armes, 5, 1896. In-8°, 32 pp. (Voir p. 16, col. 1.)   [816]

Discours De M. L. de La Sicotière, Président. L'émigration percheronne au Canada pendant le XVIIe siècle. : *Bull. de la Soc. hist. et archéol. de l'Orne*, VI, 1887. Pp. 351-384.

Et à part :

> L'émigration percheronne au Canada pendant le XVIIe siècle par M. Léon De La Sicotière. Discours Lu à la séance publique de la Société Historique et Archéologique de l'Orne, le 27 octobre 1887. [*Fleuron typogr.*]
> Alençon typographie E. Renaut-De Broise. 1887.
> In-8°, 36 pp., et couv. impr. avec le même titre.

COMPTE-RENDU : [CHENNEVIÈRES]. Perche et Canada. : *Bull. de la Soc. hist. et archéol. de l'Orne*, t. IX, 1890. Pp. 428-437. Anonyme. Par le marquis de Chennevières, de l'Institut, ancien directeur des beaux-arts, selon la table du tome IX.   [817]

Biographie. — Bibliographie. IV Feuillet de Conches. : *Revue de la Révolution*, X, 1887², pp. 370-377.

Signé : L. de la Sicotière.

Et à part :

> [*Avec le même titre et la même signature*. P. 5 : Nantes. — imp. Vincent Forest et Émile Grimaud, place du Commerce, 4. S. d.
> In-8°, 5 (1) pp., s. tit. sép.   [818]

La bibliothèque du genre humain. : *Intermédiaire des chercheurs*. 1887 (10 novembre), col. 652. R.

Signé : L.   [819]

Collections bizarres. : *Ibidem* (10 décembre), col. 714. R.

Signé : L.   [820]

Pétition n° 89 Du 22 juin 1887. Mme Clarisse Ragonnet, épouse
Savoye, à Meurcourt (Haute-Saône), se plaint d'avoir été victime
d'un déni de justice. M. de La Sicotière, rapporteur. : *Sénat.
Session extraordinaire 1887. Annexe au feuilleton n° 25 du
mercredi 14 décembre 1887. Pp. 2-4.*   [821]

Pétition n° 95 Du 30 juin 1887. M. Charles-Émile Valet,
chevalier de la Légion d'honneur, ancien maire de Commercy
(Meuse), demeurant à Nancy (Meurthe-et-Moselle), expose les
services qu'il a rendus à l'État et sollicite un bureau de tabac ou
une pension. : *Ibidem*, pp. 5 et 6.   [822]

Pétition n° 96. Du 30 juin 1887. M. V. Modard, à Rouen
(Seine-Inférieure), demande la suppression de toutes les vacances
judiciaires, l'augmentation des jours d'audience des tribunaux,
et la publicité ou la suppression des conférences qui se font entre
les présidents, les avoués et les avocats, à huis clos. M. de La
Sicotière, rapporteur. : *Ibidem*, pp. 7-9.   [823]

Pétition n° 100 Du 11 juillet 1887. Des habitants de Bordj-
Bou-Arréridj et Aïn-Tagrout (département de Constantine)
appellent l'attention bienveillante du Sénat sur les ravages
causés par les criquets dans leurs communes. M. de La Sicotière, rapporteur. : *Ibidem*, pp. 10 et 11.   [824]

Généraux et chefs de la Vendée militaire et de la Chouannerie
suivis de la liste alphabétique des chefs de division, officiers
1793, 1799, 1815, 1832. Paris Retaux-Bray, libraire-éditeur 82,
rue Bonaparte, 82, 1887. Tous droits réservés.

[Fnc. final, v° : Marque de Pillet et Dumoulin, imprimeurs, rue des Grands-Augustins, 5, Paris.

In-folio, vi, 120 pp., 1 fnc. et 20 portr. et pl.

Collaboration de M. de La Sicotière : Puisaye, pp. 35-41, avec portrait. — Louis de Frotté, pp. 47-51, avec portrait. [825]

Biographie. — Bibliographie. V. Faugère. : *Revue de la Révolution*. X, 1887 [2], pp. 587-591.

Signé : L. de la Sicotière.

Et à part :

[*Avec le même titre et la même signature*. P. 8 : Nantes. — Imp. Vincent Forest et Emile Grimaud, place du Commerce, 4. S. d.

In-8°, 8 pp., s. tit. sép. [826]

Quelques oubliés du xixᵉ siècle. : *Intermédiaire des chercheurs*. 1887 (25 décembre), col. 717. R.

Signé : L. D. L. S. [827]

Victor Hugo et Sainte-Beuve. : *Ibidem*, col. 717-718. R.

Signé : L. [828]

1888

Levons-nous. : *Intermédiaire des chercheurs*. 1888 (10 janvier), col. 19. R.

Signé : L. D. L. S. [829]

Origine de quelques dictons et proverbes usuels. : *Ibidem*, col. 20. R.

Signé : L. [830]

Paternité d'un vers. : *Ibidem*, col. 20. R.

Signé : L. [831]

Pot-de-vin. : *Intermédiaire des chercheurs*, col. 22. R.

Signé : L. D. L. S.

[832]

Pain à l'envers. : *Ibidem*, col. 22. R.

Signé : L.

[833]

Les Mémoires du baron Desgenettes. : *Ibidem*, col. 22-23. R.

Signé : L.

[834]

Napoléon et ses détracteurs. : *Ibidem*, col. 23-24. R.

Signé : L.

[835]

Sénat session 1888. Compte rendu analytique. Séance du Lundi 23 Janvier 1888. Présidence de M. Le Royer, Président. [Au bas : Paris. — Imp. du Sénat. — P. Mouillot.

In-plano, impr. d'un seul côté, 1 fnc.

L'ordre du jour de cette séance appellait la seconde délibéra-tion sur le projet de loi (du 20 octobre 1884) sur la destruction des insectes et cryptogames nuisibles à l'agriculture.

Ce compte rendu contient le rapport de M. De La Sicotière, Rapporteur.

[Discours prononcé au sénat, à la séance du 23 janvier 1888 par M. De La Sicotière, à l'occasion de la délibération sur le projet de loi relatif à la destruction des insectes, cryptogames et autres végétaux nuisibles à l'agriculture]. : *Annales du Sénat*. Débats parlementaires. Session ordinaire de 1888. T. I (10 janvier-4 avril) pp. 39 et 40 col. 1. (Voir également : *Ibid.*, pp. 20-24).

Reproduit sous le titre :

Destruction Des insectes et végétaux nuisibles à l'agri-culture. Discours de M. De La Sicotière au Sénat. Séance du lundi 23 janvier. : *Journal d'Alençon*. 1888, n° 11 (26 janvier), fnc. 1 v°, col. 4 et 5, et fnc. 2 r°, col. 1.   [836]

Un vers du Roi s'amuse. : *Intermédiaire des chercheurs*. 1888 (25 janvier), col. 57. R.

Signé : L.

[837]

Saint Gengoux et son registre de maris trompés. : *Intermédiaire des chercheurs*, col. 57. R.

Signé : L.   [838]

[*Compte-rendu :*] Étude historique et critique sur l'ouvrage de M. Port La Vendée Angevine, les Origines — l'Insurrection (janvier 1769-31 mars 1793)[1].

1 2 vol. in-8°. — Paris, Hachette, 1888.

: *Revue de l'Anjou.* 1889 (janvier-février, nouvelle série, t. XVIII). Pp. 61-98.

Signé : L. de la Sicotière.

Et à part :

Étude historique et critique sur l'ouvrage de M. Port La Vendée angevine. Les origines — l'insurrection (janvier 1789-31 mars 1793) par L. de La Sicotière [*Chiffre-marque des imprimeurs.*]

Angers imprimerie-librairie Germain et Grassin rue Saint-Laud 1889.

In-8°, 40 pp., et couvert. impr. avec le même titre.

COMPTE-RENDU : J. A. : *Journal de Maine et Loire*, 21 1889, mars. Sous la rubrique : Chronique littéraire.   [839]

L'affaire des décorations : *Revue de la Révolution*, XI, 1888 janvier-avril. Pp. 67-69.

Et à part :

L'affaire des décorations en 1824 S. ind. typ.

In-8°, 4 pp., chiffrés 67-69 (1). Extrait à pagination continue.

Cet article est un extrait de l'ouvrage sur Frotté (V. ci-dessous n° 872).   [840]

Où sont les papiers de Bernardin de Saint-Pierre. : *Intermédiaire des chercheurs.* 1888 (10 mars), col. 141. R.

Signé : L.   [841]

La cause de l'assassinat du duc d'Enghien. : *Intermédiaire des chercheurs*, col. 149. R.

Signé : L.   [842]

Sur la mort apparente. : *Ibidem*, col. 150. R.

Signé : L.   [843]

Les origines de l'idée du progrès. : *Ibidem*, (25 mars), col. 173. R.

Signé : L.   [844]

Sudre, inventeur du téléphone. : *Ibidem*, col. 174. R.

Signé : L.   [845]

Frotté au 18 Fructidor. : *Revue des Questions historiques*, 1888 (tome XLIII, 1er avril), pp. 489-523.

Signé : L. de la Sicotière.   [846]

Pétition n° 44 Du 19 avril 1888. M. Eug. Mouline, à Vals-les-Bains (Ardèche), adresse au Sénat une pétition relative à des modifications à apporter à la législation électorale du Sénat. M. De La Sicotière, rapporteur. : *Sénat, session 1888. Annexe au feuilleton n° 59 du Mardi 29 Mai 1888. Pp. 7-9.*   [847]

Tiedeman et le mot de Cambronne. : *Intermédiaire des chercheurs*. 1888, (10 juin), col. 338. R.

Signé : L.   [848]

Parny. : *Ibidem*, col. 350-351. R.

Signé : L. D. L. S.   [849]

Pétition n° 46 Du 26 avril 1888. Jean Charpenel, propriétaire-cultivateur au Clauzal, commune de Condamine-Chatelard, arrondissement de Barcelonnette (Basses-Alpes), se plaint d'être victime d'un déni de justice. M. de La Sicotière, rapporteur.

: *Sénat session 1888. Annexe au feuilleton n° 80 du vendredi 6 juillet 1888.* Pp. 17-18.   [850]

Pétition n° 48 Du 29 avril 1888. M. Marie-Jean-Louis Marios, receveur des contributions indirectes à Saint-Chély (Lozère), adresse au Sénat une pétition relative à des mesures administrative dont il a été l'objet et contre lesquelles il réclame. M. de La Sicotière, rapporteur. : *Ibidem*, pp. 18-19.   [851]

Pétition n° 49. Du 29 avril 1888. La chambre de commerce d'Alençon (Orne) demande la création à Alençon d'une succursale de la Banque de France. M. de La Sicotière, rapporteur. : *Ibidem*, pp. 20-21.   [852]

Pétition n° 54 Du 22 mai 1888. Déposée par M. le sénateur Barbedette. Des habitants de la commune de Breuillet (Charente-Inférieure) adressent au Sénat une pétition relative à l'application des articles 23 et 28 de la loi sur la presse du 29 juillet 1881. M. de La Sicotière, rapporteur. : *Ibidem*, pp. 22-23.   [853]

Signification ancienne du mot Chouan. : *Intermédiaire des chercheurs.* 1888 (25 juillet), col. 417. Q.

Signé : L.   [854]

Chronique. : *Bull. de la Soc. hist. et archéol de l'Orne*, VII, 1888. Pp. 232-234.

Relevé fait d'après la *Revue des autographes* (d'Eugène Charavay), 1888, avril-mai, de pièces intéressant l'histoire du département de l'Orne. Anonyme ; attribué à M. de La Sicotière par la Table des 12 premiers volumes, p. 16 col. 1.   [855]

Notes sur Antoine Le Corvaisier de Courteilles et sur son *Histoire des evesques du Mans.* : *Revue hist. et archéol. du Maine.* Tome XXIV, 1888 [2]. Pp. 129-157 et planche-portrait (héliogr. Dujardin), en face la p. 129.

Signé : L. de La Sicotière.

Et à part :

Notes sur Antoine Le Corvaisier de Courteilles et sur son *Histoire des évesques du Mans :* Par L. de La Sicotière. [*Marque des impr.*] Mamers G. Fleury et A. Dangin, imprimeurs-éditeurs 1888.

In-8°, 31 (1) pp. et 1 portr. (héliogr. Dujardin) ; couvert. impr. avec le même titre.

Compte-rendu : Anonyme. : *Bulletin mensuel de la soc. scient. Flammarion.* 1889 (tome VII). Pp. 11. Anonyme (Eug. Vimont ?)　　　　　　　　　　　　　　[856]

Famille d'Avannes. : *Intermédiaire des chercheurs.* 1888 (10 août, col. 469-470. R.

Signé : L.　　　　　　　　　　　　　　　　　　[857]

Vase nocturne. : *Ibidem* (25 août), col. 490. R.

Signé : L.　　　　　　　　　　　　　　　　　　[858]

Robichon de la Guérinière. : *Ibidem*, (10 septembre), col. 533. R.

Signé : L. D L. S.　　　　　　　　　　　　　　　[859]

Les empreintes des Grès de Bagnoles. : *Bulletin mensuel de la société scientifique Flammarion,* (Argentan, impr. du *Journal de l'Orne*, in-8°). 1888 (tome VI). Pp. 266 et 267.

Signé : L. de la Sicotière. Dans cette lettre datée d'Alençon, 7 octobre 1888 M. de La Sicotière rappelle qu'il a le premier signalé les empreintes bilobites des grès de Bagnoles [Voir ci-dessus n° 263). Cette lettre était motivée par un article de M. Charles Renault professeur de sciences physiques et naturelles au collège de Flers (Orne) intitulé : *Quatre journées d'excursion géologique en Normandie : Bull. mens. de la soc. scientif. Flammarion,* 1888, (t. VI) pp. 233-247), où la découverte de ces empreintes est attribuée à M. Morière.　　　　　　　　　　　　[860]

[Notice nécrologique sans titre, sur M. Gérasime Lecointre-Dupont] : *Journal d'Alençon.* 1888, n° 109 (13 octobre), fnc. 1, v°, col. 5 sous la rubrique : Nécrologie.

Signé : L.　　　　　　　　　　　　　　　　　　[861]

M. de Corday d'Armont descendant de Corneille et père de
Charlotte Corday. : *Bull. de la Soc. hist. et archéol. de l'Orne*,
VII, 1888. Pp. 313-344.

Et à part :

> Corday d'Armont petit-fils de Corneille et père de Char-
> lotte Corday. Discours Lu à la Séance Publique de la
> Société Historique et Archéologique de l'Orne, le 25 Octobre
> 1888, Par M. L. de La Sicotière, Président de cette Société.
> [*Fleuron typ.*] Alençon typographie Renaut-De Broise
> place d'Armes. 1888.
>
> In-8°, 32 pp. La couvert. impr., sert de titre.
>
> Le titre de départ est le même que celui de l'article dans le
> Bulletin.
>
> [862]

Manies typographiques de certains auteurs. : *Intermédiaire
des chercheurs*. 1888 (10 décembre), col. 727. R.

Signé : L.

[863]

La tragédie des Chastes martyrs par Mademoiselle Cosnard
précédée d'une introduction Par L. De La Sicotière [*Fleuron-
marque de la Société des Bibliophiles-Normands*.] Rouen
Imprimerie de Espérance Cagniard rues Jeanne-Darc, 88, et
des Basnages, 5, MDCCCLXXXVIII.

Pet. in-4°, xxxv (1) pp., 5 ffnc., 88 pp.

L'introduction qui occupe les pp. vij-xxxv est intitulée Mademoiselle
Cosnard.

Publication de la *Société des Bibliophiles Normands*, (n° 48).   [864]

Hugues Quéru de Fléchelles dit Gaultier-Garguille Par M. De
La Sicotière. : *Bull. de la Soc. des Antiquaires de Normandie*.
Tome XV, (1888 à 1891). Pp. 170-228.

Et à part :

> Hugues Quéru de Fléchelles dit Gaultier-Garguille comé-
> dien et chansonnier par L. De La Sicotière [*Marque de
> l'imprimeur*] Caen Henri Delesques, imprimeur-libraire
> rue Froide, 2 et 4. 1890.

In-8". 61 [pp., 1 fnc. blanc. Couvert. impr. avec le même
titre.

COMPTE-RENDU : E. M. [Émile Moreau] : *Bulletin de la
commission historique et archéologique de la Mayenne*
(Laval, impr. Moreau, in-8"). 2ᵉ série, t. III 1891 nᵒ 11
3ᵉ trimestre. P. 460.   [865]

1889

Manies des peintres. : *Intermédiaire des chercheurs*. 1889,
(10 janvier). col. 27. R.

Signé : L.   [866]

Œuvres important de Troyon. : *Ibidem*, col. 28. R.

Signé : L.   [867]

Autographes de La Tour d'Auvergne. : *Ibidem*, col. 29. R.

Signé : L.   [868]

[Lettre relative à la découverte, faite à Flers, dans l'intérieur
d'un arbre de l'empreinte d'un crucifix.] : *Journal d'Alençon*.
1889, nᵒ 10 (22 janvier), fnc. 2 vᵒ, col. 3 et 4.

Signé : Un de vos abonnés.   [869]

Les otages de Louis XVI et de Marie-Antoinette. : *Intermédiaire des chercheurs*. 25 janvier), col. 53-54. R.

Signé : L.   [870]

Que sont devenus les saints-simoniens. : *Ibidem*, col. 56-57. R.

Signé : L.   [871]

Louis de Frotté et les insurrections normandes 1793-1832 par
L. De La Sicotière sénateur de l'Orne ancien directeur de
la société des antiquaires de Normandie et de la société de
l'histoire de Normandie. Tome premier [*Marque de Plon*].

Paris librairie Plon E. Plon, Nourrit et Cie, imprimeurs-éditeurs rue Garancière, 10. 1889 Tous droits réservés.

In-8°, 2 ffnc., XXX, 629 (1) pp., 1 fnc. (errata) et un portrait gr. à l'eau forte.

Tome II : Louis de Frotté..... Tome second.....

2 ffnc., 812 pp., 2 ffnc. (le premier pour l'errata, le 2e blanc) et un portrait gr. à l'eau forte par Fréd. Hillemacher, 1884.

Tome III : Louis de Frotté..... Tome troisième Table générale et carte du théâtre de la guerre.....

2 ffnc., 55 (1) pp., et une carte (se dépliant) en couleurs, intitulée : Carte du théâtre de la Chouannerie Normande pour servir à l'histoire de Frotté 1889 gravé par L. Sonnet 99 Boul^d St Germain. Lib. E. Plon, Nourrit et Cie Edit. Paris. Imp. Dufrénoy, 49 rue du Montparnasse.

Avec couverture imprimée, grise, avec titre en noir pour les exemplaires en papier ordinaire, et couverture imprimée, papier parchemin, avec titre rouge et noir pour les exemplaires en papier vergé. Dans ces derniers exemplaires les deux portraits sont en triple état : Tirage en noir sur papier vergé avec la lettre ; tirage en bistre sur papier vergé sans la lettre ; tirage en noir sur papier de Chine sans la lettre.

Prospectus.

E. Plon, Nourrit et Cie, imprimeurs-éditeurs 8 et 10, rue Garancière. Louis de Frotté et les insurrections normandes 1793-1832 par L. De La Sicotière sénateur de l'Orne ancien directeur de la société des Antiquaires de Normandie et de la société de l'histoire de Normandie. Prospectus [P. 4 : Paris. Typographie de E. Plon, Nourrit et Cie, rue Garancière, 8.

In-8°, 4 pp., s. tit. sép.

Ce prospectus reproduit le compte-rendu publié par M. Eugène de Beaurepaire dans le *Moniteur du Calvados.*

Le tirage de cet ouvrage a été de 1800 exemplaires.

L'Académie française lui a décerné un prix de 1500 francs. (Prix Marcellin Guérin). Voir ci-dessous le rapport de M. Camille Doucet.

Comptes-rendus :

Nous avons adopté pour l'indication des comptes-rendus et appréciations, l'ordre alphabétique des noms d'auteurs.

* Appert : *Journal de Flers*. 1889, 20 février. * Asse (Eugène) : *Revue internationale*. 1889, 15 mai. Beaurepaire (Eugène de Robillard de) : * *Moniteur du Calvados*. 1888, 29 décembre. Reproduit : *Journal d'Alençon*. 1889, n° 20 (14 février), fnc. 2 r°°, col. 1 et 2 ; : * *Le Pays* [Paris], 1889, 25 février ; : * *La Souveraineté* [Paris]. 1889, 26 février ; : * *Petit Normand de l'Orne* [Alençon]. 1889, 23 février ; : * *Journal de Chartres*. 1889, 6 juin ; c'est également ce texte qui se trouve dans le *Prospectus* que nous citons plus haut. * Bertrand de Broussillon : *Journal de Mamers*. 1889, 14 juillet. * Bigot (Ch.) : *La République française*. 1889, 25 février. * Biré (Edmond) : *Samedi-Revue* [Paris]. 1889, 16 mars, et : Anjou. 1889, 1er mai. * Bord (Gustave) : *Revue de la Révolution*. 1889, 5 avril. * Bourmont (De) : *Polybiblion*. 1889, mars-avril. * Brun (Lucien) : *L'Université catholique*. 1889, 15 juin. Broc (Vte de) : * *Le Bellémois*. 1889, 30 mai, et La chouannerie normande d'après un livre récent : *Journal d'Alençon*. 1889, n° 72 (22 juin), fnc. 2 r°°, col. 2-4 et n° 73 (25 juin), fnc. 2 r°, col. 1-3. * Cadehol : *Journal du Havre*. 1889, 15 mars. Chuquet (Arthur) : *Revue critique* 1889 [1] (n° 17, 29 avril), pp. 328-332. * Cornély : *Le Matin*. 1889, 18 février. * Canivet (Charles) : *Le Soleil*. 1889, 21 mars et 5 avril. Contades (Gérard de). Rapport : *Bull. de la Soc. hist. et archéol. de l'Orne*. T. IX, 1890, pp. 414-418. Dide : *La Révolution française*. 1889, 14 août. Doucet (Camille) : Institut de France. Académie française. Séance publique annuelle du jeudi 20 novembre 1890. Rapport de M. Camille Doucet secrétaire perpétuel de l'Académie française sur les concours de l'année 1890 [*Tête de Minerve*] Paris Typographie de Firmin-Didot et Cie imprimeurs de l'Institut de France, rue Jacob, 56. MDCCCXC. In-4°, 40 pp. et couvert. impr. avec le même titre, dans un encadrem. typ. Voir pp. 19 et 20. Duval (Louis). : *L'Avenir de l'Orne*. 1889, 12 mars et : *Courrier de l'Ouest*. 1889, 2 mai. * Dubled : *Revue des Deux-Mondes*. 1889, 1er mars (couverture ?). * Etrevan : *Le Petit Normand*. 1889, 23 février. Esnault (G.) : *Revue histor. et archéol. du Maine*. T. 25, 1889 [1], pp. 377-380. Voir : *Ibidem* p. 394, art. anonyme annonçant le prix décerné par l'Académie. Farge (Louis) : *Revue historique* (de Monod), T. 40. 1889 [2], pp. 120-122. * Fleury : *Journal de St-Pétersbourg*. 1889, 27 avril. * Fournier : *La Patrie*. 1889, 23 et 30 août. * France (Anatole) : *Le Temps*. 1889, 21 mars. * Fuster : *Le Semeur*. 1889, 10 avril. Gilles (Philippe) : *Le Figaro*. 1889, n° 51 (5 février) p. 5, col. 5. * Gausseron : *Le livre*. 1889, 10 juin, pp. * Joubert : *L'Union de l'Ouest* [Angers]. 1889, 24 février. * Jassaud : *L'Autorité*. 1889, 25 février. Lallié (Alfred). Louis de Frotté d'après un livre nouveau : *Revue de Bretagne, de Vendée et d'Anjou*. T. 1, 1889 (mai), pp. 359-367. Le Gallois : *Journal de la Ferté-Macé*. 1889, 26 mai, 16 et 30 juin. * Lépinois : *Le Monde*. 1889, 5 octobre. Lescure (M. de). La chouannerie normande et son dernier historien. : *Le Correspondant*. 1889 [3] (t. 156), pp. 742-756. Le Vavasseur (Gustave) : *Bull. de la Soc. hist. et archéol. de l'Orne*. T. VIII, 1889, pp. 382-388. * Luce (Siméon) : *Instruction publique*. 1889, 6 avril. * Loudun : *Revue du Monde catholique*. 1889, 1er avril. * Macé : *Le petit Breton*. [Vannes]. 1889, 2, 4 et 6 juillet. * Monnet : *Revue de l'Ouest*. [Niort]. 1889, 30 juillet et 1er août. * Perret : *La Liberté* [Paris]. 1889, 1er mars. * Pocquet : *Journal de Rennes*. 1889, 4 mars et 8 mai. * Pierre (Victor) : *Revue des questions historiques*. 1889, 1er avril. * Poirier : *L'Anjou*. 1889, 1er mai. Reproduit l'article d'Edmond Biré (Voir ci-dessus). * Pontmartin : *Gazette de France*. 1889, 18 mai. Reproduit : *Journal d'Alençon*. 1889, n° 61 (23 mai), fnc. 2 r°, col. 2 et 3. [Quéruau-Lamérie (Emile)] : *Bulletin de la commission hist. et archéol. de la Mayenne*. 1888-89 (2° série, t. 1), pp. 289-291. Signé : E. Q.-L. * Raumé : *Revue bleue*. 1889, 16 février. * Rombault

Semaine catholique de Séez. 1889, 1ᵉʳ mars. SAROT : *Le Républicain de Coutances.* 1889, 15 avril. * SOREL : *Revue de famille.* 1889, 15 juillet. * TIRARD : *Journal d'Aunay-sur-Odon.* 1889, 31 mars. Reproduit : *Journal de Condé.* 1889, 31 mars et : *Moniteur du Calvados.* 1889, 21 mars. * TRIGER : *Le Nouvelliste de la Sarthe.* 1889, 28 avril. * VALFREY : *Le Moniteur universel.* 1889, 22 et 29 octobre. VEUILLOT : *L'Univers.* 1889, 16 février. VIMONT (Eugène) : *Bulletin mensuel de la Soc. scientif. Flammarion* (Argentan). 1889, p. 33. Reproduit : * *Journal de Flers.* 1889, 20 février. * WELSCHINGER (Henri) : *Bulletin critique.* 1889, avril. ? : *Revue suisse.* 1889, avril. ? : *Revue russe de l'instruction publique.* 1889, juin.

[872]

Quels sont les écrivains du siècle qui furent ouvriers ? : *Intermédiaire des chercheurs.* (10 février), col. 85. R.

Signé : L.   [873]

Les tatouages et leurs collectionneurs. : *Ibidem,* col. 126. R.

Signé : L.   [874]

La moralité de l'affaire du collier. : *Ibidem,* (10 mars), col. 151. R.

Signé : L.   [875]

Nº 109 Rapport fait au nom de la 3ᵉ Commission d'intérêt local chargée d'examiner le projet de loi, adopté par la Chambre des Députés, tendant à autoriser le département des Deux-Sèvres à contracter un emprunt pour l'acquisition du mobilier de l'école normale d'instituteurs de Parthenay, par M. de La Sicotière, sénateur. (Séance du 5 Avril 1889.) : 67. *Sénat 1889 session 1889. Rapports d'intérêt local. 5 avril.*

[P. 4 : Paris. — Imprimerie du Sénat, palais du Luxembourg. — P. Mouillot.

In-8°, 4 pp., s. tit. sép.   [876]

Tripes à la mode de Caen. : *Intermédiaire des chercheurs.* (10 avril), col. 205. R.

Signé : L.   [877]

Commediante. Tragediante. : *Ibidem,* col. 214. R.

Signé : L.   [878]

Le général de brigade Malbrancq. : *Intermédiaire des cher-cheurs* (25 avril), col. 234. R.

Signé : L.   [879]

La Vénus de Milo. : *Ibidem*, col. 246-248. R.

Signé : L. D. L. S.   [880]

L'agent Régnier et la capitulation de Metz en 1870. : *Ibidem*, col. 253-254. R.

Signé : L. D. L. S.   [881]

Le roi soleil. : *Ibidem* (10 mai), col. 260. R.

Signé : L.   [882]

Manies typographiques de certains auteurs. : *Ibidem*, (25 mai), col. 304-305. R.

Signé : L.   [883]

Napoléon, empereur de la République française. : *Ibidem*, col. 306-307. R.

Signé : L.   [884]

Pétition nᵒ 13 Du 18 février 1889. M. Félix Bretteville, demeu-rant à Beuzeville (Eure), expose qu'il est l'inventeur d'un frein pour les navires et sollicite une récompense. M. de La Sicotière, rapporteur. : *Sénat session 1889. Annexe au feuilleton nᵒ 57 du lundi 3 juin 1889.* Pp. 5-7.   [885]

Pétition nᵒ 16 Du 28 février 1889. M. F. Colassot, demeurant à Lyon, adresse au Sénat une pétition relative à la création d'une Caisse générale de bienfaisance nationale pour la vieillesse. M. de La Sicotière, rapporteur. : *Ibidem,* pp. 7-9.   [886]

Pétition nᵒ 21 Du 12 mars 1889. Le Comité des anciens retraités de terre et de mer de Toulon (Var) adresse au Sénat une pétition relative à l'unification des pensions de retraites. M. de La Sicotière, rapporteur. : *Ibidem*, p. 10.   [887]

Pétition n° 29 Du 23 mars 1889. M. Bergeret, demeurant à Paris, soumet au Sénat un mémoire dans lequel Mme Bergeret, sa femme, expose les faits à la suite desquels elle a été internée à la Salpétrière, et demande justice. M. de La Sicotière, rapporteur. : *Ibidem*, pp. 11 et 12.   [888]

Pétition n° 31 Du 28 mars 1889. Mme veuve Tramuset, demeurant à Épinal (Vosges), se plaint d'être victime d'un déni de justice. M. de La Sicotière, rapporteur. : *Ibidem*, p. 13.   [889]

Pétition n° 32 Du 28 mars 1889. M. F.-E. Savary, dit Savary d'Odiardi, demeurant à Jersey (Angleterre), se plaint d'être victime de persécutions et de ne pouvoir obtenir justice. M. de La Sicotière, rapporteur. : *Ibidem*, pp. 14 et 15.   [890]

Pétition n° 43. Du 11 avril 1889. Marie de Mayréna, se disant roi des Sedangs, actuellement en résidence à Paris, s'adresse au Sénat pour obtenir du Gouvernement français sa reconnaissance officielle comme roi des Sedangs. M. de La Sicotière, rapporteur. : *Ibidem*, p. 23.   [891]

[*Compte-rendu :*] Bibliographie. Gustave Le Vavasseur. — Poésies complètes. — Édition entièrement revue et corrigée. — T Ier. Juvenilia. Poésies fugitives — Farces et Moralités — Sylves politiques — Fantaisies. — T II. Esquisses d'après nature. Préface. — Eglogues — Caractères et Portraits rustiques : 1° les Hommes ; 2° les Animaux ; 3° les Choses. — Toasts agricoles — Paysages — Çà et là — Miettes de l'Histoire — Pièces académiques — Toasts divers — Tristia — Sonnets — T. IV. (sous presse). Inter amicos. Intima — Bluettes. — 4 vol. in-8°. Paris, Lemerre. Imprimerie de Renaut-De Broise, à Alençon. : *Bulletin de la Soc. histor. et archéol. de l'Orne.* VIII, 1889, pp. 241-247.

Signé : L. de La Sicotière.

Et à part : avec le même titre. *S. ind. typ.*

In 8°, 7 (1) pp., s. tit. sép.   [892]

[*Compte-rendu :*] Conservation et protection des Animaux utiles, par L. Blanchetière, Domfront, Renault, 1888, in-8°. : *Bull. de la Soc. hist. et archéol. de l'Orne.* VIII, 1889, p. 248.

Signé : L.

Attribué à M. de La Sicotière par la Table..... des douze premiers volumes... p. 16 col. 1.   [893]

[*Compte-rendu :*] Rôle des croyances populaires et des traditions dans la protection des Animaux, par M. Louis Duval, archiviste du département de l'Orne ; Alençon, 1889, in-12. : *Bull. de la Soc. hist. et archéol. de l'Orne.* VIII, 1889, pp. 248-250.

Signé : L.

Attribué à M. de La Sicotière par la Table.... des douze premiers volumes.... p. 16, col. 1.   [894]

Congrès international d'agriculture à Paris, en 1889. Rapports de la sixième section. Protection des oiseaux Destruction des animaux et cryptogames nuisibles Pisciculture.
Paris Imprimerie générale Lahure 9, rue de Fleurus, 9. 1889. In-8°, 64 pp. Couvert. impr. avec même titre, encadr. fil. typ.

Pp. 3-20, I Protection des oiseaux. Législation actuelle. — Mesures à prendre. Rapport par M. de la Sicotière Sénateur de l'Orne.   [895]

Phrases malheureuses. : *Intermédiaire des chercheurs.* 1889 (10 juillet), col. 400. R.

Signé : L.   [896]

Autographes. : *Ibidem*, col. 405. R.

Signé : L.   [897]

Sur les opuscules publiés comme cadeaux de noces. : *Ibidem*, col. 406, et (25 septembre), col. 569. R.

Signé : L. de la Sicotière.   [898]

Les adorateurs du soleil en France. : *Ibidem*, col. 441. R.

Signé : L.   [899]

La culpabilité de Lesurques. : *Intermédiaire des chercheurs*, col. 412-413 et (10 septembre), col. 523-524. R.

Signé : L.   [900]

Les frais du procès du maréchal Ney. : *Ibidem*, col. 413. R.

Signé : L.   [901]

Barbey d'Aurevilly gourmet. : *Ibidem*, col. 414 et 415. R.

Signé : L.   [902]

Brizeux était-il un ivrogne ? : *Ibidem*, (25 juillet) col. 436 et 437. R.

Signé : L.   [903]

Du fouet comme instrument d'éducation chez nos bons aïeux. : *Ibidem* (10 septembre), col. 526. R.

Signé : L. D. L. S.   [904]

Les femmes ont-elles le droit de servir la messe ? : *Ibidem*, col. 529. R.

Signé : L. D. L. S.   [905]

Ciel ou temps gras ou graisseux. : *Ibidem*, col. 533. R.

Signé : L.   [906]

Les fausses Jeanne d'Arc. : *Ibidem*, col. 536-537. R.

Signé : L. D. L. S.   [907]

M. Vacquerie. : *Bull. de la Soc. hist. et archéol. de l'Orne.* VIII, 1889, pp. 374-381. Sous la rubrique : Biographie.

Signé : L. D. L. S.

Et à part, avec le même titre et la même signature, *s. ind. typ.*

In-8°, 8 pp., s. tit. sép.   [908]

L'exécution de Louis XVI, cause de mort pour les royalistes.
: *Intermédiaire des chercheurs*. (25 septembre), col. 573-574. R.
Signé L. D. L. S.   [909]

Le roi David nommé consul. : *Ibidem* (10 octobre), col. 594. R.
Signé : L.   [910]

Incommensurable. : *Ibidem*, col. 605. R.
Signé : L. D. L. S.   [911]

Congrès de l' « Association normande ». Exposition bibliographique de Sées du 2 au 6 octobre 1889 [*Vignette : la cathédrale
de Sées*] Catalogue sommaire des manuscrits, livres & objets
exposés. Sées. — Imprimerie F. Montauzé.
In-18, 31-[1], pp. et couv. impr. avec le même titre. Il y a un
second tirage, in-18, 32 pp., qui contient un *Supplément*. La
couvert. impr. ne diffère pas de celle du premier tirage.
Ce catalogue anonyme, est daté à la fin de Séez 4 octobre 1889.
                                                                   [912]

Exposition bibliographique de Sées (2-6 octobre 1889).
Impressions de visite. : *Bull. de la Soc. hist. et archéol. de
l'Orne*, IX. 1890, pp. 9-42.
Anonyme.

Et à part avec le même titre et également anonyme.

[P. 34 : Alençon. — E. Renaut-De Broise. S. d.
In-8°, 34 pp. 1 fnc. s. tit. sép.   [913]

Capucin ou Trappiste (1). : *Bull. de la Soc. hist. et archéol.
de l'Orne*, IX. 1890, pp. 472-476. Anonyme.
(1) Lu en extrait seulement à la séance publique de la société, le
le 19 octobre [1890].

Et à part avec le même titre, et également anonyme :

[P. non chiffrée finale : Typographie E. Renaut-De Broise,
S. l. [Alençon]. S. d. [1890].
In-8°, 7 (1) pp.   [914]

Les nu-pieds de Mantilly (1639-1644). : *Bull. de la Soc. hist. et archéol. de l'Orne.* VIII, 1889, pp. 429-468.

Et à part :

>   Les nu-pieds de Mantilly (1639-1644) Discours lu à la séance publique de la Société Historique et Archéologique de l'Orne, à Domfront, le 24 octobre 1889, Par M. L. de La Sicotière, président de cette société. [*Fleuron typogr.*] Alençon typographie Renaut-De Broise Place d'Armes 1890.
>
>   In-8°, 2 ffnc., 40 pp. Couvert. impr., avec le même titre.
>
> [915]

Familles protestantes de Normandie réfugiées à l'étranger à la suite de la revocation de l'édit de Nantes. : *Intermédiaire des chercheurs.* 1889 (25 octobre), col. 631. R.

Signé : L. D. L. S.   [916]

Hors le tems, noces ne feras. : *Ibidem*, col. 634. R.

Signé : L.   [917]

La force prime le droit. : *Ibidem.* 1889 (10 novembre), col. 670. R.

Signé : L.   [918]

Marcel Renaut-De Broise. : *Journal d'Alençon.* 1889, n° 143 (10 décembre), fnc. 1 v°, col. 3 et 4.

Signé : L.

Discours prononcé par M. de La Sicotière aux obsèques.

Et à part :

>   [*Fleuron typogr.*]. Marcel Renaut 6 Décembre 1889. S. ind. typ. [Alençon, typ. E. Renaut-De Broise].
>
>   In-18, 2 ffnc., le second blanc ; encadrement noir.
>
>   Signé : Léon de La Sicotière. Il y a aussi des exemplaires en papier gris avec encadrement noir. Au bas du texte : (Extrait du *Journal d'Alençon* du 10 Décembre 1889).

Il y a encore deux tirages dans le format in-4°, s. *ind. typ.* [Alençon, typ. E. Renaut-De Broise], 1 fnc.

L'un est encadré de noir, l'autre est sans encadrement. Ces tirages ne portent pas l'indication d'origine.   [919]

Pétition n° 71 Du 20 juin 1889. Des habitants des communes de Lussault et Saint-Denis-Hors (Indre-et-Loire) adressent au Sénat une pétition relative au régime des vins. Déposée par MM. les sénateurs Guinot et Nioche. M. de La Sicotière, rapporteur. : *Sénat. Session extraordinaire 1889. Annexe au feuilleton n° 12 du Lundi 9 décembre 1889. P. 6.*   [920]

Pétition n° 72 Du 28 juin 1889. M. Le Roy de Kéraniou, demeurant aux Lilas (Seine), adresse au Sénat une pétition relative aux projets d'amélioration des ports de Lorient, Brest, Cherbourg et Le Havre. M. de La Sicotière, rapporteur. : *Ibidem*, pp. 6 et 7.   [921]

Pétition n° 74 Du 28 juin 1889. Le Conseil général du Nord demande le rétablissement du taux d'intérêt de 5 °/₀ pour les pensions de retraites créées par les sociétés de secours mutuels. M. de La Sicotière, rapporteur. : *Ibidem*, p. 7.   [922]

Pétition n° 76 Du 5 juillet 1889. M. Jules Honorat Bouvier D'Acher, lieutenant-colonel commandant le 112ᵉ régiment d'infanterie territoriale, demeurant à Châteauneuf-du-Rhône (Drôme), adresse au Sénat une pétition relative à l'interprétation de l'article 33 du décret organique de la Légion d'honneur du 16 mars 1852 et de la loi du 16 décembre 1886. M. de La Sicotière, rapporteur. : *Ibidem*, pp. 7 et 8.   [923]

Pétition n° 86 Du 12 juillet 1889. Déposée par M. le sénateur Merlin. M. Ricard, demeurant à Bordeaux (Gironde), se plaint d'être victime d'un déni de justice. M. de La Sicotière, rapporteur. : *Ibidem*, p. 8.   [924]

1890

Les poètes badins de la Révolution. : *Intermédiaire des chercheurs.* 1890 (10 janvier), col. 25. R.

Signé : L.   [925]

[Discours prononcés par M. de La Sicotière aux funérailles de Mme veuve Roger-Des Genettes, décédée à Villenauxe le 12 février 1891] : *L'Echo Nogentais*, journal républicain de l'arrondissement de Nogent-sur-Seine paraissant le jeudi et le dimanche. (Nogent-sur-Seine, impr. Doizelet, in-fol.) 1891 (73e année), n° 7 (jeudi 22 janvier), fnc. 2, r°, col. 2 et 3. Sous la rubrique : Canton de Villenauxe.   [926]

Les poètes morts de faim. : *Intermédiaire des chercheurs* (25 janvier), col. 49. R.

Signé : L.   [927]

De quelques testaments bizarres en faveur des animaux. *Ibidem*, col. 53. R.

Signé : L.   [928]

Album choisi de gravures et de photographies. : *Ibidem*, col. 54. R.

Signé : L.   [929]

Marceau, Beaurepaire et la capitulation de Verdun. : *Ibidem* (10 février), col. 77-78. R.

Signé : L.   [930]

Esquisses normandes. Chaumont. : *Revue illustrée des provinces de l'Ouest*, publiée sous la direction de Léon Séché, in-4°. 1890, (Tome 1, n° 1, 1er mai), pp. 31-35, avec une vue de Chaumont d'après un dessin au crayon de Mlle [Paule] de la Sicotière.

Signé : L. de la Sicotière, Ancien directeur de la Société des Antiquaires de Normandie.   [931]

Bibliographie. Normandie — Anjou — Maine — Bretagne. : *Revue illustrée des provinces de l'Ouest* (de L. Séché, in-4°) 1890 (t. I, n° 2, 1er juin). Pp. 185-188.

Signé : L. de la Sicotière.

Compte-rendu des travaux suivants :

Touroude (l'abbé). L'hypnotisme, ses phénomènes et ses dangers. Paris, Bloud et Barral, 1889 in-12 (P. 185.

Appert (J.) et Challemel (W.). L'ermitage du bois de Flers. Flers de l'Orne, Levesque, 1889, in-12. (P. 185.

Delorme (Marie). Contes du pays d'Armor. Paris, Armand Colin, 1890, gr. 8°. (P. 186.

Carré (Henri). Recherches sur l'administration municipale de Rennes, au temps de Henri IV. Paris, Quantin, 1889, 8°. (P. 187.

Du même : Le Parlement de Bretagne après la Ligue (1598-1610). Paris, Quantin, 1888, 8° (P. 187.

. Du même : Le pouvoir législatif au temps de Louis XV. Poitiers, imp. Millet, 1889, 8°. (P. 187-188.

Mériel (Amédée). Histoire de Falaise ; antiquités, gouvernement militaire, fortifications. Falaise, Montauzé, 1889, in-12 (P. 188.

Broc (De). La France sous l'ancien régime. 1re et 2e partie. Paris, Plon, 1887-89, 8°, 2 vol. (P. 188.

(Suite et fin).

: *Ibidem*, pp. 281-288. Signé : L. de la Sicotière.

Cahiers des doléances des paroisses du bailliage d'Alençon, avec une introduction et des notes par M. Duval, archiviste du département de l'Orne. Alençon, Guy, 1887, in-12.

Les cahiers de 1789 dans le bailliage d'Alençon, par le vicomte de Broc. Alençon, Renaut-De Broise, 1889, in-8° *(Extr. du Bull. de la Soc. hist. et archéol. de l'Orne).* (P. 281-282.

L'année 1789 au Mans et dans le Haut-Maine, par Robert Triger. Libr. administrative de Paul Dupont, 1876..... (P. 282-283.

Henri IV. — Le Roi. — L'Amoureux, par le comte H. de La Ferrière. Paris, Calman Lévy, 1889, in-12. (P. 283.

Causeries littéraires par Edmond Biré. Lyon, Vitte et Perussel. — Paris pendant la Terreur, par le même. Paris, Vic et Amat, 1879, in-8°. (P. 284.

Le divorce de Napoléon, par Henri Welschinger. Paris, Perrin et Cie, 1890, in-12. (P. 284.

Le roman de Dumouriez. — Le livret de Robespierre. — Adam Lux et Charlotte Corday.... par le même, Paris, Plon 1890, in-12 (P. 284.

Sonnets en l'honneur de Gustave Le Vavasseur. Alençon, Renaut-De Broise, 1889, 8°. (P. 285.

La Bague du puisatier, par Gust. le Vavasseur. Melun, Masson, 1890, 8°. (P. 285.

Souvenir du 18 mai 1890. — Toast porté au banquet de la Société philotechnique par le même. Alençon, Renaut-De Broise, 1890, in-32. (P. 285.

Documents inédits pour servir à l'hist. de la guerre de cent ans dans le Maine, de 1424 à 1452..... par M. André Joubert. Mamers, Fleury et Dangin, 1889, 8°.

Autres sur la même guerre.... pour la période d'avril-mai 1451 Le marquisat de Château-Gontier, de 1684 à 1690 par le même. Laval, Moreau, 1890, in-12.

Documents inédits pour servir à l'hist. de la Révolution dans la Loire-Inférieure par le même. Vannes, Lafolye, 1889, 8°.

Mélanges historiques. — Pièces relatives à la Bretagne, XVII°, XVIII° siècles par le même. Vannes, Lafolye, 1890, 8°.

Documents inédits sur la Révolution dans la Loire-Inférieure. — Conduite des prêtres internés dans le grand-séminaire d'Angers, à Nantes (septembre 1792) par le même. Laval, Moreau, 1890, 8°.

La démolition du château de Flée en 1373 par le même. Mamers, Fleury et Dangin, 1890, 8°. Le testament de Jean de Craon, par le même. (P. 286.

La déportation des prêtres emprisonnés à Nantes, 8-15 sept. 1792, par M. Alfred Lallié. Vannes, Lafolye, 1888, in-8°. (P. 286.

La rencontre de Richard Cœur-de-lion avec Roger d'Argentan, par Louis Duval. Argentan, 1890, 8° (P. 286-287.

Domfront aux XII° et XIII° par le même. Alençon, Renaut-De Broise, 1890, 8°. (P. 287.

Notice sur le théâtre d'Angers, 1755-1825 par E. Quéruau-Lamérie. Angers, Germain et Grassin, 1889, 8°.

Notice sur la vie de Stofflet, par M. Landrin. Vannes, Lafolye, 1889, 8°.

Papiers inédits de Choudieu. — Notes sur la guerre de Vendée, par le même. Vannes, Lafolye, 1889, 8°.

La Rossignolerie pendant la révolution, par le même. Angers, Germain et Grassin, 1889, 8°.

Une victime de la Révolution. — M. Huon de la Bénardrie curé de St Clément de Craon, par le même. *Ibid.*, 1890. (P. 287.

La charité à Angers, par Léon Cosnier. Angers, Lachèse et Dolbau. Paris. Retaux-Bray, 1889-1890. In-12 2 vol. (P. 287.

Le trésor de Saint-Pabu (Finistère) par M. Paul Du Chatellier Paris, Leroux 1889. 8° (P. 288.

Le comte d'Orsay. — Physiologie d'un roi de la mode par G. de Contades. Paris, Quantin, 1890, in-12. (P. 288.   [932]

M. Achille Guibourg. : *Revue de Bretagne, de Vendée & d'Anjou*, publiée par la Société des Bibliophiles bretons. (Vannes, impr. Lafolye, in-8°) 1890 [1]. (34° année, 6° livr.), pp. 461-463, sous la rubrique : Nécrologie.

Signé : L. de la Sicottière.

Et à part avec la même signature :

Nécrologie. M. Achille Guibourg. S. *ind. typ.* In-8°, 3 (1) pp., s. tit. sép.   [933]

Les sept paroles du Christ. : *Intermédiaire des chercheurs.* 1890 (10 juillet), col. 400-401. R.

Signé : L.   [934]

Pétition n° 65 Du 16 mai 1890. M. Gustave Borel, propriétaire à Anet (Eure-et-Loir), adresse au Sénat une pétition relative à l'extension de la compétence en dernier ressort des juges de paix en matière de dommages causés aux fruits et récoltes par le gibier, et à la procédure à suivre devant eux dans les affaires de cette nature. M. de La Sicotière, rapporteur. : *Sénat session 1890. Annexe au feuilleton* du Mardi 15 Juillet 1898. Pp. 3-9.

[935]

Pétition n° 68 Du 27 mai 1890. M. Ricard, capitaine en retraite, chevalier de la Légion d'honneur, demeurant à Mougins (Alpes-Maritimes), demande que, dans certains cas, les clauses d'un contrat de mariage puissent être modifiées. M. de La Sicotière, rapporteur. : *Ibidem*, pp. 10-14.   [936]

Delestang Biographie — Bibliographie Par M. L. De La Sicotière, Sénateur. : *Documents sur la province du Perche,* publiés par le v^{te} O. de Romanet et M. H. Tournoüer. Mortagne, Pichard-Hayes, libr.-éditeurs. Paris, A. Picard, libr., in-8°. (4e série, 1er volume : sources de l'histoire du Perche). 1890, 1er fascicule : juillet, pp. 5-8.

La 4e série des *Documents sur la province du Perche,* ayant été interrompue dès les débuts, le commencement seulement de la bibliographie de Delestang y a paru. Les éditeurs des *Documents* le publièrent alors à part sous ce titre :

Documents sur la province du Perche 4e série. — (Sources de l'histoire du Perche). *1er tirage à part.* Delestang biographie et bibliographie par M. L. De La Sicotière, sénateur. [*Fleuron typ.*] Mortagne Pichard-Hayes Libraire-Éditeur L. Daupeley imprimeur M. DCCC.XC.

In-8°, 16 pp. Couv. impr. avec le même titre, sauf les mots qui précèdent le nom de Delestang.   [937]

A. S. de Saint-Valry. : *Intermédiaire des chercheurs.* 1890 (10 août), col. 470. R.

Signé : L.   [938]

Carl ou Carle (Raphaël). : *Ibidem* (25 août), col. 509. R.

Signé : L.   [939]

Biquette. Ronde normande. : *Revue des traditions populaires.* 1890, (tome 5, n° 9 : 15 septembre), pp. 549-551.

Signé : L. de la Sicotière.

[940]

[Discours prononcé le 8 octobre 1890, par M. de La Sicotière, au banquet du Mesle-sur-Sarthe.] : *Journal d'Alençon.* 1890, n° 107 (11 octobre), fnc. 1 r°, col. 5 et v° col. 1-3, sous la rubrique : Le banquet du Mesle-sur-Sarthe.

[941]

Une rectification. : *Journal d'Alençon.* 1890, n° 109 (16 octobre), fnc. 1 v°, col. 4 et 5.

Anonyme. Cet article est relatif à des vers de Benoit Vacquerie qu'Auguste Vacquerie prétendait lui avoir été attribués.

[942]

[Discours prononcé par M. de La Sicotière, lu au banquet de Carrouges] : *Journal d'Alençon.* 1890, n° 111 (21 octobre), fnc. 1 v°, col. 1 et 2, sous la rubrique : Le banquet de Carrouges.

[943]

Les sacrilèges de la Légion d'honneur. : *Intermédiaire des chercheurs.* 1890 (25 novembre), col. 688. R.

Signé : L.

[944]

Louis XI et l'Angélus. : *Ibidem,* col. 689-690. R.

Signé : L.

[945]

Le symbole des brioches. : *Ibidem,* (10 decembre), col. 731-732. R.

Signé : L.

[946]

Quel est le peintre qui introduisit les grotesques dans la peinture moderne ? : *Ibidem,* col. 733. R.

Signé : L.

[947]

[*Compte-rendu :*] État de la Généralité d'Alençon sous Louis XIV, par M. Louis Duval, archiviste du département de l'Orne, correspondant du Ministère de l'Instruction publique pour les travaux historiques (1).

(1) Alençon, librairie Loyer-Fontaine, 1 vol. in-4° de XCVI-429 p., avec carte et plans.

: *Bull. de la Soc. hist. et archéol. de l'Orne.* IX, 1890, pp. 491-496.

Signé : L. de La Sicotière.

Et à part :

Etat de la généralité d'Alençon sous Louis XIV Par M. Louis Duval archiviste du département de l'Orne Correspondant du Ministère de l'Instruction Publique pour les travaux historiques.

[Fnc. final, v° : Typographie E. Renaut-De Broise. S. l. [Alençon].

In-8°, 6 pp., 1 fnc., s. tit. sép. [948]

1891

Quel est le livre le plus incorrect qui ait jamais été imprimé ? : *Intermédiaire des chercheurs.* 1891 (10 janvier), col. 25. R.

Signé : L. [949]

A Messieurs les électeurs sénatoriaux de l'Orne. : *Journal d'Alençon.* 1891, n° 5 (10 janvier), fnc. 1 r°, col. 3.

Circulaire datée du 7 janvier 1891 et signée par MM. L. de La Sicotière, E. Poriquet et le D' Libert. [950]

[*Compte-rendu :*] Documents sur la Province du Perche, publiés par le Vte de Romanet et M. H. Tournouer, anciens élèves de l'Ecole des Chartes. Mortagne, Pichard Hayes ; Alençon, Vaillant-Triger ; Paris, Picard. : *Journal d'Alençon.* 1891, n° 7 (15 janvier), fnc. 2 r°, col. 2-4.

Signé : L. D. L. S. [951]

Pétition n° 87 Du 16 juillet 1890. M. Roux, notaire à Yssingeaux (Haute-Loire), adresse au Sénat une pétition relative à l'article 222 du Code pénal, aux lois électorales en ce qui concerne l'élection des magistrats, et à l'usage du pourvoi en cassation. M. de La Sicotière, rapporteur. : *Sénat, session extraordinaire 1890. Annexe au feuilleton n° 4 du mardi 20 janvier 1891. Pétitions sur lesquelles les commissions proposent des résolutions spéciales.* Pp. 9-11.   [952]

Pétition n° 93 Du 24 juillet 1890. Déposée par M. le sénateur Edmond Develle. M. Hug, notaire à Vaubecourt (Meuse), soumet au Sénat un projet de réforme du notariat. M. de La Sicotière, rapporteur. : *Ibidem*, pp. 12 et 13.   [953]

Pétition n° 94 Du 24 juillet 1890. Déposée par M. le sénateur Bernard. Les instituteurs et institutrices du canton de Vercel (Doubs) appellent l'attention du Sénat, sur la situation qui leur est faite par l'application de la loi du 16 juin 1881 sur la gratuité, et de la loi du 19 juillet 1889 sur leurs traitements. M. de La Sicotière, rapporteur. : *Ibidem*, pp. 13 et 14.   [954]

Pétition n° 119 Du 20 octobre 1890. M. Dartigues, à Bayonne (Basses-Pyrénées), soumet au Sénat un projet de réformes administratives. M. de La Sicotière, rapporteur. : *Ibidem*, pp. 27-28.   [955]

Pétition n° 123 Du 22 octobre 1890. M. Paul Andrieu, instituteur, en retraite, à Oran (Algérie), se plaint de ce que le Ministère de l'instruction publique lui ait refusé l'allocation viagère attachée à la médaille d'argent qu'il a obtenue, comme instituteur en 1875. M. de La Sicotière, rapporteur. : *Ibidem*, pp. 28-29.   [956]

Pétition n° 128 Du 27 octobre 1890. M. Joseph Janichen, ancien militaire, ancien engagé volontaire à Paris, sollicite la bienveillante intervention du Sénat pour obtenir une pension. M. de La Sicotière, rapporteur. : *Ibidem*, pp. 29-30.   [957]

Pétition n° 133 Du 4 novembre 1890. Déposée par M. le sénateur Jacques Hébrard. Des habitants de Chandernagor (Indes françaises) adressent au Sénat une pétition relative à la suppression du Tribunal de première instance de ce territoire et à son remplacement par une justice de paix à compétence étendue. M. de La Sicotière, rapporteur. : *Ibidem*, pp. 30-31.   [958]

Pétition n° 139 Du 12 novembre 1889. M. de Grenier-Fajal, pasteur à Azay-le-Brûlé (Deux-Sèvres), adresse au Sénat une pétition relative à diverses réformes. M. de La Sicotière, rapporteur. : *Ibidem*, pp. 33-34.   [959]

Pétition n° 142 Du 17 novembre 1890. M. Delaurier, à Paris, adresse au Sénat une pétition relative au déplacement de la gare du chemin de fer de Sceaux. M. de La Sicotière, rapporteur. : *Ibidem*, p. 34.   [960]

Pétition n° 144 Du 21 novembre 1890. Déposée par M. le sénateur Théophile Roussel. La Société contre l'abus du tabac à Paris, adresse au Sénat une pétition tendant à obtenir l'interdiction aux jeunes gens de moins de seize ans de fumer sur la voie publique et dans les établissements publics. M. de La Sicotière, rapporteur. : *Ibidem*, pp. 35-36.   [961]

Les peintres sans bras. : *Intermédiaire des chercheurs*. 1891 (25 janvier), col. 54. R.
Signé : L. D. L. S.   [962]

Les erreurs judiciaires. : *Ibidem*, col. 54-55. R.
Signé : L.   [963]

Qu'est devenue la collection de M. Silvi relative à Port-Royal. : *Ibidem*, col. 61. R.
Signé : L. D. L. S.   [964]

La Mosaïque de l'Ouest. : *Ibidem*, (10 février), col. 81. R.
Signé : L. D. L. S.   [965]

Les métiers des émigrés à l'étranger. : *Intermédiaire des chercheurs*, (25 février), col. 126. R.

Signé : L. [966]

Un portrait de Louis XVI, par Dusaulchoy. : *Ibidem*, (10 mars), col. 137. R.

Signé : L. [967]

Quelle était la figure du Christ. : *Ibidem*, (10 mars), col. 149. R.

Signé : L. [968]

Quelles sont les pièces de théâtre françaises en vers libres et irréguliers. : *Ibidem*, col. 155. R.

Signé : L. [969]

Les quatre sergents de la Rochelle. : *Ibidem*, (10 avril), col. 229-230. R.

Signé : L. [970]

Manuscrits de traités militaires à retrouver. : *Ibidem*, col. 232. R.

Signé : L. [971]

Les faux assignats de la chouannerie. : *Ibidem*, col. 233-234. R.

Signé : L. de la Sicotière. [972]

Masques cléricaux. : *Ibidem*, (25 avril), col. 260. R.

Signé : L. [973]

Gargantua. : *Ibidem*, col. 268. R.

Signé : L. D. L. S. [974]

Les métiers des émigrés à l'étranger. : *Ibidem*, (10 mai), col. 302 et (25 juillet), col. 532-533. R.

Signé : L. [975]

Qu'est devenu le manuscrit de Courtois sur les Conventionnels. : *Intermédiaire des chercheurs*, col. 320-321. R.

Signé : L. [976]

Une allusion à éclaircir. : *Ibidem*, col. 324. R.

Signé : L. D. L. S. [977]

Le général d'Elbée. : *Ibidem*, col. 329-330. R.

Signé : L. D. L. S. [978]

Tabarin et Gautier Garguille. : *Ibidem*, col. 330. R.

Signé : L. [979]

Que sont devenus les originaux de la correspondance de
Napoléon Ier ? : *Ibidem* (25 mai), col. 354-355. R.

Signé : L. [980]

Les quatre sergents de la Rochelle. : *Ibidem*, col. 357-358
et (10 juillet), col. 500-501. R.

Signé : L. (Voir supra n° 970). [981]

Mirabeau a-t-il dit : « Allez dire à votre maitre, etc. » ?
: *Ibidem*, col. 373. R.

Signé : L. [982]

Esquisses normandes II La Roche-Mabille (Orne). : *Revue
illustrée des provinces de l'Ouest* (de L. Séché). 1891, tome IV
(n° 1, mai), pp. 35-39 avec gravure p. 38.

Signé : L. de la Sicotière. [983]

L'œuf de coq. : *Intermédiaire des chercheurs*, (10 juin),
col. 421. R.

Signé : L. [984]

Philippe Moisson. : *Bull. de la Soc. hist. et archéol. de l'Orne*, X, 1891. Pp. 268-271. Sous la rubrique : Nécrologie.

Signé : L. de La Sicotière.

Et à part, avec le même titre et la même signature. *S. ind. typ.*

In-8°, 4 pp. s. tit. sép.   [985]

Les mémoires du général Tercier. : *Revue des questions historiques*. 1891 (1er juillet) pp. 245-251, sous la rubrique : Mélanges.

Signé : L. de la Sicotière.

C'est le compte rendu de l'ouvrage intitulé : *Mémoires politiques et militaires du général Tercier* (1770-1816). *Campagne d'Amérique. — Guerres d'émigration. — Quiberon. — La Chouannerie. — Conspiration de Cadoudal. Publiés avec préface, notes et pièces justificatives, par C. de La Chanonie. Paris, Plon, Nourrit et Cie, 1891.* In-8°, XXXII-451 (1) pp.   [986]

Signification ancienne du mot de Chouan. : *Intermédiaire des chercheurs*. (25 juillet), col. 527-528. R.

Signé : L.   [987]

Les descendants des grands hommes. : *Ibidem*, col. 547. R.

Signé : L.   [988]

Souvenirs des missions. Faïence. : *Ibidem*, col. 548. R.

Signé : L.   [989]

Robespierre et le paratonnerre. : *Ibidem*, (10 août), col. 589-590. R.

Signé : L. D. L. S.   [990]

Les livres posthumes contestés. : *Ibidem*, col. 590. R.

Signé : L.   [991]

Une question conséquente. : *Ibidem*, (25 août), col. 648. R.

Signé : L.   [992]

La descendance des Girondins. : *Intermédiaire des cher-cheurs*, 10 septembre , col. 680-681. R.

Signé : L.

[993]

Sur un mot attribué à Danton : « J'aime mieux être guillotiné que guillotineur ». : *Ibidem*, (10 octobre), col. 780. R.

Signé : L.

[994]

Les militaires écrivains. : *Ibidem*, col. 785. R.

Signé : L.

[995]

Exemples de vocations déterminées par le hazard. : *Ibidem*, col. 795. R.

Signé : L.

[996]

La mémoire se perd-elle à mesure que l'on avance en âge, ou peut-elle être conservée à la condition de la cultiver et de l'exercer. : *Ibidem*, (25 octobre), col. 822. R.

Signé : L.

[997]

Les femmes généralissimes. : *Ibidem*, (10 décembre), col. 965-966. R.

Signé : L.

[998]

1892

Achille Oudinot. : *Journal d'Alençon*. 1892, n° 1 (2 janvier), fnc. 1 v°, col. 5 et fnc. 2 r°, col. 1 et 2.

Article nécrologique signé L. Reproduit avec le même titre, mais plus étendu.

: *Bull. de la Soc. hist. et archéol. de l'Orne*. Tome XI, 1892, pp. 134-139.

Signé : L. de L. S.

[999]

Muiron, aide de camp de Napoléon. : *Intermédiaire des chercheurs*. 1892, (20 janvier), col. 66. R.

Signé : L.

[1000]

Le Chouan Billard de Veaux : *Intermédiaire des chercheurs*, (30 janvier), col. 115. R.

Signé : L.   [1001]

[Article nécrologique sans titre, sur M. Désiré d'Hostel d'Alençon] : *Journal d'Alençon*. 1892, n° 12 (28 janvier), fnc. 1 v°, col. 3, sous la rubrique : Nécrologie.

Anonyme.

M. d'Hostel : *Bull. de la Soc. hist. et archéol. de l'Orne*. XI, 1892, p. 144.

Signé : L. de L. S.   [1002]

Laurent (J. B. J.), peintre. : *Intermédiaire des chercheurs*. 1892, (10 février), col. 129. R.

Signé : L.   [1003]

L'autopsie de Charlotte Corday. : *Ibidem*, col. 134. R.

Signé : L.   [1004]

Les martyrs de la patrie. : *Ibidem*, col. 135 et 136. R.

Signé : L.   [1005]

Pétition n° 105 Du 19 juin 1891. Déposée par M. le sénateur Madignier. Des habitants de Saint-Etienne (Loire) demandent une modification de la législation sur les testaments, tendant à mieux garantir la liberté des testateurs, et une addition à l'article 1036 du Code civil. M. de La Sicotière rapporteur. : *Sénat. Session extraordinaire 1891. Annexe au feuilleton n° 12 du jeudi 18 février 1892*. Pétitions sur lesquelles les commissions proposent des résolutions spéciales. Pp. 1-6.   [1006]

Pétition n° 109 Du 20 juin 1891. Déposée par M. le sénateur Humbert. M. J.-E. Alix, conducteur des ponts et chaussées en retraite, à Toulouse (Haute-Garonne), adresse au Sénat une pétition relative à un moyen d'accélérer les améliorations agricoles. M. de La Sicotière, rapporteur. : *Ibidem*, pp. 6-15.   [1007]

Conservation des livres. : *Intermédiaire des chercheurs*. 1892 (20 février), col. 179. R.

Signé : L. D. L. S.   [1008]

[Discours prononcé le 26 février 1892 aux obsèques de M. François-Jean-Baptiste-Marcel Libert, docteur en médecine, sénateur de l'Orne.] : *Journal d'Alençon*. 1892, n° 25 (27 février), fnc. 1 v°, col. 2 à 5.

> Reproduit en abrégé : Le docteur Libert : *Bull. de la soc. hist. et archéol. de l'Orne*. XI, 1892, pp. 145-147.

> Signé H. B. [Henri Beaudouin].   [1009]

La franc-maçonnerie et le clergé. : *Intermé liaire des chercheurs*. 1892 (29 février), col. 221. R.

Signé : L.   [1010]

Lettres et documents inédits sur le président Hénault. : *Ibidem*, (20 mars), col. 290-291. R.

Signé : L.   [1011]

M. Georges Bouet. : *Bull. de la soc. hist. et archéol. de l'Orne*. XI, 1892, p. 134.

Article nécrologique signé : L. de L. S.   [1012]

Le docteur Bougon. : *Bull. de la soc. hist. et archéol. de l'Orne*. XI, 1892, pp. 139-143.

Article nécrologique signé : L. de L. S.   [1013]

M. Le Vavasseur-Baudry. : *Bull. de la soc. hist. et archéol. de l'Orne*. XI, 1892, pp. 144 et 145.

Article nécrologique signé : L. de L. S.   [1014]

Pétition n° 2 Du 12 janvier 1892. Yaya-Chérif-Abdallah-Ben-Ahmed-Sliman, propriétaire à Saint-Arnaud (Algérie), se plaint d'être victime d'actes arbitraires de la part du juge de paix de

Saint-Arnaud. M. de La Sicotière, rapporteur. : *Sénat. Session 1892. Annexe au feuilleton n° 34 du vendredi 8 avril 1892.* Pp. 11.   [1015]

Pétition n° 3 Du 12 janvier 1892. M. Etienne Mouret, demeurant à Oran (Algérie), adresse au Sénat une pétition dans laquelle il se plaint d'être victime d'actes illégaux de la part de plusieurs officiers ministériels. M. de La Sicotière, rapporteur. : *Ibidem*, p. 12.   [1016]

Pétition n° 4 Du 12 janvier 1892. M. E. de Saint-Romain, secrétaire-chef de la mairie de Mostaganem (Algérie), sollicite la bienveillante intervention du Sénat pour obtenir qu'une enquête soit faite sur les motifs qui ont amené sa non-réintégration à la préfecture d'Oran comme commis principal, après un congé d'un an sans solde qu'il aurait obtenu le 2 décembre 1887. M. de La Sicotière, rapporteur. : *Ibidem*, pp. 13-14.   [1017]

Pétition n° 7 Du 22 janvier 1892. Déposée par M. le sénateur Combescure. Les membres du Conseil municipal de Pézenas (Hérault), émettent le vœu que les professeurs des collèges communaux soient rétribués sur les fonds de l'Etat comme leurs collègues des grands centres d'instruction : Lycées, Facultés, Ecoles militaires, navales, industrielles, etc. M. de La Sicotière, rapporteur. : *Ibidem*, p. 14.   [1018]

Pétition n° 10 Du 15 février 1892. M. Eugène Lautier, négociant en vins à Béziers (Hérault), soumet au Sénat un projet dont le double but serait de venir en aide à une certaine catégorie de vieillards indigents et d'améliorer le sort des prisonniers en leur donnant l'amour du travail. M. de La Sicotière, rapporteur. *Ibidem*, pp. 15-18.   [1019]

Pétition n° 11. Du 15 février 1892. Le Conseil municipal de la commune de Puget-sur-Argens (Var) émet le vœu que les instituteurs soient classés et payés selon leurs années de service, leur rang d'ancienneté ; qu'ils aient droit à leur retraite après vingt-cinq ans de service et à leur retraite proportionnelle après quinze ans. M. de La Sicotière, rapporteur. : *Ibidem*, pp. 18 et 19.

[1020]

Le Père Le Vavasseur : *Journal d'Alençon*. 1892, n° 44 (12 avril), fnc. 2, r°, col. 1-3.

Signé à la l. 15. L. D. L. S.

> Cette notice a été écrite par M. Gustave Le Vavasseur, qui l'envoya par lettre datée de Paris, 31 mars 1892, à M. De La Sicotière. Celui-ci n'y a fait que de très-légères additions, quelques mots à peine, mais l'a arrangée pour l'impression ; son auteur lui avait laissé toute latitude à cet égard. J'ai l'original sous les yeux. Il y est dit :
> « Tout ce que vous voudrez, mon cher ami, au sujet de la notice du
> « P. Léon. La note que j'ai rédigée n'avait pas dans mon intention la
> « forme d'un article. Étant cordonnier de mon état, j'ai fait un soulier
> « par habitude. Je ne sais même pas quelle figure il fait à la montre,
> « ne l'ayant pas revu. Si vous croyez qu'il a un cachet particulier bon à
> « conserver, servez le tel qu'il est, avec les précautions explicatives et
> « gloses que vous jugerez à propos de prendre ou d'ajouter. »

Reproduit, sans titre, sous la rubrique : Nécrologie. : *Bull. de la Soc. hist. et archéol. de l'Orne*. XI, 1892, pp. 287-293.

Signé : L. D. L. S. à la fin du texte et des notes ; celles-ci sont bien de M. de La Sicotière.

[1021]

Nombres appropriés aux hommes célèbres. : *Intermédiaire des chercheurs*. 1892, (20 avril), col. 382-383. R.

Signé : L. D. L. S.

[1022]

Les duels de dames. : *Ibidem*, col. 386-387. R.

Signé : L.

[1023]

Drapeaux brodés par des dames. : *Ibidem*, col. 387-388. R.

Signé : L.

[1024]

Que sont devenus les papiers de Pichegru. : *Ibidem*, (30 avril), col. 415-416. R.

Signé : L.

[1025]

Descendants à retrouver. : *Ibidem*, col. 420-421. R.

Signé : L.

[1026]

Un frontispice pour les *Roueries de Trialph* de Charles Lassailly. : *Intermédiaire des chercheurs*, 30 mai), col. 526. R.
Signé : L.   [1027]

Les fous condamnés comme assassins : *Ibidem*, col. 539-540 et (20 août), col. 173-174. R.
Signé : L.   [1028]

Statues insultées. : *Ibidem* (10 juin), col. 565. R.
Signé : L.   [1029]

La torture pour obtenir des aveux des criminels a-t-elle été pratiquée en France après la Révolution. : *Ibidem*, col. 567. R.
Signé : L.   [1030]

Madame de Crissé. : *Ibidem*, col. 579. R.
Signé : L.   [1031]

Une monnaie de Louis XVI en 1793. : *Ibidem,* col. 606. R.
Signé : L.   [1032]

Pétition n° 68. Du 4 avril 1892. M. Joseph Ribes, négociant en grains à Mirepoix (Ariège), se disant héritier de la succession Abérard Remy, se plaint d'avoir été frustré par un notaire et un banquier de Mirepoix de ses droits à ladite succession. M. de La Sicotière, rapporteur. : *Sénat, session 1892. Annexe au feuilleton n° 52 du Lundi 20 juin 1892.* Pp. 4 et 5.   [1033]

Pétition n° 70 Du 12 avril 1892. M. P. Barrailley fils, maire de Lormont (Gironde), adresse au Sénat une pétition dans laquelle il appelle la bienveillante attention des pouvoirs publics sur la situation déplorable de l'industrie maritime. M. de La Sicotière, rapporteur. : *Ibidem*, pp. 5 et 6.   [1034]

Pétition n° 74 Du 13 avril 1892. Déposée par M. le sénateur Gomot. Un certain nombre de commerçants du faubourg Saint-

Germain, à Paris, prient le Sénat de vouloir bien s'occuper de la proposition de loi de M. Georges Berger, député de la Seine, en vue de construire, sur l'emplacement de l'ancienne Cour des Comptes, un musée des arts décoratifs. M. de La Sicotière, rapporteur. ⁚ *Ibidem*, p. 6.   [1035]

Pétition n° 75 Du 5 mai 1892. M. E. Guiet demeurant à Paris, soumet au Sénat plusieurs mémoires sur le recrutement et l'avancement dans la magistrature, prie le Sénat de vouloir bien s'occuper de sa candidature pour un siège de juge de paix dans le ressor de la Cour d'appel d'Orléans ou de celle de Paris. M. de La Sicotière, rapporteur. ⁚ *Ibidem*, pp. 7-9.   [1036]

Pétition n° 77 Du 16 mai 1892. M. Gaubert, docteur en médecine à Sallèles-d'Aude, appelle la bienveillante attention du Sénat sur une brochure qu'il a faite : *l'Hygiététique ou l'art de prévenir et de guérir les maladies en général, la phtisie en particulier.* — *Repeuplement.* M. de La Sicotière, rapporteur. ⁚ *Ibidem*, pp. 9 et 10.   [1037]

Pétition n° 78 Du 16 mai 1892. Camjoan (J.-B.), détenu à la maison centrale d'Eysses, par Villeneuve-sur-Lot (Lot-et-Garonne), se plaint d'être victime de mauvais traitements et prie le Sénat de vouloir bien intervenir en sa faveur auprès de M. le Ministre de la Justice. M. de La Sicotière, rapporteur. ⁚ *Ibidem*, p. 10.   [1038]

Pétition n° 79 Du 16 mai 1892. Le nommé Henri Durand, détenu à la maison centrale de Beaulieu (Calvados), prie le Sénat de vouloir bien examiner son premier jugement de condamnation, à la suite duquel il aurait été reconnu innocent, et sollicite la bienveillante intervention de cette Assemblée pour être mis en liberté. M. de La Sicotière, rapporteur. ⁚ *Ibidem*, p. 11.   [1039]

Pétition n° 86 Du 19 mai 1892. La Chambre de commerce française de Barcelone (Espagne) émet le vœu : que de nouvelles négociations soient engagées avec le gouvernement espagnol pour la conclusion d'un nouveau traité de commerce et que, pour obtenir des avantages spéciaux pour nos produits et des modifications importantes au tarif minimum espagnol, excessif sur bien des points, la limite alcoolique des vins d'Espagne, fixée à 10° 9/10 pour l'application des droits simples, soit élevée, si cela est indispensable, à 11° 9/10. M. de La Sicotière, rapporteur. ⁚ *Ibidem*, p. 12.   [1040]

Les verbes avec des noms. ⁚ *Intermédiaire des chercheurs.* 1892, (10 juillet), col. 20 et (10 septembre), col. 253. R.

Signé : L.   [1041]

Les auteurs obligés de composer typographiquement leurs ouvrages. ⁚ *Ibidem*, col. 22-23. R.

Signé : L. D. L. S.   [1042]

Bibliographie des ouvrages où l'on a douté de l'existence de Napoléon Ier. ⁚ *Ibidem*, col. 28-29. R.

Signé : L.   [1043]

Synonymes de pommes de terre. ⁚ *Ibidem*, col. 71. R.

Signé : L.   [1044]

Pétition n° 56 Du 22 mars 1892. Déposée par M. le sénateur Chalamet. Un certain nombre d'habitants des communes de Saint-Michel-de-Chabrillanoux, de Saint-Jean-Chambre et de Saint-Appolinaire-de-Riaz (Ardèche) protestent contre l'introduction des mauvais livres et des gravures obscènes et demandent l'application stricte et ferme de la loi du août 1882. M. de La Sicotière, rapporteur. ⁚ *Sénat, session 1892. Annexe au feuilleton n° 66 du mercredi 13 juillet 1892.* Pp. 11 et 12.   [1045]

Pétition n° 64 Du 29 mars 1892. Déposée par M. le sénateur Pauliat. M. le docteur Collard, ex-médecin de colonisation à Gouraya (Algérie), adresse au Sénat une pétition dans laquelle il proteste contre la façon dont ont été distribués les secours pour le tremblement de terre de Gouraya (Algérie). M. de La Sicotière, rapporteur. ⁚ *Ibidem*, pp. 18 et 19.   [1046]

Pétition n° 71. Du 12 avril 1892. La Société d'agriculture de l'Allier, à Moulins, émet le vœu : que la législation actuelle sur les fonctions de gardes particuliers soit conservée et que, dans le cas où le Parlement croirait devoir la modifier, il veuille bien y introduire les dispositions suivantes : 1° L'autorité administrative sera toujours tenue de faire connaître les motifs qui lui sembleront devoir s'opposer à ce qu'elle agrée et commissionne les gardes particuliers qui lui seront présentés ; 2° La suspension et la révocation de ces agents sera réservée aux magistrats de l'ordre judiciaire, après enquête contradictoire. M. de La Sicotière, rapporteur. ፧ *Ibidem*, p. 21. [1047]

Pétition n° 84 Du 18 mai 1892. Le sieur Martinet (Pierre-Paul), publiciste, détenu à la maison de correction de Sainte-Pélagie, à Paris, se plaint d'avoir été arbitrairement arrêté et demande au Sénat d'intervenir en sa faveur auprès de M. le Ministre de l'Intérieur. M. de La Sicotière, rapporteur. ፧ *Ibidem*, pp. 22-27. [1048]

Pétition n° 130. Du 23 juin 1892. Déposée par M. le sénateur Pauliat. Des artistes musulmanes de Tunis appellent la bienveillante attention du Sénat sur la situation qui leur est faite par suite d'un nouvel impôt auquel elles sont assujetties. M. de La Sicotière, rapporteur. ፧ *Ibidem*, pp. 31-37.

Voir à propos de cette pétition et du rapport auquel elle a donné lieu, deux articles :

المطربات التونسيات (Les artistes tunisiennes) : الزهرة . El Zohra (Tunis, A. Snadli, directeur-rédacteur en chef, pet. in-fol). 1892, n° 175 (4 août), fnc. 1 r°, col. 1 à 4.

حالتنا البلدية (Notre situation municipale) : *Ibidem*, 1892, n° 178 (12 septembre), fnc. 1, col. 1-3. Ces articles sont du directeur du journal A. Snadli.

Voir également les articles suivants :

Les Almées : *La libre dépêche* 1893, 12 juin. Article signé : A. Goguyer.
Les dames de Tunis : Le *Gil-Blas*. 1893, 29 janvier. Signé : Un sénateur.
Les artistes musulmanes à Tunis. : *Le Rapide.* (Paris, in-fol.) 1892, n° 6 (23 octobre), fnc. 2 r°, col. 3. Anonyme. [1049]

Pétition n° 133 Du 24 juin 1892. M. Coulon, ex-commis des postes, demeurant à Levallois-Perret (Seine), sollicite la bienveillante intervention du Sénat pour obtenir sa réintégration dans l'Administration des postes ou une pension de retraite proportionnelle. M. de La Sicotière, rapporteur. : *Ibidem*, pp. 37-38.

[1050]

Pétition n° 134 Du 27 juin 1892. M. Joseph Garnier, zouave retraité, demeurant à Alger, se plaint d'être victime d'une erreur commise à son préjudice par un avoué d'Alger qui aurait fait toucher, sans son autorisation à sa femme divorcée, plusieurs sommes retenues sur son trimestre de retraite. M. de La Sicotière, rapporteur. : *Ibidem*, pp. 38-39.

[1051]

Pétition n° 138 Du 28 juin 1892. Déposée par M. le sénateur Edouard Martell. Des ouvriers de la fonderie de Ruelle (Charente) formulent un ensemble de vœux relatifs à leur traitement, à leur retraite et à l'avancement. M. de La Sicotière, rapporteur. : *Ibidem*, pp. 39-40.

[1052]

Les victimes de la barrière du Trône. : *Intermédiaire des chercheurs*. 1892, (30 juillet), col. 101-102. R.

Signé : L.

[1053]

Delandine de Saint-Esprit et les œuvres de Chateaubriand. : *Ibidem*, col. 111. R.

Signé : L.

[1054]

Les manuscrits de Quérard et de Peignot. : *Ibidem*, (10 août), col. 139. R.

Signé : L.

[1055]

Diminutifs de prénoms. : *Ibidem*, col. 142-143. R.

Signé : L.

[1056]

Officiers vendéens. : *Ibidem*, (20 août), col. 174. R.

Signé : L.

[1057]

14

Une parodie de la Marseillaise à retrouver. : *Intermédiaire des chercheurs*, (20 février), col. 181-182. R.

Signé : L.   [1058]

Que fait-on des pièces refusées à la Comédie-Française ? *Ibidem*, (30 août), col. 217. R.

Signé : L.   [1059]

Révocation de l'édit de Nantes. : *Ibidem*, col. 234-235. R.

Signé : L.   [1060]

Coutume de Mi-carême en Normandie. : *La Tradition*, revue générale des contes, légendes, chants, usages, traditions et arts populaires. Directeurs : Emile Blémont et Henry Carnoy (Paris, in-8°). 1892, pp. 126-127.

Signé : L. de la Sicotière.   [1061]

M. de Corcelles. : *Journal d'Alençon*. 1892. n° 104 (8 septembre), fnc. 1 v°, col. 3 et 4, et fnc. 2 r°, col. 1. Sous la rubrique : Nécrologie.

Anonyme.   [1062]

Comment se nommait le valet de chambre de Fénelon qui déroba le manuscrit de *Télémaque* ? : *Intermédiaire des chercheurs*. 1892, (10 septembre), col. 253. R.

Signé : L.   [1063]

La comtesse de Bruc et la guerre de la Vendée. : *Ibidem*, col. 265. R.

Signé : L.   [1064]

Une poésie de Jules Favre. : *Ibidem*, col. 269. R.

Signé : L.   [1065]

Les tableaux lacérés. : *Ibidem*, col. 271. R.

Signé : L.   [1066]

Louis XVIII fratricide. : *Intermédiaire des chercheurs*, (10 septembre), col. 272. R.
Signé : L.

[1067]

Imitations inconscientes. : *Ibidem*, col. 279. R.
Signé : L.

[1068]

Expressions démonétisées. : *Ibidem*, (20 septembre), col. 314. R.
Signé : L.

[1069]

Les vers tragiques ridicules. : *Ibidem*, col. 345. R.
Signé : L.

[1070]

Les prêtres chansonniers. : *Ibidem*, (10 octobre), col. 383. R.
Signé : L.

[1071]

L'encrier de M. Laboulaye. : *Ibidem*, (20 octobre), col. 430. R.
Signé : L.

[1072]

Liste des tombes des soldats français à l'étranger. : *Ibidem*, col. 430-431. R.
Signé : L.

[1073]

Portrait de Lesage. : *Ibidem*, (30 octobre), col. 458. R.
Signé : L.

[1074]

Delille et Ronsard. : *Ibidem*, col. 465-466. R.
Signé : L.

[1075]

Livres imprimés par Balzac. : *Ibidem*, col. 474-475. R.
Signé : L.

[1076]

Le texte de l'arrêt qui permet à tous de prendre le titre de comte ou de marquis. : *Ibidem*, col. 475-476. R.
Signé : L.

[1077]

Saint Antoine de Padoue et les objets volés. : *Intermédiaire des chercheurs*, (30 octobre), col. 476. R.

Signé : L.   [1078]

Coutumes populaires. V. Inscriptions sur les livres d'écoliers. : *Revue des traditions populaires*. (Vannes, imp. Lafolye. Paris, Leroux, in-8°). Tome VII, 1892, 7ᵉ année, n° 10 (10 octobre). Pp. 625-627.

Signé L. de la Sicotière.   [1079]

Protection des oiseaux. : *Le Cidre et le Poiré*, revue-mensuelle des intérêts pomologiques (Argentan, impr. du *Journal de l'Orne*, in-8°). 1892, pp. 305-313.

Signé : L. De La Sicotière, Sénateur de l'Orne.

Et à part :

> Extrait de la Revue « Le Cidre et le Poiré » qui se publie à Argentan (Orne). Protection des oiseaux.
> [P. 11. : Argentan, imp. du Journal de l'Orne.
> In-8°, 11 (1) pp., s. tit. sép.

Signé : L. De La Sicotière, Sénateur de l'Orne.   [1080]

Les chartreuses. : *Intermédiaire des chercheurs*. 1892, (10 novembre), col. 491. Q.

Signé : L.   [1081]

Madame Allan-Despréaux et madame Dorval. : *Ibidem* (20 novembre), col. 551-552. R.

Signé : L. D. L. S.   [1082]

Théâtre de société. : *Ibidem*, (30 novembre), col. 575. R.

Signé : L.   [1083]

Le plus éminent. : *Ibidem*, col. 576. R.

Signé : L.   [1084]

Timeo hominem. : *Intermédiaire des chercheurs*, (30 novembre), col. 598. R.

Signé : L   [1085]

Bibliographie des usages et des traditions populaires du département de l'Orne. : *Revue des traditions populaires.* 1892 (Tome VII de la collection), pp. 659-668 et 722-746.

Signé : L. de la Sicotière.

Et à part :

> Bibliographie des usages et des traditions populaires du département de l'Orne par L. de la Sicotière. [*Fleuron typ. de la Soc. des traditions populaires*]. Vannes Librairie Lafolye. 1892.
> (P. 35 : Vannes. — Imprimerie Lafolye, 2, place des Lices).
> In-8°, 1 fnc., 35 (1 pp., 1 fnc. blanc. Couv. impr. avec le même titre.   [1086]

Les hommes célèbres qui ont eu le plus d'enfants. : *Intermédiaire des chercheurs.* 1892, (20 décembre), col. 663. R.

Signé : L.   [1087]

Œuvres posthumes de Thiers. : *Ibidem*, (30 décembre), col. 695-696. R.

Signé : L.   [1088]

1893

[Article nécrologique sans titre sur M. le docteur Louis-Joseph Desnos, médecin à l'hopital de la Charité, mort à Paris le 12 janvier 1893.] : *Journal d'Alençon.* 1893, n° 8 (19 janvier), fnc. 2, r° col. 2.

Signé : L.   [1089]

Comment peut-on devenir un bon bibliothécaire ? : *Intermédiaire des chercheurs.* 1893, (20 février), col. 183. R.

Signé : L. D. L. S.   [1090]

Les vers tragiques ridicules. : *Intermédiaire des chercheurs*, (28 février), col. 215 ; 3 avril, 452. R.

Signé : L.   [1091]

La famille de madame Roland. : *Ibidem*, col. 220-221. R.

Signé : L. D. L. S.   [1092]

Les calomniés de la Révolution : Sylvain Maréchal. : *Ibidem*, (10 mars), col. 270-271. R.

Signé : L.   [1093]

Une curiosité révolutionnaire. — Un cochon fusillé en 1794 pour l'anniversaire de la mort de Louis XVI. : *Ibidem*, col. 273. R.

Signé : L.   [1094]

L'assassinat de Le Peletier Saint-Fargeau. : *Ibidem*, (20 mars), col. 302. R.

Signé : L.   [1095]

Jouets. : *Ibidem*, (30 mars), col. 338. R.

Signé : L.   [1096]

Qu'est devenue la Marie-Jeanne donnée par Louis XIII à Richelieu ? : *Ibidem*, col. 348-349. R.

Signé : L.   [1097]

Armand Carrel accusé d'exciter les soldats à la révolte. : *Ibidem*, col. 351. R.

Signé : L.   [1098]

Docteur Jousset. : *Bull. de la Soc. hist. et archéol. de l'Orne*. XII, 1893, pp. 150-161, sous la rubrique : Nécrologie ; avec un portrait. (Phototypie G. Fleury et A. Dangin, Mamers).

Signé : L. D. L. S.

Et à part :

L. De La Sicotière. Le docteur Jousset. Extrait du *Bulletin de la Société Historique et Archéologique de l'Orne.* [*Fleuron typ.*] Alençon Typographie Renaut-De Broise 5, Place d'Armes, 5, 1893.

In-8°, 12 pp., avec portrait (le même que celui indiqué plus haut), et couv. impr. servant de titre.   [1099]

M. Marigues de Champ-Repus. : *Bull. de la Soc. hist. et archéol. de l'Orne.* XII, 1893. Pp. 162 et 163.

Anonyme. Article nécrologique.   [1100]

M. Hubert. : *Ibidem.* XII, 1893, p. 163.

Anonyme. Article nécrologique.   [1101]

Docteur Desnos. : *Ibidem.* XII, 1893, p. 164.

Article nécrologique. Ces trois notices sont anonymes. Elles sont attribuées à M. de La Sicotière par la Table des douze premiers volumes, p. 16, col. 2.   [1102]

Les anciens ont-ils connu les ornitholithes ou pétrifications d'oiseaux ? : *Intermédiaire des chercheurs,* 1893, (20 avril), col. 416. R.

Signé : L.   [1103]

Les clubs créés à l'étranger en l'honneur de la Révolution. : *Ibidem,* (30 avril), col. 461. R.

Signé : L.   [1104]

Les hôpitaux élevés pour les animaux. : *Ibidem,* col. 472. R.

Signé : L.   [1105]

Michel Chevalier et les Saint-Simoniens. : *Ibidem,* (10 mai), col. 509-510. R.

Signé : L.   [1106]

Les variations des usages gastronomiques en France. : *Intermédiaire des chercheurs*, (10 mai), col. 510-511. R.

Signé : L.   [1107]

Peintres à déterminer. : *Ibidem*, col. 514. R.

Signé : L.   [1108]

Existe-t-il un calendrier des fêtes des anciens dieux de Rome et de la Grèce ? : *Ibidem*, (20 mai), col. 541-542. R.

Signé : L.   [1109]

Mémoires de Barras. : *Ibidem*, col. 554-555. R.

Signé : L.   [1110]

Les mémoires inédits de Bertrand Poirier de Beauvais. : *Ibidem*, col. 572-573. R.

Signé : L.   [1111]

[*Compte-rendu :*] La vie et les Œuvres de Jean Jacques Rousseau, par Henri Beaudouin. Paris, Lamulle et Poisson, 2 vol., in-8°. : *Revue illustrée des Provinces de l'Ouest* (de L. Séché), t. X, 1893. Pp. 104-110.

Signé : L. D. L. S.

> *Et à part*, avec le même intitulé et la même signature. [Savenay. — Imprimerie et Librairie J.-J. Allair, rue de l'Eglise. *S. d.*
> In-4°, 7 (1) pp.
> Tiré à part à 25 exemplaires.   [1112]

Ecritures secrètes. : *Intermédiaire des chercheurs*. 1893, (20 juin), col. 664-665. R.

Signé : L.   [1113]

Le masque de Henri IV. : *Ibidem*, col. 666. R.

Signé : L.   [1114]

Le péché de la veuve et la cote G. : *Intermédiaire des cher-cheurs*, (20 juin), col. 671. R.

Signé : L.   [1115]

Les permissions données par l'Eglise de manger des oiseaux aquatiques aux jours d'abstinence. : *Ibidem*, col. 275. R.

Signé : L.   [1116]

Les acteurs de l'Heptaméron. : *Ibidem*, (30 juin), col. 693. R.

Signé : L.   [1117]

Un couplet ajouté à la Marseillaise. : *Ibidem*, col. 694.   [1118]

L'assassin de Hoche. : *Ibidem*, 1893 [1]., (10 juillet), col. 29-30 et (10 septembre), col. 255. R.

Signé : L.   [1119]

Le président Bonjean et son article sur la mission protectrice des petits oiseaux en agriculture. : *Ibidem*, col. 31-32. R.

Signé : L.   [1120]

Madame Aquet de Férolles condamnée à mort par Napoléon Ier pour complicité dans des attaques de diligences, et madame de la Chanterie de Balzac. : *Ibidem*, col. 33. R.

Signé : L.   [1121]

Sur la famille de Tony Johamot. : *Ibidem*, (20 juillet), col. 58. R.

Signé : L.   [1122]

Un manuscrit de Marc Dufraisse sur Camille Desmoulins. : *Ibidem*, col. 61. R.

Signé : L.   [1123]

Les pies tuent-elles les lièvres ? : *Ibidem*, col. 70. R.

Signé : L.   [1124]

Talleyrand et le dindon. : *Intermédiaire des chercheurs*, (10 août), col. 142. R.

Signé : L.   [1125]

Vieilles enseignes peintes de Paris. : *Ibidem*, col. 147. R.

Signé : L.   [1126]

Quel est le premier homme qui mit de l'eau dans son vin ? : *Ibidem* (20 août), col. 181. R.

Signé : L.   [1127]

Punitions bizarres. : *Ibidem*, col. 182. R.

Signé : L.   [1128]

Les mariages par la presse. : *Ibidem* (30 août), col. 224. R.

Signé : L.   [1129]

Un empoisonnement par les fleurs. : *Ibidem*, col. 239. R.

Signé : L.   [1130]

L'habitude de se ronger les ongles. : *Ibidem*, col. 237. R.

Signé : L.   [1131]

Les tableaux et statues représentant sous un nom légendaire des personnages contemporains. : *Ibidem* (10 septembre), col. 249-250. R.

Signé : L.   [1132]

En carabaux. : *Ibidem*, col. 255. R.

Signé : L.   [1133]

La dévotion de Louis XVI au Sacré-Cœur. : *Ibidem*, col. 263-264. R.

Signé : L.   [1134]

Les vers d'hommes célèbres inscrits sur des murailles.
: *Intermédiaire des chercheurs*, (10 septembre), col. 268. R.
Signé : L.   [1135]

Mort en chrétien. : *Ibidem*, (20 septembre), col. 383. R.
Signé : L.   [1136]

L'abbé André et Louis XVIII. : *Ibidem*, col. 309. R.
Signé : L.   [1137]

Mots transposés. : *Ibidem*, (10 octobre), col. 393. R.
Signé : L.   [1138]

Question généalogique. : *Ibidem*, col. 394. R.
Signé : L.   [1139]

Démarquage de gravures et démarquages d'anecdotes.: *Ibidem*,
(30 octobre), col. 465-466. R.
Signé : L.   [1140]

Bibliographie des journaux du département de l'Orne Par
M. L. de La Sicotière. : *Congrès provincial de la soc. bibliographique et des publications populaires.* Session tenue au Mans
les 14 & 15 novembre 1893. (Le Mans, typ. Monnoyer, 1894,
in-8°). Pp. 295-322.

Et à part :

Bibliographie des journaux du département de l'Orne
par M. L. De La Sicotière. [*Fleuron marque de l'impr.*]
Le Mans Typographie Edmond Monnoyer 12, place des
Jacobins, 12. 1894.
In-8°, 32 pp. et couv. impr. avec le même titre.

COMPTES-RENDUS : Beaudouin (Henri) : *Bull. de la Soc. hist. et
archéol. de l'Orne.* XIII, 1894. Pp. 388, *in fine.*   [1141]

Deux poètes excentriques : L'abbé Gérard des Rivières — Frécot Saint Edme. : *Bull. de la Soc. hist. et archéol. de l'Orne.* XII, 1893, pp. 449-475.

Anonyme. Le nom figure à la table.

Et à part, avec le même titre, et également anonyme. (P. 27 : Alençon. — Imp. E. Renaut. *S. d.* In-8°, 27 (1) pp., s. tit. sép. [1142]

Perrine Dugué, 1796. : *Revue illustrée des provinces de l'Ouest* (de L. Séché). 1893 (tome XI, n° 4, décembre), pp. 246-253 ; 1894 (tome XII, n° 1, janvier), pp. 49-56 ; et 115-119.

Signé : L. de la Sicotière.

Et à part :

L. De La Sicotière. Perrine Dugué (1796) [*Chiffre-marque de l'imprimeur.*] Savenay imprimerie, librairie & reliure J.-J. Allair, rue de l'Église. 1894.
In-4°, 23 (1) pp.

Tiré à 100 exemplaires.

Voir à ce sujet :

Perrine Dugué son image populaire. : *Revue hist. et archéol. du Maine.* T. XXXV, 1894 [1], pp. 308-313 et fig. p. 311.

Signé : R. T. [Robert Triger selon la table].

Cet article est à la fois un compte rendu du travail de M. de La Sicotière et une notice sur la gravure de Godard que M. Triger publie ici.

M. de La Sicotière a publié un supplément à cette étude, en 1894, Voir ci-après n° 1198. [1143]

L'Art en province. : *Intermédiaire des chercheurs.* 1893, (30 décembre), col. 752-753. R.

Signé : L. [1144]

1894

« Une ténébreuse affaire » de Balzac. : *Intermédiaire des chercheurs.* 1894 [1], (10 janvier), col. 27-28, et (20 mars), col. 304-305. R.

Signé : L. [1145]

Les chassepots partiraient tout seuls, prétendu mot de Mac-Mahon. : *Intermédiaire des chercheurs*, 20 mars), col. 35. R.

Signé : L.   [1146]

Discours de M. De La Sicotière. : *Bull. de la Soc. des Antiquaires de Normandie.* Tome XVII (années 1893, 94 et 95), pp. 113-146.

Et à part :

Société des antiquaires de Normandie. Discours d'ouverture prononcé à la séance publique, tenue à Caen le 14 janvier 1894 par M. De La Sicotière directeur. [*Marque de Delesques*]. Caen Henri Delesques, imprimeur-éditeur rue Froide, 2 et 4. 1896.

In-8°, 1 fnc. bl., 36 pp., 1 fnc. Couv. impr. avec le même titre.   [1147]

Lamartine. Son duel avec le colonel Gabriel Pépé. : *Intermédiaire des chercheurs*, 1894, (20 janvier), col. 52 R.

Signé : L.   [1148]

Vers tragiques ridicules. : *Ibidem*, col. 64. R.

Signé : L.   [1149]

Inscriptions d'hommes célèbres tracées sur les murailles. : *Ibidem*, col. 67. R.

Signé : L.   [1150]

Sur une expression picarde. : *Ibidem*, col. 72. R.

Signé : L.   [1151]

L. A. Berthaud et P. J. Veyrat, poètes lyonnais. : *Ibidem*, col. 72-73. R.

Signé : L.   [1152]

Les tableaux achetés par le gouvernement après avoir été retirés par ordre du Salon. : *Intermédiaire des chercheurs*, (20 janvier), col. 73. R.

Signé : L.   [1153]

Valeur des assignats et des billets de banque de Law. : *Ibidem*, 1894 [1], (30 janvier), col. 99-100. R.

Signé : L.   [1154]

Omission de noms de femmes dans les billets d'enterrements. : *Ibidem*, col. 102, et 1894 [2], (30 septembre), col. 326. R.

Signé : L.   [1155]

Les ormeaux d'un de nos plus célèbres romanciers. : *Ibidem*, col. 115. R.

Signé : L.   [1156]

Singuliers personnages mis sur le théâtre. : *Ibidem*, col. 117-118. R.

Signé : L.   [1157]

Guiton de la Rochelle et Charette de la Contrie. : *Ibidem*, col. 121. R.

Signé : L.   [1158]

Enseignes des professions libérales. : *Ibidem*, (10 février), col. 164. R.

Signé : L.   [1159]

L'évasion de Lavalette. : *Ibidem*, (28 février), col. 245. R.

Signé : L.   [1160]

Notes sur l'iconographie des évêques de Sées. : *Les annales de Normandie*, littérature, sciences, beaux-arts. Directeur Charles Verel (Nonant ; Argentan, impr. Muller, in-8°). 1894 (n° 3, mars), pp. 69-77.

Signé : Un de vos abonnés.

Et à part :

Notes sur l'iconographie des évêques de Sées. [P. 11 :
Argentan. Imp. du Journal de l'Orne.]

In-8°, 11 (1) pp.: les 2 premières blanches. Tiré sur
papier lilas.

C'est une Lettre adressée : A Monsieur le Directeur des *Annales de
Normandie*, datée : Mars 1894 et signée : Un de vos Abonnés.   [1161]

Notes sur la petite église au diocèse de Séez. : *Revue catholique de Normandie* (Evreux, impr. Odieuvre, in-8°. 1894
(3e année — 5e livraison 15 mars), pp. 454-477.

Signé : L. de La Sicotière.

Et à part :

Notes sur la petite église au diocèse de Séez par L. de la
Sicotière. [*Fleuron typ.*] Evreux Imprimerie de l'Eure.
1894. [P. 24 : Evreux. — Imp. de l'Eure, L. Odieuvre,
4, bis, rue du Meilet.

In-8°, 2 ffnc., (le premier blanc). 24 pp. Couvert. impr.
avec le même titre.   [1162]

Pétition n° 606 Du 13 juin 1893. Déposée par M. le sénateur
Léon Labbé. M. Pottier, boulanger demeurant au Sap (Orne),
prie le Sénat de vouloir bien lui faire payer une somme de
1.977 fr. 50, mandatée à tort au nom de M. Pierre Lebigre,
décédé en 1836, par M. l'ingénieur en chef des ponts et chaussées
du Mans, pour le montant d'un terrain, exproprié pour cause
d'utilité publique, situé à la Butte de la Bergerie, commune de
Vimoutiers (Orne), dont M. Pottier était seul propriétaire. M. de
La Sicotière, rapporteur. : *Sénat session 1894. Annexe au
feuilleton n° 25 du vendredi 16 mars 1894.* Pp. 4-11.   [1163]

Supplément à la correspondance de Napoléon Ier. : *Intermédiaire des chercheurs.* 1894 (20 mars), col. 299. R

Signé : L.   [1164]

Un épisode inconnu du règne de Louis XVI. : *Intermédiaire des chercheurs*, (20 mars), col. 312-313. R.

Signé : L.

[1165]

La loge infernale. : *Ibidem*, col. 316. R.

Signé : L.

[1166]

Punitions bizarres. : *Ibidem*, col. 344. R.

Signé : L.

[1167]

A propos des ruines romaines d'Oisseau-le-Petit (Sarthe). : *Revue hist. et archéol. du Maine*. Tome XXXV, 1894 [1], pp. 113-124.

Signé : L. De La Sicotière.

Et à part :

A propos des ruines romaines d'Oisseau-le-Petit (Sarthe) par M. L. de La Sicotière. [*Marque des impr.*] Mamers G. Fleury et A. Dangin, imprimeurs-éditeurs. 1884.

In-8°, 14 pp., 1 fnc. et couv. imprimée, avec le même titre.

Tiré à 100 exemplaires.

Voir à propos de la question soulevée par ces ruines :

La « civitas ouagoriton » à Oisseau-le-Petit Par F. Liger Architecte, Ancien Inspecteur divisionnaire de la voirie de Paris Membre de plusieurs Sociétés savantes. [*Fleuron typogr.*] Paris, Baudry, éditeur Rue des Saints-Pères, 15. 1892. P. 23 chiffrée par erreur 24 : Laval, imprimerie L. Moreau, rue du Lieutenant, 2.

In-8°, 23 (1) pp. La p. 23 est chiffrée 24 par erreur. Couvert. impr. avec le même titre.

Reproduit sous la rubrique : *Variétés,* et avec le titre :

Les ruines d'Oisseau-le-Petit. : *L'Avenir de l'Orne.* 1894, N° 2983 (11 avril), fnc. 1 r°, col. 5 et 6 et v°, col. 1 ; N° 2985 (15 avril), fnc. 1 r°, col. 5 et 6.

ANNONCE du travail de M. de La Sicotière.

: *Polybiblion.* Partie littéraire. 1894 (Tome LXX de la collection ; 2° série, t. 39). Bulletin. P. 551, sous la rubrique : Maine.

Les ruines romaines d'Oisseau-le-Petit (Sarthe). Réponse à M. de La Sicotière par F. Liger. [*Chiffre de l'impr.*] Sillé-le-Guillaume imprimerie Fr. Deslandes, 13, rue Dorée. 1894.

In-8°, 14 pp., et 1 fnc. bl., couvert. impr., avec le même titre. Daté à la fin : 26 mai 1894.

Oisseau. Villa Gallo Romaine. : *L'Avenir de l'Orne et de la Mayenne* 1894, n° du 19 janvier.

Cité Gallo-Romaine d'Oisseau. : *Le Nouvelliste de la Sarthe*, journal quotidien. 1894, n° 20 (jeudi 25 janvier), fnc. 1, v°, col. 5. Contient une lettre de M. F. Liger.

Oisseau-le-Petit. Encore la villa gallo-romaine ! : *L'Avenir de l'Orne*. 1894, n° 2952 (vendredi 28 juin), fnc. 2, r°, col. 1 et 2. Reproduit la lettre de M. Liger.

Cette lettre est également reproduite, légèrement modifiée. : *Journal d'Alençon*. 1894, n° 10 (jeudi 25 janvier), fnc. 1 v°, col. 4 et 5 et accompagnée de quelques mots signés G. D. [Gaston Delahaye.] Titre : A propos de la cité gallo-romaine d'Oisseau.

Encore les fouilles d'Oisseau. : *Journal d'Alençon*. 1894, n° 12 (30 janvier), fnc. 1 v°, col. 3 et 4.

Cet article signé G. D. [Gaston Delahaye] débute par une nouvelle lettre de M. Liger, datée de Courmenant le 27 janvier 1893 en réponse aux commentaires dont M. Delahaye avait accompagné sa précédente lettre.

Cette nouvelle lettre est reproduite : Oisseau-le-Petit. : *L'Avenir de l'Orne*. 1894, n° 2955 (2 février), fnc. 2 r°, col. 4 et 5.

[1168]

Les chouans Jambe d'Argent et Sans Peur : *Intermédiaire des chercheurs*. 1894 [1] (10 avril), col. 386. R.

Signé : L,

[1169]

Barrande (Joachim de), le secrétaire du comte de Chambord. : *Ibidem*, col. 390. R.

Signé : L.

[1170]

Sur l'abbé Paganel. : *Ibidem*, col. 392-393. R.

Signé : L.

[1171]

Les cœurs en plomb. : *Ibidem* (20 avril), col. 430-431. R.

Signé : L.

[1172]

[Discours prononcé par M. de La Sicotière le 30 mai 1894 à la quatrième assemblée générale de la Société d'histoire contemporaine.] : *Société d'histoire contemporaine*. Quatrième assemblée générale tenue le mercredi 30 mai 1894, sous la présidence de M. De La Sicotière président de la société. [*Marque de la*

15

Société.] Paris Au siège de la Société 5, rue Saint-Simon, 5. 1894.

[Pne. finale : Besançon. — Impr. et stéréotyp. Paul Jacquin. Pet. in-8°, 27 (1) pp. Couv. impr. avec le même titre.

Le discours de M. de La Sicotière se trouve aux pp. 3-9.

M. de La Sicotière fut l'un des fondateurs et le premier des présidents de la *Société d'histoire contemporaine*, fondée en 1890 sous le patronage de la Société bibliographique.

Il a en qualité de commissaire responsable examiné la publication des *Mémoires de Michelot Moulins sur la Chouannerie Normande* (Paris, Picard, 1893, in-8°, 1 vol.), et contribué à l'édition du *Journal d'Adrien Duquesnoy.* (*Ibidem*, 1894, in-8°, 2 vol.).   [1173]

Rapport fait au nom de la 5e Commission d'intérêt local chargée d'examiner le projet de loi adopté par la Chambre des Députés, tendant à autoriser le département de la Manche à contracter un emprunt, par M. de La Sicotière, sénateur. (séance du 21 juin 1894). : *66, Sénat, session 1894. Rapport d'intérêt local. 21 juin*, n° 135. Pp. 1-5.   [1174]

Rapport fait au nom de la 5e Commission d'intérêt local chargée d'examiner le projet de loi, adopté par la Chambre des Députés, tendant à autoriser le département du Calvados à contracter un emprunt, par M. de La Sicotière, sénateur. séance du 21 juin 1894). : *Ibidem*, n° 136, pp. 6-8.   [1175]

Rapport fait au nom de la 5e Commission d'intérêt local chargée d'examiner le projet de loi, adopté par la Chambre des Députés, tendant à autoriser la ville de Fontainebleau (Seine-et-Marne), à emprunter une somme de 500,000 francs, par M. de La Sicotière. (séance du 21 juin 1894). : *Ibidem*, n° 137, pp. 9-13.   [1176]

Rapport fait au nom de la 5e Commission d'intérêt local chargée d'examiner le projet de loi, adopté par la Chambre des Députés, tendant à autoriser la ville de Castres (Tarn) à emprunter une somme de 190,000 francs, par M. de La Sicotière, sénateur. (Séance du 21 juin 1894). : *Ibidem*, pp. 14-16.   [1177]

Rapport fait au nom de la 5e Commission d'intérêt local chargée d'examiner le projet de loi, adopté par la Chambre des Députés, tendant à établir d'office une imposition extraordinaire sur la commune d'Araules (Haute-Loire), par M. de La Sicotière, sénateur (Séance du 6 juillet 1894). : 75, *Sénat session 1894. Rapports d'intérêt local, 6 juillet*, n° 153, pp. 1-5.   [1178]

Rapport fait au nom de la 5e Commission d'intérêt local chargée d'examiner le projet de loi, adopté par la Chambre des Députés, tendant à établir d'office sur la commune de La Ménière (Orne) une imposition extraordinaire, par M. de La Sicotière, sénateur. (Séance du 6 juillet 1894). : *Ibidem.* N° 154, pp. 6-8.   [1179]

Rapport fait au nom de la 5e Commission d'intérêt local chargée d'examiner le projet de loi, adopté par la Chambre des Députés, portant création de surtaxe à l'octroi de Guisseny (Finistère), par M. de La Sicotière, sénateur. (Séance du 6 juillet 1894). : *Ibidem.* N° 155, pp. 9-11.   [1180]

Rapport fait au nom de la 5e Commission d'intérêt local chargée d'examiner le projet de loi, adopté par la Chambre des Députés, tendant à établir d'office, sur la commune de Saint-Hilaire-Lastours (Haute-Vienne), une imposition extraordinaire, par M. de La Sicotière, sénateur. (Séance du 9 juillet 1894. : 82, *Sénat session 1894. Intérêt local. (Rapport). 9 juillet.* [P. 3 : Paris. — Imprimerie du Sénat, palais du Luxembourg. — P. Mouillot.

In-8°, 3 (1) pp.   [1181]

Louis XVII et le cercueil de Sainte-Marguerite. : *Le Gaulois* (d'Arthur Meyer. Paris, in-fol.). 1894 (3e série, n° 5236, 16 juillet), fnc. 1 r°, col. 6 et v° col. 1-3.

C'est une lettre signée L. De La Sicotière, sénateur de l'Orne, et datée du 13 juillet 1894.   [1182]

Le langage des animaux. : *Intermédiaire des chercheurs,* 1894 ² (30 juillet), col. 86. R.

Signé : L.   [1 83]

Les libres mangeurs du vendredi-saint. : *Intermédiaire des chercheurs*, (30 juillet), col. 87. R.

Signé : L.   [1184]

Le texte autographe de la lettre de Napoléon Ier à l'Angleterre. : *Ibidem*, col. 88. R.

Signé : L.   [1185]

Les débuts de M. Decazes. : *Ibidem*, col. 88. R.

Signé : L.   [1186]

Adieux d'auteurs à leurs ouvrages. : *Ibidem*, col. 89. R.

Signé : L.   [1187]

Le jeu de la Choule. : *Ibidem*, col. 93-94. R.

Signé : L.   [1188]

Un Télémaque en vers. : *Ibidem*, col. 94. R.

Signé : L. D. L. S.   [1189]

Faire ses Pâques. : *Ibidem*, col. 96. R.

Signé : L.   [1190]

La mystification de Vicaire et son prétendu suicide. : *Ibidem*, col. 99-100. R.

Signé : L.   [1191]

La noblesse projetée par Napoléon pour les descendants des hommes illustres. : *Ibidem*, (10 août), col. 132. R.

Signé : L.   [1192]

Un hymne inconnu d'André Chénier. : *Ibidem*, col. 141. R.

Signé : L.   [1193]

Quel est le premier journal publié pour l'enfance et la jeunesse ? : *Ibidem*, col. 141-142. R.

Signé : L. D. L. S.   [1194]

Existe-t-il des églises qui ne sont pas tournées vers l'Orient ? : *Intermédiaire des chercheurs*, (10 août), col. 145. R.

Signé : L. [1195]

Méprises de traducteurs. : *Ibidem*, col. 149. R.

Signé : L. [1196]

Familles à retrouver. : *Ibidem* (20 août), col. 164. R.

Signé : L. [1197]

Perrine Dugué. Supplément. : *Revue des provinces de l'Ouest* (de L. Séché). T. XIII, 1894 (septembre), pp. 147-151 ; avec gravure : portrait de Perrine Dugué gr. par Godard d'Alençon. Réduction en photogravure de l'ancienne gravure originale.

Voir ci-dessus n° 1143. [1198]

Deux énigmes à deviner. — Deux pistes à suivre. : *Intermédiaire des chercheurs*. 1894 ² (30 septembre), col. 321-322. Q.

Signé : L. D. L. S. [1199]

Une poésie de Brizeux non publiée dans ses œuvres. : *Ibidem*, col. 326. R.

Signé : L. D. L. S. [1200]

Conversion de Montgommery. : *Ibidem*, col. 327. R.

Signé : L. [1201]

Glas annonçant le sexe de la personne décédée. : *Ibidem*, col. 330. R.

Signé : L. [1202]

Les collectionneurs de souvenirs napoléoniens. : *Ibidem*, col. 330.

Signé : L. D. L. S. [1203]

Formules de flatterie. : *Intermédiaire des chercheurs.*
(30 septembre), col. 333. R.

Signé : L.   [1204]

Discours laïques dans les églises. : *Ibidem*, 334-335. R.

Signé : L.   [1205]

Quelles sont les monnaies les plus recherchées et les plus
rares ? : *Ibidem*, col. 345-346.

Signé : L.   [1206]

Trois chants et chansons à retrouver. : *Ibidem* (10 octobre),
col. 365. R.

Signé : L.   [1207]

La société royale d'agriculture de la généralité d'Alençon
(1762-1790). : *Bull. de la Soc. hist. et archéol. de l'Orne.* XIII,
1894, pp. 488-509.

Anonyme. Le nom figure à la table.

Et à part :

La société royale d'agriculture de la généralité d'Alençon.
1762-1790, par M. L. De La Sicotière. Lecture destinée à la
Société Historique et Archéologique de l'Orne, dans sa
séance publique, à Argentan, du 11 Octobre 1894. [*Fleuron
typ.*]. Alençon E. Renaut-De Broise, éditeur 5, Place
d'Armes, 5. 1894.

In-8°, 24 pp., couvert. impr. avec le même titre   [1208]

La publicité est la sauvegarde du peuple. : *Intermédiaire des
chercheurs.* 1894² (10 novembre), col. 670. Q.

Signé : L.   [1209]

Une brochure attribuée à Alexandre Dumas. : *Ibidem*,
col. 485-486. R.

Signé : L. D. L. S.   [1210]

Proverbes nationaux et vieilles antipathies. : *Intermédiaire des chercheurs*, (10 novembre), col. 490. R.

Signé : L.   [1211]

Le livre des Républiques d'Aristote. : *Ibidem*, col. 493. R.

Signé : L.   [1212]

Les illustrations et la pagination des livres. : *Ibidem*, col. 494. R

Signé : L.   [1213]

Accidents naturels simulant le profil de Napoléon. : *Ibidem* (20 novembre), col. 525. R.

Signé : L.   [1214]

L'organisation constitutionnelle des diocèses pendant la Révolution. : *Ibidem*, (10 décembre), col. 606-607. R.

Signé : L. D. L. S.   [1215]

Sur un dessin de Léonard de Vinci. : *Ibidem*, col. 611. R.

Signé : L.   [1216]

Mots de sens opposés employés comme synonymes. : *Ibidem*, col. 632. R.

Signé : L.   [1217]

1895

Clairevoie. : *Intermédiaire des chercheurs*. 1895, (20 janvier), col. 37. Q.

Signé : L.   [1218]

Deux énigmes à deviner. — Deux pistes à suivre. : *Ibidem*, col. 56-57. R.

Signé : L. de La Sicotière.   [1219]

Les Moliérophobes illustres. : *Intermédiaire des chercheurs*, (20 janvier), col. 61. R.

Signé : L.   [1220]

Mots de sens opposés employés comme synonymes. : *Ibidem*, col. 62. R.

Signé : L.   [1221]

Manuscrits enchaînés. : *Ibidem*, col. 62. R.

Signé : L. D. L. S.   [1222]

Dante en vers français. : *Ibidem*, (30 janvier), col. 104. R.

Signé : L.   [1223]

Homo sum et nihil humani a me alienum puto. : *Ibidem*, col. 106. R.

Signé : L. D. L. S.   [1224]

Tauromachie. : *Ibidem*, (10 février), col. 127. R.

Signé : L.   [1225]

La mort du maréchal Bosquet. : *Ibidem*, col. 132. R.

Signé : L.   [1226]

Piquer et piquer des deux. : *Ibidem*, (20 février), col. 174. R.

Signé : L.   [1227]

Bouteillers de Senlis. : *Ibidem*, (28 février), col. 199-200. Q.

Signé : L.   [1228]

Une robe légère. : *Ibidem*, col. 213-214. R.

Signé : L. D. L. S.   [1229]

Les « Coloniaux » dans la littérature française. : *Ibidem*, col. 215. R.

Signé : L. D. L. S.   [1230]

Votre nez tourne. : *Intermédiaire des chercheurs*, (28 février), col. 220. R.   [1231]

Le peintre Mille. : *Ibidem*, (10 mars), col. 247. Q.
Signé : L. D. L. S.   [1232]

Uniformes des gardes d'honneur de Napoléon Ier. : *Ibidem*, col. 255. R.
Signé : L.   [1233]

Louis XVII en Vendée. : *Revue du Bas-Poitou* (Fontenay-le-Comte ; Vannes, impr. Lafolye, in-8°). 1895 (8e année), pp. 5-24 178-194 ; et 268-272.
Signé : L. de la Sicotière.

Et à part :

L. De La Sicotière. Louis XVII en Vendée. [*Fleuron typogr.*]. Vannes librairie Lafolye 1895.
In-8°, 45 (1) pp., et 1 fnc. bl. Couvert. impr. avec le même titre sauf la date qui est : 1896.   [1234]

ADDITIONS

A l'année 1856, n° 154, p. 48, l. 12 : Cette notice sur Sainte-Suzanne a été
réimprimée à 100 exemplaires, par les soins et aux frais de M. A. Goupil,
imprimeur à Laval sous ce titre :
Notice historique sur Sainte-Suzanne (Mayenne), par M. Léon de la
Sicotière. Laval, Auguste Goupil, imprimeur-libraire. 1892.
In-18, 1 fnc. blanc, 25 (1) pp. Couvert. impr. (gris-bleu) avec le même titre
entouré de filets typographiques.

A l'année 1862, n° 182, p. 56, l. 14 : Ce travail a donné lieu à la publication
suivante :
Louis XVII et Fualdès d'après M. de La Sicotière. : *La Légitimité*
(Bordeaux, in-fol.) 1881, n° du 20 décembre.
Signé : Un Lecteur de la Légitimité.

A l'année 1868 : M. de La Sicotière a collaboré à la *seconde édition* de
l'ouvrage de Quérard : *Les supercheries littéraires dévoilées.* Paris, Daffis,
1868-1870, in-8°, 3 vol.   [283 *bis*]

A l'année 1872 : M. de La Sicotière a collaboré à la *troisième édition* de :
Barbier : *Dictionnaire des anonymes.* Paris, Daffis, 1872-1879, in-8°,
4 vol.   [330 *bis*]

A l'année 1882. n° 615, p. 134 l. 16. COMPTES-RENDUS : Eug. de Beaurepaire
: *Bull. de la Soc. des Antiqu. de Normandie.* 1881-82 (t. XI) pp. 588-590.
— Stein : *Revue de la Révolution.* 1883 ¹ (t. 1), pp. 259-260. — Les faux
Louis XVII : *Gazette anecdotique, littéraire et artistique*, rédigée par
G. d'Heylli (Paris, Jouaust, in-18). 1884 (9° année), n° 4 (29 février) ;
pp. 105-107, anonyme. — Les faux Louis XVII : *Revue politique et
littéraire* (Revue bleue). 1883 ¹ (3° série, 4° année, 1er trimestre — t. 31),
n° 7 (17 février), pp. 193 col. 1 — 197 col. 1. Signé : Georges de Nouvion.
Voir également : Encore les Naüendorff et le faux Louis XVII par P. De
La Bigne Villeneuve..... Mars 1884. Rennes, H. Caillière éditeur, 2, place
du Palais, 2 [Rennes, impr. Catel]. In-8°, 23 (1) pp. et couvert. impr.
avec le même titre. Voir aux pp. 13 et 14.

A l'année 1889, n° 872, p. 181, l. 11 : L'épisode du meurtre du baron d'Aché
et les appréciations dont M. de La Sicotière a accompagné ce récit dans
son ouvrage (pp. 683-686, voir surtout p. 685 note 2), ont donné lieu à la
publication suivante, faite par la famille de Pontécoulant, dans le but de
réfuter M. de La Sicotière :
Souvenirs historiques et parlementaires du comte de Pontécoulant
ancien pair de France extraits de ses papiers et de sa correspondance
1764-1848. Supplément au tome troisième. Contenant des renseignements

inédits relatifs à la Chouannerie dans le Calvados et à la mort du baron
d'Aché en 1809. Prix : 3 francs. Paris Imprimerie A. Maulde et Cⁱᵉ 144,
rue de Rivoli, 144, 1893.

In-8°, XXVII (1) pp. et couvert. impr. servant de titre.

Cette réfutation n'est pas décisive.

On a attribué à tort à M. de La Sicotière, la rédaction du prospectus
suivant : Revue de la Province et de Paris. [*Fleuron typ.*] Littérature —
Beaux-Arts — Histoire — Voyages — Archéologie — Sciences sociales
— Sciences pratiques et industrielles — Chroniques provinciale et
Parisienne — Bibliographie. Prospectus. [Fnc. 2 r° à la fin : Imprimerie
de C.-H. Lambert, rue Basse-Du-Rempart, 24. In-8°, 2 ffnc., s. tit. sép.
sans date (antérieur à 1850 puisque le bulletin de souscription à remplir
porte la date : 184..

Voici le commencement du texte : *La Revue de la Province et de Paris*
a pour but de faire connaître la province à Paris et Paris à la
province. .....

Sur l'exemplaire qu'il en possédait, M. de La Sicotière a écrit : « On
« m'a attribué ce prospectus auquel je suis resté tout à fait étranger. J'ai
« été flatté de la supposition. »

Session de l'Association normande à Laigle (Orne) : *Bulletin monumental*,
t. 27 (3ᵉ série, t. 7) 1861, pp. 622-625.

Cet article est signé : L. de La Sicotière. (Journal d'Alençon).

En marge de son exemplaire du *Bulletin monumental*, M. de L
Sicotière a écrit : *Non*, et il a biffé son nom.

NOTICES

Biographiques et Nécrologiques

SUR

M. DE LA SICOTIÈRE

—

NOTICES BIOGRAPHIQUES

La Sicotière (Pierre-François-Léon Duchesne de) : *Biographie des représentants à l'Assemblée nationale*, par Félix Ribeyre. Première édition. Angers, aux bureaux de la publication, rue Milton (maison Lusseau). s. d. au titre (1871). Angers, impr. P. Lachère, Belleuvre et Dolbau). In-18·

Voir page 196. [1]

La Sicotière (Pierre-François-Léon Duchesne de) : *Biographie nationale rédigée par une soc. de gens de lettres* (Paris, Glaeser et Cie édit., 1873, in-8°).

Anonyme. Voir p. 405, col. 2 et 406, col. 1. [2]

La Sicotière (Pierre-François-Léon Duchesne de) : *Biographie nationale des contemporains* rédigée par une société de gens de lettres sous la direction De M. Ernest Glaeser.

Paris Glaeser et Cie, éditeur, 4, place Vintimille, 4. 1878 (Paris. Typographie A. Parent, rue Monsieur-le-Prince, 29-31), gr. in-8°, 1 fnc. 4 et 834 pp.

Voir pp. 405, col. 2 et 406, col. 1. [3]

La Sicotière (Pierre-François-Léon Duchesne de) : *Diction-naire universel des contemporains*, par Vapereau. Paris, Hachette, in-8°.

5ᵉ *édition*, 1880. Pp. 1088² et 1089¹, et 6ᵉ *édition*, 1898. Pp. 927² et 928₁.

[4]

Etudes contemporaines. Silhouettes et portraits par Amédée Boudin, chevalier des Ordres royaux de Charles III d'Espagne et du Christ de Portugal. La Sicotière sénateur.

Paris, 2, rue Germain-Pilon, 2, et chez les principaux libraires. *s. d.* [1882].

[P. 16 : Paris-Montmartre. — Imp. Robert, 48, rue Berthe.

In-18, 16 pp.   [5]

Célébrités parlementaires. La Sicotière (Duchesne de), séna-teur. Prix : 0 fr. 20 centimes.

Paris, Administration des Célébrités parlementaires, 2, impasse de Saxe, 2, 1890.

[P. 3 : La Fère. — Imp. Bayen, rue Neigre.

Pet. in-8° 3 (1) pp. et couvert. impr. servant de titre.   [6]

Sicotière (Pierre-François-Léon Duchesne de la) : *Diction-naire des parlementaires français*...... publié sous la direc-tion de MM. Adolphe Robert, Edgar Bourloton & Gaston Cougny. Paris, Bourloton, in-8°.

Voir tome v (1891), p. 316, col. 1 et 2.   [7]

[Le Vavasseur (Gustave)]. Remise, par M. le Président, au nom de la Société, de la Médaille offerte à M. L. de la Sicotière. : *Bull. de la Soc. hist. et archéol. de l'Orne*, IX, 1890. Pp. 488 et 489.

A la p. 490 est un : Sonnnet anonyme (par Gustave Le Vavasseur, d'après la table) dont voici le premier et le dernier vers :

L'Esprit est un flambeau qui s'allume à l'aurore

. . . .

Esprit saint, cœur vaillant, honneur et cheveux blancs ?   [8]

A M. L. De La Sicotière. : *Bull. de la Soc. hist. et archéol. de l'Orne.* IX, 1890, pp. 481-487.

Signé : Wilfrid Challemel. Voici le premier et le dernier vers de cette pièce :

Laboureur vigilant des champs de la pensée

. . . .

Et qui fera vos noms jumeaux et triomphants !   [9]

A Monsieur L. de La Sicotière. Souvenir du 9 octobre 1890 [*Fleuron typogr.*] La Ferté-Macé, Ve A. Bouquerel, imprimeur. 1890.

[Pnc. finale : Achevé d'imprimer le quatre octobre mil huit cent-quatre-vingt-dix par Mme V^e A Bouquerel, La Ferté-Macé.

In-16, 2 ffnc., 57 (1) pp. et 2 ffnc. (dont un encart. contenant les errata). Couvert. impr. avec le même titre.

Tiré à 155 exemplaires dont 150 sur papier teinté et 5 sur papier jaune impérial.

Cet opuscule contient aux pp. 5-8 la pièce de vers de M. Wilfrid Challemel, citée ci-dessus n° 9. Pp. 9-26 : A propos de Louis de Frotté et les insurrections normandes ; signé Cte G. de Contades ; Pp. 27-57, une bibliographie des écrits de M. de La Sicotière, signée J. Appert. Cte G. de Contades. Cette bibliographie est rédigée par ordre chronologique et s'arrête à l'année 1890. Elle indique 135 ouvrages, comprenant les principaux travaux de M. de La Sicotière. Ce travail a été le point de départ du nôtre.

Ce *Souvenir* a été écrit à l'occasion de la remise faite le 9 octobre 1890 par la Société historique et archéologique de l'Orne à M. de La Sicotière. Nous l'avons placée ici et non parmi les comptes-rendus de l'ouvrage de M. de La Sicotière sur Louis de Frotté, parce que dans l'*à propos* de M. de Contades, l'œuvre historique et littéraire tout entier de M. de La Sicotière est examiné.   [10]

La Sicotière (Pierre-François-Léon) : *Grand Dictionnaire du XIXe siècle* (de P. Larousse), in-4°. Supplément, p. 1040 col. 4.   [11]

NOTICES NÉCROLOGIQUES

Compte rendu des travaux de la société pendant l'année. : *Bull. de la Soc. hist. et archéol. de l'Orne*, XIV, 1895. Pp. 343-358.

Signé : Cte G. de Contades.

Voir aux pp. 343 et 344.   [12]

L. de La Sicotière. : *Bull. de la Soc. hist. et archéol. de l'Orne*, XIV, 1895. Pp. 143-150.

Anonyme. Par M. Gustave Le Vavasseur.   [13]

Un historien de la Vendée militaire. Léon de La Sicotière. : *Revue du Bas-Poitou* (Vannes, impr. Lafolye, in-8°), 1895, pp. 162-177 avec portrait en héliog. (entre les pp. 162 et 163) d'après le médaillon fait par M. Delbauve.

Signé : Louis Duval, directeur de la *Revue Normande*.

Et à part :

Louis Duval. Un historien de la Vendée militaire. Léon De La Sicotière. Extrait de la Revue du Bas-Poitou. [*Fleuron-marque de l'impr.*]. Vannes imprimerie Lafolye, 1895.
In-8°, 1 fnc., 16 pp., 1 fnc. blanc et portr. en héliogr. Couvert. impr. avec le même titre.

Cette notice nécrologique est la meilleure qu'on ait écrit sur M. de La Sicotière. Une annonce de la mort de M. de La Sicotière se trouve : *Revue du Bas-Poitou*. 1895, p. 130.   [14]

[Notice nécrologique sans titre, sous la rubrique : Chronique]. : *Revue hist. et archéol. du Maine*. 1895 (t. XXXVII, 1er semestre, livr. 2). Pp. 221-222.

Anonyme.   [15]

[Notice nécrologique]. : *Société des Antiquaires de Normandie*. Rapport sur les travaux de l'année 1895 par M. E. de Beaurepaire secrétaire de la Société [*Marque de l'impr.*] Caen, Henri Delesques, imprimeur-éditeur, rue Froide, 2 et 4. 1896.

In-8°, 1 fnc. blanc, et 26 pp. Couvert. impr. avec le même titre.

Voir aux pp. 17-26.

[16]

Léon De La Sicotière. : *La Quinzaine* (La Chapelle-Montligeon, impr. de Montligeon. Paris, rue de Miromesnil, 62, in-8°), 1895, (1ʳᵉ année), Tome 4, pp. 71-77.

Signé : Gustave Le Vavasseur.

[17]

Communication par M. le président relative au décès de M. de La Sicotière, sénateur de l'Orne : *Annales du Sénat. Débats parlementaires.* Session ordinaire de 1895. Tome XLII (8 janvier-13 avril). Séance du 4 mars.

Ces paroles de M. Challemel-Lacour se trouvent aux pp. 127 col. 1 — 128, col. 1-3.

Reproduit : *Journal Officiel*, 1895, 5 mars, pp. 100 col 2 — 110 col. 1-2.

Reproduit également : *La Graphologie.* (Paris, impr. Lambert, Epinette et Cⁱᵉ. Directeur : P. Varinard, gr. in-4°). 1895, (n° 3, Mars), pp. 522, col. 2 — 524, col. 1.

Signé : L. Mayeras.

Les paroles prononcées au Sénat par M. Challemel-Lacour ont été également publiées sous ce titre :

M. de La Sicotière. : *Journal d'Alençon.* 1895 (n° 28, 7 mars). Fnc. 1 r°, col. 5 et v°, col. 1 et 2.

[18]

M. de La Sicotière. : *Le Furet*, journal politique, littéraire, financier. (Montdidier, impr. Léon Carpentier, Direct.-rédact. en chef : Auguste Martiny, in-fol). 1895 (n° 1074, jeudi 28 février), fnc. 1 r°, col. 2.

Signé : H.

Notice très courte et sommaire.

Reproduit : *Le Bellêmois*, journal du Perche (Bellême, impr. G. Levayer, in-fol.), 1895 (n° 338, 7 mars), fnc. 1 v°, col. 1 et 2, sans signature et sans indication d'origine.

[19]

L. de La Sicotière. : *Revue des traditions populaires*. 1895 (Tome X, n° 3, mars). Pp. 186-187.

Signé : P. S. [Paul Sébillot].   [20]

[Notice très courte, sans titre, anonyme, sous la rubrique : Nécrologie]. : *Revue des provinces de l'Ouest* (de L. Séché, in-4°. 1895, (Mars), p. 199.

Cette notice doit être de M. Séché. On y lit : « Nous dirons un jour dans « une étude spéciale où nous envisagerons toute son œuvre, quel savant « fut M. de la Sicotière et quelle influence il exerça sur tous les travail- « leurs de l'Ouest. »

Cette étude n'a pas paru.   [21]

Delahaye (Gaston). Mort de M. Léon de La Sicotière. : *Journal d'Alençon*. 1895, n° 26 (2 mars). Fnc. 1 r°, col. 4 et 5, signé : G. Delahaye. Encadré de noir.

Simple annonce.   [22]

[Éloge funèbre prononcé par M. de Neufville le 3 mars 1895 à la séance de la Soc. d'horticulture de l'Orne.]

Reproduit : *Journal d'Alençon*. 1895 (n° 28, 7 mars), fnc. 1, v°, col. 2 et 3, sous la rubrique : A la Société d'horticulture.   [23]

Mort de M. de la Sicotière. : *L'Avenir de l'Orne et de la Mayenne* (Alençon, impr. Guy, in-fol.). 1895 (n° 3116, 3 mars). Fnc. 1 v°, col. 2 et 3.

Signé : F. L.   [24]

Les obsèques de M. De La Sicotière. : *Journal d'Alençon*, 1895, (n° 27, 5 mars. Fnc. 1, col. 1-3, entouré de noir.

Signé : P. N.

Reproduit partiellement, sans signature, avec indication d'origine. : *Le Bonhomme Percheron* (Mortagne, imp. Meaux. in-fol.), 1995, n° 10, 10 mars). P. 1, col. 4 et p. 2, col. 2.   [25]

Les funérailles de M. de La Sicotière. : *L'Avenir de l'Orne et de la Mayenne*. 1895 (n° 3117, 6 mars). Fnc. 1 v°, col. 3.

Anonyme.   [26]

16

Obsèques de M. De La Sicotière. : *L'Avenir d'Alençon* (Flers, impr. Frecour, in-fol.). 1895, n° 10 (7 mars), fnc. 1 v°, col. 1 et 2. Anonyme, d'après le *Journal d'Alençon*. Au haut du fnc. 1 r°, col. 1, se trouve un Portrait gr. sur bois avec cette légende : M. De La Sicotière sénateur de l'Orne — Membre de l'institut décédé à Alençon le jeudi 28 février 1895.   [27]

[Quelques mots d'éloge funèbre prononcés à la séance du 7 mars 1895 de la Société des Antiquaires de l'Ouest, par MM. le colonel Babinet, président, et Henri Carré, secrétaire et reproduit] : *Journal de la Vienne*, des Deux-Sèvres et de la Vendée.... (Poitiers, impr. Blais, Roy et Cie, in-fol.). 1895, (n° 73, 30 mars). Fnc. 2 r°, col. 3, sous la rubrique : Société des Antiquaires de l'Ouest.   [28]

Mort de M. de la Sicotière. : *Courrier de Chateaubriant* Chateaubriant, impr. Bourgeois, in-fol.). 1895 (N° 10-404, 9 mars). Fnc. 1 v°, col. 1.

Simple annonce, non signée   [29]

[*Article anonyme, sous la rubrique :* Nécrologie. : *Le Foyer républicain*, journal indépendant de l'Ouest. (Argentan, impr. Paul Cagnant, in-fol.). 1895 n° 495 (9 mars). Fnc. 2 r°, col. 1.

Anonyme.   [30]

M. Léon de la Sicotière. : *La Croix de l'Orne* (Flers, impr. catholique, in-fol.). 1895 (n° 10, 10 mars). Fnc. 1 r°, col. 4-6.

Anonyme. Comprend une notice (col. 4 et 5) précédée du portr. gr. sur bois, déjà cité, et d'un article complémentaire intitulé : Obsèques de M. De La Sicotière.   [31]

M. de La Sicotière sénateur de l'Orne Décédé à Alençon, le 27 Février. : *Le Publicateur de l'Orne et de la Mayenne* (Domfront, impr. Gaige, in-fol.). 1895, (n° 10, 10 mars). Fnc. 1 r°, col. 1-3.

Anonyme d'après le *Journal d'Alençon*. En tête de cet article se trouve un portrait gr. sur bois (signé : N. R. F. I).   [32]

M. de la Sicotière. : *L'Union normande* (Flers, impr. Follope,
in-fol.). 1895, N° 56, 8-15 mars). Fnc. 1 r°, col. 4, sous la
rubrique : Les hommes de la Normandie.

Signé : X.   [33]

Mort de M. De La Sicotière. : *L'Écho de la Ferté-Macé*,
journal de l'arrond* de Domfront. 1895 (n° 10, 9 au 16 mars).
Fnc. 1 v°, col. 2.

Fait d'après les articles du *Furet* et du *Journal d'Alençon*, sans indication d'origine.   [34]

[Note brève, sans titre, sous la rubrique : Nécrologie, annonçant la mort de M. De La Sicotière et signée : La rédaction.]
: *La Légitimité*, 1895 (n° 6, 15 mars), p. 96.   [35]

[Notice sans titre, sous la rubrique : Nécrologie. : *Revue
catholique de Normandie* (Evreux, impr. Odieuvre, in-8°). 1895
(5e livr., 15 mars). Pp. 504 et 505.

Signée : P. de Longuemare.   [36]

[*Notice anonyme, sans titre, sous la rubrique :* Nécrologie.
: *L'Ouest artistique & littéraire*, organe de la soc. artist. et
litt. de l'Ouest. (Paris, in-8°). 1895 (n° 59, 15 mars), p. 271, col. 2.
                                                              [37]

* [Article nécrologique] : *Journal de Falaise*, 1895 (16 mars). [38]

M. De La Sicotière. : *La France illustrée*, (Directeur :
L. Roussel, Paris-Auteuil, impr. des apprentis orphelins,
gr. in-4°). 1895 (n° 1059, 16 mars), p. 192, col. 2. Article très
bref, signé C. G. accompagné d'un portr. (d'après phot. d'Eug.
Pirou).   [39]

Léon de La Sicotière et Théobald de Fontenay. : *La Semaine
catholique du diocèse de Séez*. (Séez, imp. Montauzé, in-8°).
1895, (n° 12, 22 mars), pp. 181-184.

Signé : S. G. [Guesdon].

Cet article contient des extraits de plusieurs lettres adressées à M. de La Sicotière par l'abbé Théobald de Fontenay, son condisciple et son ami.

[40]

[Discours prononcés à la session ordinaire du Conseil général de l'Orne, séance du 22 avril, par MM. Albert Christophle, président et par M. Paul Fleury, successeur de M. de La Sicotière au Sénat.]

Le premier de ces discours est presqu'en entier un hommage à la mémoire de M. De La Sicotière.

> Reproduit : *Journal d'Alençon*. 1895 (n° 47, 23 avril). Fac. 1 v°, col. 1 et 2, dans le compte rendu de la Séance du Conseil général du 22 avril. [41]

* [*Quelques mots d'éloge funèbres prononcés par le secrétaire perpétuel de la Société libre de l'Eure à la séance de cette société, du*   ]

> Reproduit : *Le Courrier de l'Eure* (Évreux, Hérissey, in-fol.). 1895, (N° 79, 2 mai), fac. 1 r°, col. 3, sous la rubrique : Société libre de l'Eure. [42]

[Discours de M. Gaston Du Fresne de Beaucourt prononcé le mercredi 5 juin 1895 à la séance de la Société d'histoire contemporaine.] : *Société d'histoire contemporaine.* Cinquième assemblée générale tenue le mercredi 5 juin 1895 sous la présidence de M. le Mis de Beaucourt vice-président de la Société [Marque de la Société] Paris au siège de la Société 5, rue Saint-Simon, 5. 1895.

[Besançon — imp. et stéréotyp. de Paul Jacquin.

In-8°, 35 (1) pp. et couvert. impr., avec le même titre.

Le commencement du discours de M. Du Fresne de Beaucourt (pp. 3-8) contient une notice biographique et nécrologique sur M. de La Sicotière.

[43]

M. de La Sicotière : *Chronique et correspondance de la province du Perche et des Percherons du Canada.* (Mortagne, imp. Meaux, in-8°) octobre 1895, p. 3-6.

Article biographique et nécrologique.

Signé : H. Tournoüer. [44]

Un hommage à Léon de La Sicotière : *Mercure Poitevin,* littérature, arts, histoire (Poitiers, in-8°). 1899, n° du 12 juin, pp. 358-368.

Signé : H. Baguenier-Desormeaux. [45]

Alençon, E. RENAUT-DE BROISE, Imp. et Lith. 5, place d'Armes, 5.